心理安全感
提問的技術

5步驟深掘對話，建立安心溝通循環，
理解沒明說的想法，收穫隱藏的智慧

ASK: TAP INTO THE HIDDEN WISDOM OF PEOPLE AROUND YOU
FOR UNEXPECTED BREAKTHROUGHS
IN LEADERSHIP AND LIFE

為美國而教（TFA）前學習長、
教育機構Transcend共同創辦人

傑夫‧偉特斯勒 Jeff Wetzler———著

吳書榆———譯

獻給我的導師們：

我最大的期望是，本書可以連貫、擴大並傳遞我有幸能從各位身上得到的最重要的智慧與愛。

什麼樣的人才算得上是明智之人？
能從每個人身上學習的人，
就如俗話所言：
從所有教導我的人身上，我學會理解。

——《猶太智慧書》(Pirkei Avot)
第四章第一節

作者說明

本書提及的所有人名與故事有真實，也有改編。如果當事人許可或故事已眾所皆知，書中會使用全名。若只提到名字，代表故事中的人名與重要細節經過編修，以提供匿名性保障，在某些情況下，我也會將數個範例整合成一個綜合故事，以最適切的方式傳達我的觀點。

目次

推薦序　溝通與學習的提問藝術　艾美・艾德蒙森　　8

前　言　擁有提問的超能力　　12

Part1
傷害關係的隱形障礙

第 1 章　他人不明說的事　　29
你最需要知道、但別人最不可能告訴你的是什麼事？

第 2 章　為何他們欲言又止　　46
為什麼別人不把你該知道最重要的事告訴你？

Part2
深掘對話的 5 大步驟

第 3 章　選擇抱持好奇心　　71
喚起你的好奇心，獲得新發現和意外連結

第 4 章　營造心理安全感　　107
讓人更容易告訴你難以啟齒的事

第 5 章　提出高品質問題　　131
如何提問最能善用被徵詢者的智慧

第 6 章　透過傾聽來學習　　　　　　　　　　　159
如何聽出別人真正想跟你說的話

第 7 章　反思與重新連結　　　　　　　　　　　185
如何將對話轉化為行動

Part3
將提問融入領導與生活

第 8 章　讓提問成為你的超能力　　　　　　　　213
成為世界級的提問高手

第 9 章　讓提問成為組織的超能力　　　　　　　239
開啟團隊的集體才能

第 10 章　讓提問成為下一代的超能力　　　　　261
停止壓抑好奇心、釋放孩子的提問力

後　　記　用提問帶動學習循環　　　　　　　　283
致　　謝　　　　　　　　　　　　　　　　　　293
注　　釋　　　　　　　　　　　　　　　　　　307

推薦序

溝通與學習的提問藝術

我很榮幸能為這本引人注目的新書起個開頭，談談向旁人學習我們最需要知道的事所面臨的挑戰。我相信，無論是公部門或私部門、政府或企業組織，未來要能成功取決於我們如今在個人與集體層面因應這項挑戰的意願。總之，這本書談的是為何這項挑戰很重要、為何挑戰始終不能克服，以及我們要怎樣才能做得更好。

我在哈佛商學院做研究與教書，我發現，無數的企業高階主管與MBA學生都受困於溝通，這阻礙他們達成自己最在乎的目標。他們過去之所以成功，靠的是知道正確答案是什麼，很可惜，這讓他們養成一種十分欠缺好奇心的思考習慣，回過頭來又造成他們以微妙但有問題的方式與其他人互動。要向前邁進，他們必須重新找回內在的好奇心，並把好奇心放在新問題上，同時學著深入傾聽問題帶來的答案。簡言之，他們以及我們每個人，都要了解如何真正地向和我們一起工作、生活的人學習。在這本可讀性高、充滿體恤之情而且明智又有用的書裡，傑夫·偉特斯勒教我們如何做到這一點。

往下讀，你會讀到一套務實且學得會的技巧，幫助你演練你和組織都非常需要的謙遜、詢問式領導力（humble, inquiry-based leadership）。過去三十年我很強調學術研究，偉特斯勒也在極為相似的領域，憑藉其豐富的才能致力於發掘最佳的方法，以幫助人們精通和彼此一同學習以及從彼此身上學習的藝術。我很高興他做到了，他最終的成果也就是你即將讀到的內容，既永恆也及時。

　　我們先從永恆來說。我和偉特斯勒都因為向多位思想與實務大師學習而受益，最著名的一位是我在哈佛大學唸博士班時的導師之一克里斯・阿吉里斯（Chris Argyris），他是發現與分析本書闡述的思考模式與技巧的第一人（他六十餘年前就已展開這趟漫長但益智的旅程）。我和偉特斯勒都有幸向阿吉里斯最頑強的學生、也是我的老友兼某一本書的共同作者黛安娜・史密斯（Diana Smith）學習，她的研究出色地闡明個人與團隊持續存在的非學習動態（non-learning dynamics）*，會導致我們陷入困境或麻煩，同時也將擺脫困境所需的想法和技能予以簡化。這些指導讓偉特斯勒（和我）有了信心，敢直指團隊與組織裡的人際學習決定人們能合作、解決問題與一起完成驚人目標到什麼地步，但就像阿吉里斯所寫的，社會的制約阻礙我們為求繁榮興盛所必要的學習演練。這些發現都有憑有據，而且都是永恆的挑戰。

---

* 編按：所謂「非學習」有三種典型狀況，一是拒絕學習、二是自以為是、三是當耳邊風，個人或組織處在這樣的非學習狀態都會導致學習障礙，無法學進新東西。

那麼，為什麼又說及時呢？因為我們現今遭遇的問題（包括企業界、學校、非營利組織與政界），比以往更棘手，隨之產生的後果也更嚴重。我們生活在充滿不確定性的時代，各處都有彼此相爭（通常也對立）的觀點。現代世界運作的速度不斷加快，資訊密度高到讓人難以招架，組織以及組織營運的環境極其複雜，都代表了獨特的溝通挑戰。

說到底就是：當我們面對沒有簡單答案的衝突時，有沒有能力盡可能做出最佳決策，取決於我們有沒有進行優質的對話 —— 在真心想要一同學習與解決問題之下帶動的對話。我們要用共同發掘（mutual discovery）取代單方面掌控的心態與習慣。以我個人的經驗來說，共同發掘的心態與習慣十分罕見，但幸運的是，這些是可以靠學習來培養的技能。也因此，這本書才這麼重要，而且那麼及時。

最後，我自己做的研究是探索心理上安全的環境如何讓組織得以開啟學習、實驗、團隊合作與創新，這些研究得出一項很明顯的結論：在職場上，心理安全感並非常態。自我保護的本能會壓過學習、成長與貢獻的本能。然而，當人們以好奇、關心與承諾來創造不同局面時，確實有助於打造心理上安全的環境，孕育出坦誠與互相學習。因此，我非常認同偉特斯勒說堅定實踐提問藝術的領導者、團隊與組織，會比排斥不去學的人更能擁有競爭優勢。本書會幫助你學會如何從你生活中與工作上最重要的人身上學習，這麼做，也是在學習如何攜手解決問題。

偉特斯勒寫這本書扮演非常了不起的橋梁角色，跨越此領域理論和實務間通常很大的鴻溝（其中涉及的理論，汲取自半

個世紀以來人際學習研究構想與數據，而我也在發展過程中發揮過作用）。商學院生產的知識價值，取決於有多少能轉換成所有人都可以實際操作的穩健行動。偉特斯勒的天分，就在於把重要的研究洞見變成可靠、可學習的步驟，而學著如何探問他人真正的想法、感受與知識經驗，從來都是最重要的事。

請享受閱讀本書的樂趣。

艾美・艾德蒙森（Amy Edmondson）
哈佛商學院諾華領導力與管理學教授、
《心理安全感的力量》、《正確犯錯》作者

前言

擁有提問的超能力

如果你可以擁有任何你想要的超能力,你想要挑哪一種?意見調查機構問美國人民這個問題時,有兩個答案彼此拉鋸爭奪第一名寶座:閱讀他人的心思[1]與時光旅行。[2]

你可能猜到了,本書主題不是時光旅行;本書重點是,我們想要知道他人真正的想法、感受與知識經驗的渴望,並提供一張路線圖,說明如何培養出這種很多人(包括我,還有,由於你買了這本書,我想你應該也是)渴望擁有的超能力。

你感受到身邊圍繞著豐富的知識財富。你可能直覺上知道別人有很多事沒跟你說,或者他們用糖衣包裹住自己真正的想法(示意:你可能是對的)。你可能覺得卡住了,一而再、再而三重蹈覆轍或是重演同樣讓人深感挫折的人際關係模式。你可能猜想,如果能知道人們躊躇再三不願對你說出口的事情是什麼,將可以為你們雙方開啟寶貴的成長、學習與連結(你是對的)。你會想要獲得重要的觀點、增進你的人際關係、想出更明智的解決方案與做出更好更快的決策,在此同時,還可以減輕負擔,因為你不用全部自己做。如果以上有任何一點講

到你的情況,你絕對不孤單。正因如此,有很多人(包括我自己)都想擁有知道其他人在想什麼、有何感受的能力。

為什麼有些意見調查的受訪者沒有把「讀心」列為他們想要擁有的超能力優先選項?可能他們認為自己已經極擅長於「讀懂」別人;但很有可能,他們並不如自己所想的那麼好。芝加哥大學人類行為學教授尼可拉斯・艾普利(Nick Epley)做的研究持續指出,人會高估自己的能力,自以為能準確推斷旁人在某特定時點真正的感受與想法。[3] 無論我們怎麼對自己說,已經驗證的事實是,無論我們自認有多了解對方,在大多數情況下,我們能猜對的機率大概就比猜硬幣高一點。[4]

艾普利指出,關於如何窺見他人的心思,最常見的建議多半無用。判讀對方的身體語言,沒用;結果發現,人還不擅此道。[5] 試著設身處地,沒用;艾普利和他的同事塔爾・埃亞爾(Tal Eyal)、瑪莉・賽菲爾(Mary Steffel)從一系列 25 種實驗發現,試著從對方的觀點出發不太能增進我們判讀他人的能力。[6]

事實上,研究顯示,**只有一件事能持續且精準地讓我們挖掘出別人的知識經驗、想法與感受,那就是:問他們。**「在我們的研究中,我們找到能讓更清楚對方心裡怎麼想的辦法只有一個,那就是問他們。」艾普利如是說。[7]

但「問他們就好」說起來容易,做起來難,牽涉到的利害關係非常重大時更是如此,在這些時候,開口問跟讀心、時光旅行或隱形(隱形在美國人最渴望的超能力排行榜上也名列前茅)一樣,也都是做不到的事。很多人都怕提問某種程度上會讓自己或對方不自在;很少人學過提問的藝術與技術,這是很遺憾的事實,若非如此,我們很可能早就克服這種憂心了。

市面上很多書都鼓勵與教導我們用更好的方法與他人分享我們的知識經驗、想法與感受（好書很多，比方說《徹底坦率》〔Radical Candor〕，還有布芮尼‧布朗（Brené Brown）一系列出色的作品），但很少有人寫到如何才能用最好的方法汲取別人的知識經驗、想法與感受。這方面的知識不足，再加上強調自立、競爭與避免衝突的社會慣例，你就能開始理解為什麼這麼多人都不問問題。

我想用本書改變這一點。我想要給任何願意學的人排名第一的超能力：不只提出最好的問題，更要注重互動的方式，這樣你的問題才會受歡迎，你才能得到坦誠的答案，當中的每個人才能得到獎賞。

基本上，我堅信三件事：

1. 當我們都擁有這種超能力，我們的資訊會更周全、更有創意且與彼此更緊密相連。這個世界會變成一個更好的所在。
2. 這種技能不是從手指間射出蜘蛛絲或飛越建築物，而是一種可以學得會的超能力。你只需要精通某些具體的實作演練。
3. 多數人從沒學過這些實作演練，當中潛藏著絕佳機會。

我花了二十五年，幫助人們在各種環境下工作與學習。我為全球財星五百大（Fortune 500）企業的高階主管提供顧問諮商，監督成千上萬老師的培訓，管理由背景條件與技能各有不同的人組成的團隊，甚至還從無到有打造出一個欣欣向榮的組織。透過這一切，我看到同樣的模式一再出現。無論背景脈絡

是什麼,無論扮演何種角色,人們太常無法從身邊其他人身上得到非常重要的資訊。

我的提問之路

如果我不認識哈佛商學院名聞遐邇的教授克里斯・阿吉里斯,或許就不會有這本書。阿吉里斯同時也是管理顧問公司摩立特集團(Monitor Group)的董事,我大學一畢業就在這裡工作。他是出色的希臘裔美國人,有著一頭髮線已經後退的白髮、深濃的眉毛和帶著好奇心的笑容,他在摩立特時大部分時間都躲在自己的無窗辦公室裡讀書和寫作。他素來享有全世界最出色的組織學習與溝通專家之名(這正是我進這家公司的理由),有一天我鼓起勇氣敲他的門自我介紹,開啟之後持續的對話,後來改變我的人生。阿吉里斯一輩子努力研究,想知道人為何無法向彼此多學一點,他得到的成果深深刻在我對自己和他人的理解當中。從第 1 章開始,你將會更深入理解阿吉里斯最令人信服的方法。

阿吉里斯的理論讓我深為著迷,我很快就開始應用到我的經理人與顧問工作上。早期我做了很多努力,但在最好的情況下仍百般笨拙彆扭。我記得,我第一次實際應用阿吉里斯概念的對象是一位名叫詹姆士的直屬部屬。我在指點他一番之後,我深呼吸並說:「詹姆士,你對於我剛剛講的有什麼反應?」他回答:「嗯,實際上⋯⋯我覺得很受打擊。」

我非常震驚,因為他一點都沒有顯露出這樣的反應。如果我沒有問他這個簡單問題,我很可能就這樣離開,完全沒有體

認到我剛剛削弱了我們之間的關係，還害他質疑起和我在這個專案上合作未來會怎樣。此外，我們本來很可能之後也不會繼續談這個專案；當我們對談時，才發現雙方都握著一些沒和對方分享的資訊。這種溝通不良很可能會對專案造成實際損害，更別提我們之間的關係。我結束這場互動時心裡想著：哇，這真是讓人尷尬不自在，但終究讓人學到了很多，而且對於我們雙方來說都如此。接下來換誰呢？

隨著時間過去再加上持續的練習，我一開始尷尬刻意的操作也開始更自然。公司賦予我更多職責，以確保摩立特集團在世界各地的顧問（以及重要客戶）都能學會與應用阿吉里斯率先發展出的方法，我也因此有機會和從紐約到洛杉磯、從米蘭到慕尼黑、從首爾到東京的各地領導者合作，接觸到的組織也涵蓋財星五百大企業與世界銀行（World Bank）等大型非政府機構。多年來，我透過和摩立特出色的導師合作持續打磨我的工具組，其中包括另外兩位在家庭體系與組織動態領域的傳奇人物：大衛・肯特（David Kantor）和黛安娜・史密斯。

無論他們來自什麼樣的組織、位居哪一個地區，我不斷從和我合作的領導者身上觀察到三種模式：第一，眾人一而再、再而三驚奇讚嘆，說這是他們在專業上學到過威力最強的東西。教材非常冷硬困難，但付出的每一滴學習心血都值得。第二，他們開始察覺到（通常是有生以來第一次）自己現在做的事如何妨礙他們最想得到的成果、傷害他們的人際關係與阻斷學習。而我觀察到的最重要模式是第三項：一旦他們開始應用這些概念，很快就大有進步，馬上能為自己與身邊的人開啟新契機。這些經驗讓我確認了當我還是年輕研究生時所想

的事：我意外碰上寶礦，找到一套可以行遍天下的單純想法與工具，用以開啟學習、做出更好的決策，以及建立更強韌的人際關係。

後來我離開管理顧問界轉往非營利教育機構為美國而教（Teach For America，簡稱 TFA），剛開始我就像離了水的魚。我是「企業界的傢伙」，被叫來幫忙這個機構在全美培養幾千位新師資，同時也要提升他們的表現品質。這是很瘋狂的轉變，我很多同事一開始也對於一個過去極少涉獵教育界的企業界狂人深表懷疑。無須多說，這是一次讓人謙卑的經驗，我用很痛苦的方法學到很多心得。如果我前十年沒有學會最後化成這本書的實務做法，我必會崩潰而且心力交瘁，但我反而在那裡待了收穫滿滿的十年，在這段期間內我幫忙帶動 TFA 成長、創新，並影響全美數百萬學生接受的教育。

順著這段經歷讓我講回現況。自 2015 年起，我和好同事兼摯友艾隆・薩摩哈（Aylon Samouha）搭檔，成為教育機構 Transcend 的共同創辦人暨共同執行長。Transcend 投身於重塑與革新幼稚園到高中（K–12）教育的每個面向。我們工作的基石，是在設計未來的學校時會傾聽並向學生、老師、家長與雇主學習。如果沒有提問的超能力，就不會有這個組織與模式。提問超能力讓我能招募、領導與留住頂尖且多元的人才；從投資人身上募得幾億美元的資金；支持全美最有遠見的領導者與最尖端的社群；以及成為持續學習並成長的領導者。然而，最重要的是，這些超能力讓我更理解別人的出身、他們個人與人生中的重要事物，從而在人的層次與他人（通常存在著各式各樣的差異）建立關係。

提問為雙方帶來的獎賞

你在這整本書中都會看到,別人不見得會馬上就告訴你事情的全貌。總是會有一些背後故事,如果你沒問對問題,對方就不會講出來。這些更深處的故事甚至會比你一開始聽到的內容更有趣而且更重要。

我這麼醉心於提問和傾聽,背後有什麼更深刻的故事?

這要講到我小時候,以及我的童年如何影響我和世界的互動。在我成長的小鎮裡少有猶太兒童,而我就是其中之一。身邊明顯的行為差異與細微的線索,讓我自覺是局外人,很沒有安全感。我認為,保持安靜很安全,因此我學著觀察與傾聽,而且是大量觀察與傾聽。與人互動時,我覺得提問比發表自己的意見更安全,還好,我是一個好奇心重的小孩,有很多問題可問。當你日復一日運用某一套生存策略,後來就會形塑成你的行事風格。

高中時我就沒這麼害羞了,因為我敢以魔術師的身分上台演出;魔術是我家族代代認真相傳的愛好。魔術也是一門專業,訓練你把你的底牌藏在心裡,這樣才能營造出幻覺。我帶著這樣的傾向長大成人,養成一種預設為欲語又止的本能。

這一切代表的是,在我大半人生中,我是一個腦子裡面塞滿一大堆想法、知識與意見(甚至是祕密)的人。我夢想著有人(朋友、同事或參與派對的賓客都好)會問我:「傑夫,你有什麼想法?」老實說,到現在有時候我還是這樣的人,安靜地坐著等待有人「准許」我開口。你或許也心有戚戚焉。

確切來說就是:我在成長過程中親身體驗到,如果別人多

問我問題的話,他們可以從我身上得到很多很棒的東西。長大之後,這份孤獨的渴望轉換成一種更有意義的觀點:*如果我那麼多事沒說出來,別人可能也是。*乘上我在人生過程中遇見的幾千個人,我錯過了多少好東西?有多少默默在別人腦袋裡翻騰的見解、故事和解決方案,就因為全世界沉瀣一氣,讓他們覺得自己的想法沒有價值,或是別人不會認同當中的價值,就這樣永遠不見了?

　　如今,我更清楚現實確實如此,而且對於某些群體和個人造成極大影響。舉例來說,美國歷史不斷證明黑人坦白說話的風險遠高於白人。很多代表性不足的少數群體也面對相同的痛苦現實,只是型態各異,而且,自我噤聲是一種沉重的負擔,這讓他們更受傷。知名的佛萊明罕心血管疾病世代追蹤研究(Framingham Offspring Study)數據指出,在婚姻中沉默以對的女性,在研究開始後十年內死亡的機率高了四倍,即便在控制吸菸、血壓與年齡等其他已知風險因子之後結論亦同。**8**

　　以生死來講這個議題看似極端,但事實是,一直壓抑著不把話講明白會對人的身心造成實際傷害,此外,當人沉默不表達自我,就是讓身邊的同事、團隊與社群無法獲得他們觀點中的極寶貴價值。我自己是團隊和組織的顧問與領導者,我親身體驗到同事、員工、顧客甚至主管的腦子裡安靜潛藏著大量的隱藏智慧。

　　好消息是,當你真正採用書中的方法,不只能幫助你,還能讓你想要學習的對象受益。那些擔憂話說得不好不對的人會知道,當他們和你在一起時,就處在安全的港灣裡,可以自在表達他們的知識經驗、感受與信任。這麼一來,提問就不只是

學習的工具而已,更是一種表達關心的舉動,能讓我們和身邊的人建立深刻的連結。

在其他時候,你的提問可以喚醒對方體察到自身的智慧。被人認可當成專家或受重視的老師是能帶來力量的體驗,但並不是每個人都能擁有,當你為對方這麼做,你會很容易看到他們奔赴自身的潛力,用你們從未曾見過的方式做出貢獻。

當我們給別人開誠布公分享的機會,就是致贈對方一份禮物,是邀請對方展現真實自我。事實上,研究顯示,當人能做到更坦誠分享,自己會得到各式各樣的好處,包括增進身心健康與更豐盈的人際關係。[9]

但好處並不僅止於你和對方。想像一下,如果我們可以開啟團隊與組織裡每個人內在的集體才能(collective genius),那會帶來多大的可能性?如果我們串連起每個人都有的、想從對方身上學習的渴望,用這種方法養育一個世代的孩子,那會怎麼樣?這對我們這個對立分化愈來愈嚴重的世界,能帶來多大的治療效果?如果我們抱持向對方學習的態度,對待每個遇見的人(就算我們非常不認同對方),這個世界可能變成什麼樣?

深入溝通的有效「問法」

距我走進阿吉里斯在摩立特的辦公室已經過了四分之一世紀,如今,我已經把我學到、教過與體驗到的所有內容綜合成「問法」(The Ask Approach™):這是一套以研究為基礎、經過實務驗證的方法,我們可以按部就班熟練與應用。

你要接受的提問教育始於**第 1 部**,你會在這裡學到為何人們不分享:有哪些具體的阻礙導致他們緊閉嘴巴、沉默不語。你也會知道別人最不可能和你分享的資訊是哪些(提示:是你最需要知道的那些!)。

在**第 2 部**,你會學到五步驟的**「問法」**,你可以在人生任何領域中用來開啟學習、成長與連結:

第 1 步:選擇抱持好奇心。我會導引你完整歷經一次強而有力的心態改變,讓你不會快速做出預設假設,導致限制學習並損傷人際關係。

第 2 步:營造心理安全感。就算你提問,很多人也不會把話講出來。這一步像是一場研討會,討論你要如何讓分享變得更自在、輕鬆且動人,藉此提供支持讓別人打開心房,說出他們不敢或不願意說的話。

第 3 步:提出高品質問題。找出你應提但未提、而且能發揮最大影響力的問題;裡面要有完整的劇本、解決方法與後續追蹤的想法。

第 4 步:透過傾聽來學習。我們都知道傾聽別人說什麼很重要,而且這麼做可以讓你能聽到的訊息多三倍,並確保你能得到正確的心得。

第 5 步:反思與重新連結。你會學到如何評估哪一項見解確實有價值,之後,你可以轉化價值,實際展開行動以維繫學習動能,並在過程中深化雙方的關係。

最後,在**第 2 部**中,你會學到如何把你新學到的技能全面嵌入人生,包括工作、居家生活並放進整個世界。

本書在設計上是要和好友、同事一起翻閱、畫重點和閱

讀，之後，我希望每當你碰到向旁人學習非常重要的情況時，就從書架上拿來翻閱。當你看到書中的一些互動練習，我鼓勵你花點時間好好做一做，因為練習會讓結果大不相同，是你懂得內容與你真正能落實概念的區別。為了讓讀者能輕鬆存取本書的核心工具與架構，它們全都整合在同一處，請上 www.AskApproach.com。

值得冒的風險

學習用一種更深刻、更謙虛的方式與你所屬世界中的重要人物互動，並非全無風險。你要自己很努力，也要有很大的勇氣，還要投入相當的情感。當你要放開自己去學習，幾乎不可能不在某些時候感覺很脆弱、赤裸裸毫無遮掩。這正是很少人接下這項挑戰的原因之一；然而，如果有更多人去做，這將會更輕鬆。無論你現在處於人生的哪個階段，這都是展現領導的機會。

看到很多人都能成功運用這些實務做法，我就明白任何人都做得到，也因此，這值得你付出心力。**運用「問法」至少會看到三項好處：**

1. **你能創造更好的成果：** 你能找到範疇更完整準確的洞見，然後據此做出更明智的選擇。你能與人共同創造更有創意的解決方案。你也能更快速跳脫衝突困局，把更多時間花在有生產力、有創意的事情上。
2. **你能建立更強韌的人際關係：** 不管別人的樣子、講話方式

與思維模式是不是跟你很像，你都能和他們建立更深刻的連結。你和身邊的人都會因為移除障礙、帶動資訊流動而有收穫。信任度更高，連結也會更緊密。

3. **你會有所成長，而且能更快速改進：**你將會聽到更坦誠的回饋，你會得到有用的建議，你也會更能覺察自己的盲點。當學習成為你的處事方式，你會覺得更安心，願意去做實驗，甚至願意跌跌撞撞嘗試。讓自己放下必須假裝知道所有答案的重擔，你將會以深刻、甚至意想不到的方式成長。

寫作本書時，大型語言模型驅動的聊天機器人出現，讓這個世界領略到人工智慧（AI）的無上力量。AI 正在改變諸多生活面向，但看來不可能完全取代人類的獨特技能，唯有人才能用深刻、共同學習的方式與彼此相連。換言之，光有科技並不足以帶來前述的益處。然而，你會從第 3、5 與 6 章的補充說明中看到，現在有一些讓人期待的新方法，或許可透過科技強化你在學習與應用「問法」時的相關作為。

無論你是得益於 AI 還是用老派的方法去做，以下是我個人體驗到（以及看到其他人得到）運用「問法」帶來的「真材實料」益處。以下有沒有哪些是你希望在自己的工作或生活領域中看到的成果？

- 找到你在某個重要的人際關係中的實際定位……以及你需要做什麼才能把事情做對
- 藉由找到你們雙方之前都想像不到的更好、更能讓彼此都滿意的結果，跳脫持續性的衝突

- 先找出計畫中的致命缺失，不要浪費大量的執行時間與資源
- 找到洞見，看透為何別人用特定的態度對待你……以及你本人又發揮哪些推波助瀾的效應
- 就算你在乎的人（隊友、家人、朋友）遲疑著到底要不要開口，你也可以用他們真正需要的方式提供協助與支持
- 讓觀點不同的人結合在一起，締造更深刻的連結，達成讓人讚嘆的成就，從每個人的差異之處汲取優勢

我們出發吧

　　我希望，到目前為止，你已經開始明白為何我相信提問就是一種超能力。本書充滿實用的指引，甚至還有一些具體明確的對話用語，你可以善加運用，找到你最需要的，幫助你從其他人身上挖掘資訊，但更重要的是，這是一套終身學習的演練。藉由對自己與周圍的人提出更多更好的問題，我們可以動身踏上持續成長與日新又新的道路。

　　非裔美國作家童妮・摩里森（Toni Morrison）曾說過：「如果你想讀某一本書、但現在還沒有人寫出來，那你必須自己寫。」[10] 嗯，這本書就是我自己需要讀、而且一再重讀的書。你在之後幾章會看到，我還是會經歷到我發現別人知道或相信我還不知道、而且未能及時發掘的要事。我仍有時候會驟下評論，忘了要保持好奇。我仍有許多盲點，阻礙自己向各有所長

的人學習。做研究與撰寫本書幫助我提醒自己好奇心與提問的重要性，尤其是在我覺得很肯定、想批判與自以為是的人性面過了頭的時刻。我並不怯於分享這些時刻，因為我相信你可以從我的缺點、失敗與差距中學到很多，就像你可以因為我的技能與成功而大有收穫一樣。

我最大的希望是，本書可以讓所有人打開心胸，歡喜迎接當我們從所有遇見的人身上學習時能帶來的力量與可能性，讓我們的人際關係、組織與社群都變得更好。

Part 1

傷害關係的隱形障礙

在第 1 部中,我們要深入一種我稱為「不明說」(the unspoken)的現象。這指的是圍繞在我們身邊的人,心裡有一些想法、感受與創意點子,但通常不說出來。

在第 1 章,我們要探討人們放在心裡、腦中不願說出口、最重要的事是什麼,並且檢視如果我們不知道的話,結果會怎樣。

在第 2 章中,我們要看其他人是出於哪些原因絕口不提,當中包括阻礙他們講出來的四大障礙。

第 1 章

他人不明說的事

你最需要知道、
但別人最不可能告訴你的是什麼事？

你是否有過這樣的經驗：在某個對你來說很重要的情況裡，你是最後一個才得知關鍵訊息的人；而且，你還發現之前已經有些人本來可以暗示你的，但為什麼他們沒這麼做？在我教練過的人身上，我看到這種事發生的次數多到我都數不清了，可是一旦發生在我自己身上，仍會讓人完全無語問蒼天。

為美國而教（TFA）是一個全國性非營利組織，招募與訓練應屆大學畢業生，請他們到低收入地區學校教書，同時帶動一場運動，培養致力追求教育平權的領導者。在管理顧問領域工作近十年之後，我成為 TFA 的學習長，負責幫助組織擴大規模，並增進全美各地老師的培訓與教學表現。我在這裡的工作一開始簡直是不順利到令人後悔進來的地步。

上任未滿一年時，某天我接到一通緊急來電。我團隊裡一位重要主管潔德告知我，組織裡五個暑期訓練所之一的西北暑

期訓練所（Northwest Summer Institute）碰上重大挑戰，此時離我們排定要展開培訓計畫的時間不到幾個月。這些訓練所為應屆大學畢業生提供大部分訓練，讓他們之後能面對即將受教的學生。換言之，如果我們不能把問題處理好，就有五分之一的老師無法如期在秋天開學時去學校教書。

每個訓練所都有一個駐所團隊，他們是全職人員，負責確認之前十二個月的日常庶務井然有序，以利暑期訓練所開門大吉。這些團隊的職責是在主辦大學裡找到教室與宿舍，和當地學校系統合作到暑期學校試教，以及聘用與訓練百位當地員工，負責指導與教練、供餐與協助老師們往返於各個活動地點等所有工作。那麼，最終負責管理這些團隊的人是誰？是我。我一整年持續聯繫他們以及他們的主管，我相信我為了確保他們能成功，能做的我都做了。

但事實並非如此，潔德不就證明了嗎？她打電話告訴我一處暑期訓練所各個要項都未備齊。在我們排定授課的時間，主辦大學沒辦法出借教室。幾所當地學校本來已經同意我們的老師在他們的暑期學校方案中接受訓練，卻在最後一刻決定不辦暑期學校，還開辦暑期學校的其他學校使用的課表完全不同，超乎我們意料。負責督導與指導新老師的關鍵暑期工作人員，不具備必要的經驗或技能，無法進行我們需要的更高階培訓調整，而且有些人已經離職。

當我掛上電話時，心跳暴衝。我萬分詫異地盯著手中的手機螢幕，最新現況就這樣子慢慢成真。我想像著西北訓練所五百位老師群起抗議，更重要的是，我想像著秋天時有五百間教室沒有經過適當訓練的老師去上課，學生得不到該有的教育

師資。

恐慌時刻過去之後，我轉為困惑，為什麼，合作都差不多一年了，我這一路上和我的團隊有這麼多對話，但我居然對正在發生的問題一無所知？根據潔德挖出的資訊，這些問題已經出現好幾個月。為什麼我現在才知情？這時，時機可能已經太遲，來不及改變方向。

謝天謝地，潔德英勇地跳出來。她跑遍全國，到各地訓練所和當地團隊密切合作，各個團隊也焚膏繼晷，終於在訓練方案開啟前幾個星期修正所有問題。到最後，訓練所運作得很順暢，讓老師做足準備，這真是萬幸。但如果沒有潔德施展小小的魔法，在短短幾個星期重做幾個月的規劃，培訓方案就會徹底失敗。

我怎麼會遭遇這麼猝不及防的狀況？這一路上，我一直都有查核進度，也提供團隊需要的協助，我一直的印象是，雖然有點小差錯，但狀況大致上很正常。結果是，團隊七手八腳卯足全力改正問題，但他們不讓我知道這些挑戰到底有多大，也沒有要求我協助。基本上，我完全不知道團隊裡有很多人知道問題真的很嚴重，但他們從來不告訴我。我很確定我在開會時有問過許多問題，但我提問的方式顯然無法讓我的同事覺得安心，無法鼓勵他們對我「講真話」，在釀成危機之前告知我亟需知道的極難處理而且絕對重要的資訊。

直到那個時候，我都還認為我們之間的合作關係很好，我們可以坦白直接講明。顯然有些事讓人裹足不前，使得他們無法在真正重要的時刻把話講出來。

更糟的是，我開始想：這一次就算事關重大，他們還是有

事沒告訴我,那他們、或在這方面來說其他同事還有哪些想法、意見與感受沒說出來?

兩欄式論述:左方欄中的祕密

在我早期職涯中,我學到這種痛苦但常見的不明說模式有一種講法。我大學畢業後的第一份工作,就在摩立特。摩立特是一家管理顧問公司,公司的成敗取決於我們是否有能力找到資訊與洞見,為客戶的組織建構出最佳解決方案。要發展出優質建議,需要各式各樣的資訊不斷地在組織裡流動,流到客戶端,再從客戶端流回來。

也因此,摩立特大手筆投資,想要知道哪些因素會阻礙人們從彼此身上學習的能力、他們又可以怎麼做。你在〈前言〉已經讀過阿吉里斯教授展現趨動智慧的領導力,這是讓相關作為動起來的必要條件。阿吉里斯是哈佛商學院與教育研究所合聘教授,他的終身使命是理解與克服不利於人們在組織內學習的重重障礙。

阿吉里斯與全球企業領導者的合作通常也是這樣開頭,以兩欄式論述(two-column case)來闡述。他會請對方在白紙中間先畫出一條直線,請當事人盡可能回憶,在右方欄寫上近期一次具有挑戰性的人際互動中實際出現的對話。在左方欄中,則要請執筆案主寫出他們在整場互動中體驗到的說不出口想法與感受。

為了讓你理解這看起來如何操作,下頁列舉一個簡單範例。「執筆案主」(即當事人)是顧問公司裡一位新任專案經

理,他和一位他認為很難溝通的客戶互動:

顧問心裡沒有明說的想法與感受	實際對話
你這是在開玩笑吧!我們光上星期就開了三次會。我們每次都為了要和你開會預先準備,使得我們得停下研究流程,拖慢整個案子。	客戶:我想跟你開個會,討論你們團隊正在做的研究。
我試試看能不能把會議推掉,好讓我們真的可以做點事。	我(顧問):好的,我們永遠都很樂意見面談談。團隊目前正在收集資料,如果可以在我們整理好數據之後再碰面是最好的。
我知道你擔心時程,我也擔心!就因為我們每次開會時**你**一直改變方向,才害我們延遲。如果我再提出更多改變,這個專案將會超出預算,我們也會趕不上截止期限。之後,團隊成員都會被拉出這個案子,我們兩邊都會動彈不得。	客戶:事實上,我偏好早一點開會,因為愈來愈擔心時程,我也必須對委員會做簡報,我需要一些數據。我還需要你們提供一些新想法和資訊。
	我(顧問):好的,我們很樂意在你方便時把會議擠進去。

請注意執筆案主有很多話沒有跟客戶說,傳出去的訊息和顧問真正的想法之間有很多不一致。

在本章末,你會有機會親自練習看看,寫下你的兩欄式論述。如果你像大部分人(包括我)一樣,左方欄的呈現將會非常精彩。你在想(但沒說出來)的話可能像是:

她為何不懂這是一個爛主意?

第 1 章 他人不明說的事　33

或者

你根本不知道團隊為什麼這樣說。你不能安安靜靜聽我們說嗎？

或者

你讓我好失望。

或者

他真的認為是我的錯嗎？難道他不知道早在我還沒有跳進來事情就都出錯了？

不管你想到、或感受什麼但沒說出口，有一件事很確定：被你列在左方欄的內容，是你不明說的事，這表示對方無從得知。這也是一個問題，不管你實際講出來的是花言巧語還是嚴苛批判，背後通常藏有一個裝滿重要想法、感受與資訊的寶庫，但對方永遠都找不到。

猜猜看，還有哪一件事也同樣確定？和你互動的對方，也有自己的左方欄。這表示，他們也有蘊藏洞見、經驗、感受與構想的寶礦，但你也無法取用。

現在，我應該提的是，對方左方欄中不見得每一項對我們來說都是有用或必須知道的事。我們可能會發現，對方的左方欄裡有些東西，來自於他們自己的內心對話、不安全感甚至心胸狹窄的批判（我們每個人都有！）。舉例來說，如果他們認為新髮型讓我們的前額看起來太大，或是他們對我們的智商有任何的評價，我們絕對不需要知道。然而，在他人左方欄中的堆肥裡常常埋有智慧的珠玉，有待我們去發掘，演練本書中的方法，你將會學到如何徵求對方分享他們最有用、最相關的見

解與經驗,並提取出對你有用的資訊,整合成你自己的理解。

我在摩立特那幾年以及之後承擔的領導角色上,我善用這套兩欄式論述格式幫助自己和別人(可能是顧問、客戶、資深領導者、員工或同事)反思他們與他人的互動交流,並以更有益的方法讓他們的溝通技巧更上一層樓。[1] 讀到對方兩欄式論述的左方欄,就像是透過一扇祕密窗戶看到對方的腦海與內心,那裡深鎖著一座由重要資訊、觀點與感受構成的寶礦。和他們互動的人從來未能取用這些無價寶藏。

看到與我合作的人(以及日常生活中的親戚朋友)無法學會,真是讓人痛心。這就好比眼見本可避免的火車事故以慢動作播放,除了等著通常覺得終會發生的碰撞,別無他法。即便我在很多我協助的人身上看到這種現象,也在我的職涯中密切研究這個模式,但在我以領導者、家長、社群成員的身分與人交流互動時,仍會陷入同樣的陷阱。

當我們無法辨識並克服導致周遭人不願把話說出口的障礙,就會錯過很多能學到的東西與洞見,但這些明明就在我們眼皮子底下!當我們對這些寶貴資訊一無所知,就得承受苦果。我們會做出糟糕的決定。我們會錯失解決急迫問題的創意方案。我們的人際關係浮於表面,甚至嚴重惡化。我們在專業與個人層面的成長停滯。我們無法發揮潛能,也無能滋養他人的潛能。每個人都受罪。

你在這整本書中都會看到的「問法」,是我們用來幫助身邊的人,把更多原本放在左方欄、有用但未明說的資訊挪到右邊,讓他們可以把話說出來,嘉惠眾人。

他人左方欄中蘊藏的寶礦

我在很多種不同情況下都觀察到不明說的現象，我從中學到的一點是，關於人通常會把哪些資訊放在心裡，其實有模式可循。當我們知道要找的隱藏珍寶是什麼，就能動手打開學習大門。根據過去這些年來我讀過的幾百份兩欄式論述研究、我的親身體驗，以及我指導他人的經驗和相關的社會科學研究，我找出**四種身邊的人會藏在心裡不說出來的最重要的事**：

人會把哪些事藏起來不說

1. 他們的掙扎與挫折……以及他們需要哪些協助
2. 他們對於某個議題真正的感受與信念……以及他們這些觀點從何而來
3. 他們真正要給你的回饋意見……以及有助於你改進的建議
4. 他們最大膽的想法與夢想……他們擔心這些聽起來很瘋狂

我想要講一個故事，來說明深藏不說的模式如何運作。

艾莉森是一家中型行銷公司裡勤奮進取又成功的經理人，她對自己深感自豪，因為她完成許多任務並超越目標，在此同時還能關心所有為她效命的部屬。最近她聘用一位專案經理達麗雅，來支援她和公司裡的其他人，她很確定她找到的是最適合人選。達麗雅在前一份工作上表現出色，贏得專案管理專家的美名。

前三個月，一切看來都很順利。達麗雅很快累積起公司相關知識、提出好問題，而且很契合企業文化。然而，隨著時間

過去，達麗雅開始趕不上期限並犯下錯誤，對一個專案經理來說，這是很大的問題。一開始，艾莉森沒想太多。達麗雅的兒子最近感染鏈球菌性喉炎，她可能只是因為拚命追趕進度而出錯。但長期下來，模式還是持續，之後甚至惡化。她不斷錯過期限，幾次開會也沒出席，而且也不解釋。很快地，公司裡的同事對艾莉森抱怨，說達麗雅沒辦法好好把事情做完。

艾莉森心一沉。她當初感到很興奮能夠請來的新人，到頭來卻完全不能用嗎？

艾莉森很焦慮，傳訊息給達麗雅，請對方隔天來開會。

當艾莉森走進他們約好開會的小會議室，達麗雅人已經在裡面了，很緊張地在椅子上坐立不安。她的肩膀僵硬，艾莉森也看到達麗雅眼睛下方的眼袋，想必昨晚對她來說是漫漫長夜，很可能她得一邊工作、一邊照顧家人。艾莉森很同情她。艾莉森也有家庭，親身體驗到小孩生病時壓力有多大、造成的干擾有多嚴重。她不希望再替達麗雅製造壓力，但她也知道，為了公司好以及不要讓自己瘋掉，她不能放任這種情況再拖下去。因此，在一番尷尬的打趣說笑之後，她深吸一口氣，開始切入正題。

「達麗雅，」艾莉森開口了，並盡力看著達麗雅的眼睛，「我想要跟你說一些我觀察到的現象和我的顧慮。我看到你犯了錯，我很擔心我們的工作時程真的會開始落後了。」

「我知道，」達麗雅很快回答，「我真心道歉。我兒子生病，這段時間真的很辛苦。但我已經在趕了，應該很快就會回到正軌上。」

艾莉森已想到她會這麼說，她事先準備好怎麼回應這個答

案。「我很難過你兒子生病,真的,但我想了一下,我們在這件事之前就已經落後了。」

此時,艾莉森注意到達麗雅有一點點變化。她的下巴變得更僵硬,她也坐得更挺一些。她要捍衛自己嗎?艾莉森心裡想著一些她預先準備好達麗雅犯錯的證據,如果需要更多證據來直指問題核心的話就用得上。

「確實。我有很多事要做,但我相信我可以完成。」達麗雅回答,「給我兩星期,頂多這樣就夠。」她開口想要多說什麼,但一下子又閉口不語。艾莉森認為達麗雅在找藉口,但當達麗雅閉嘴時,艾莉森並未進逼。

「我很高興聽到你這麼說,」艾莉森說道,「因為團隊裡的其他人還要靠你。」

艾莉森離開會議室時,覺得鬆了一口氣。她剛剛完成一次很難開口的對話,達麗雅也同意要振作。她抱持謹慎的樂觀態度,認為現在開始事情就會走回正軌。她但願,她排得過滿的工作表中已經解決一個問題。

但走出會議室的達麗雅覺得被打發了,整個人很洩氣,她的觀點完全不同。當她發現自己必須同意某些她根本做不到的事時,胸口升起一股恐慌。她要怎麼辦?她擔心又讓艾莉森失望,但也對於艾莉森看來無意聽她講為什麼她落後這麼多而感到忿忿不平。雖然兒子生病確實讓事情更麻煩,但那不是她最大的問題。從達麗雅的觀點來看,真正問題是公司裡的工作流程架構。艾莉森不知道情況有多失序、多讓人受不了,她看來也不在乎。

達麗雅對外雖然因為進度落後而道歉並同意要改進,但她

有一肚子有用的資訊藏起來不明說。如果我們讀一讀達麗雅所寫的兩欄式論述分析，就可以在達麗雅的左方欄看到以下未明說的想法與感受：

達麗雅未明說的想法與感受	兩人分別說了什麼
艾莉森看來壓力很大，我知道她是一個積極進取的人，從不犯錯。	艾莉森：達麗雅，我想要跟你說一些我觀察到的現象和我的顧慮。我看到你犯了錯，我很擔心我們的工作時程真的會開始落後。
顯然，我除了說我會辦到之外，別無選擇。這是她想聽到的話。我不希望她認為我無能。	達麗雅：我知道，我真心道歉。我兒子生病，這段時間真的很辛苦。但我已經在趕了，應該很快能回到正軌。
我做專案管理這一行已經超過十年！我打從骨子裡就知道，不管我還是任何人，要完成清單上所有任務根本就是不可能的事。艾莉森完全不知道其他部門的人要我做的那些事。當然，我都答應了下來，因為我是新來的，希望留下好印象。我不想失去這份工作。	艾莉森：我很難過你兒子生病，真的，但我想了一下，我們在這件事之前就已經落後。
另一件事艾莉森也不知道：這家公司裡處處都效率不彰。另外三個部門對我提的要求，都是版本稍有不同的同一件工作。大家重複做其他人做過的事，但他們自己甚至不知道。這才真的是浪費金錢和時間，而她卻把進度落後幾個星期看成一件大事？！？	達麗雅：確實。我有很多事要做，但我相信我可以完成。給我兩星期，頂多這樣就夠。

達麗雅未明說的想法與感受	兩人分別說了什麼
如果艾莉森放手讓我去做，我可以提出一套專案追蹤系統，就像我在前公司建置的系統一樣，這可以幫助我們設定專案的優先順序，為全公司省下時間與金錢。 這也能讓艾麗森與她的副總裁實際檢視所有專案，看到我看到的問題，不只是當中的重複多餘，也看得到某些專案實在很不符合公司策略，至少在我來看是這樣。她在乎的只是我那張待辦清單要趕上時間，真是太糟了。	艾莉森：我很高興聽到你這麼說，因為團隊裡的其他人還要靠你。

當我們深入傾聽他們的對話，可以看到達麗雅左方欄裡的內容沒有半字半句出現在與艾莉森的對話裡，全都未明說。艾莉森離開時認為她已經完成「管理」此一問題的艱難任務，但事與願違，她導引這場會議的態度阻斷她聘用達麗雅時萬分雀躍可以獲得的專業。她離開會議室時獲得的資訊，不比她剛到的時候多。艾莉森也不知道達麗雅怎麼想她這個人：她是一個進取的經理人，唯一能接受的答案是：「我知道了，長官。」

這些資訊對艾莉森來說都會很有用，她應該要知道。她可以從中看到重要洞見，透視公司裡的功能不彰，她可以和部門主管一起處理這些資訊。此外，她原本可以借助達麗雅的專業來改善工作流程設計與專案管理系統，這會讓達麗雅更能扮演好她自己的角色。如果能理解自己的強硬作風會造成什麼影響，可能會讓艾莉森採取行動，幫忙讓員工覺得更能安心把話講出來。這些本來可以讓艾莉森成為更成功的領導者，讓她和

達麗雅之間的關係更有生產力、信任感而且更坦誠。可是，少了這些資訊，對話就變成遮掩受感染傷口的繃帶，而不是修補人際關係與組織裡面更深刻議題的方法。

雖然我們只看了達麗雅的左方欄，但是，艾莉森當然也有她自己沒有明說的想法和感受。艾莉森的左方欄會充滿她的憂慮：她因為要及時交付成果而備感壓力；也有她的期望：她希望達麗雅最終能針對改善工作流程系統提出想法；還有她的觀察：她從公司裡其他人口中聽到達麗雅沒去開會的事情。想像一下，如果達麗雅可以獲知艾莉森未明講的想法與感受，可以為她以及他們之間的關係帶來哪些好處。在每次互動交流中，雙方都有自己的左方欄，但重要的看法被壓下沒說出口，每個人都為此受罪。

按下不表，雖隱而不見，但俯拾皆是

艾莉森與達麗雅之間出現沒有明講的鴻溝，這是日常溝通太常見的現象。這樣的模式非常普遍，全世界的組織研究中有很詳細的紀錄。有一項針對從製藥業、廣告業到金融服務業的經理人所做的研究指出，**超過 85% 的人**受訪時承認他們至少有一次用沉默來面對主管的疑慮，就算他們覺得那是重大問題也沒把話說出來。此外，將近**四分之三（74%）**的受訪者說，他們的同事也知悉這個問題，但同樣也覺得不安心，不敢把話說出來。[2] 當被問到通常來說，他們是否覺得可以安心講出有顧慮的議題，**近半（49%）**的受訪者答案都是「否」。[3] 想像一下，有一半的員工有顧慮不敢講出他們的資訊或意見，組織要付出

多大的代價！

　　這種事也不僅限於組織內部的交流互動、或經理人與為其效命部屬之間的「垂直」關係。雖然本書舉的例子比較著重在職場上發生的互動，但這種現象在我們生活中的每個領域裡都有。每個人在一整天裡的所有互動中都有自己的左方欄，這表示，這種未明說想法與感受的模式（以及衍生的錯失學習與建立關係的機會），在任何一種關係裡都有。

　　假設病患如果不想揭露自己對於副作用的潛在恐懼，醫師就不知道他的病患沒有按醫囑服藥。或者，青少女備受焦慮之苦，但因為不想被人批判而選擇不談，那她的爸爸就不會知道這件事。或者，疏離的兄長因為很久以前沒有講出來的積怨而不再和妹妹講話，做妹妹的也只能不明就裡。當你讀到本書之後的各章，我鼓勵你想一想，這種現象在你生活中各式各樣人際關係裡造成哪些效應。我們在下一章會談到，差異（可能是權力、文化、性別、種族、行事風格或其他各種面向的差異）的動態會讓問題更加惡化，使得人更難向彼此學習。

　　這個問題普遍存在，而且會造成很大的成本，但我發現這是可以克服的問題。我們有可能持續以高效、徹底改觀以及互利的態度（最後這一點可能最重要）向身邊的人學習。我很多工作夥伴一開始展開正確的行動，就開啟一個充滿無限可能的全新世界，他們向客戶、同事、朋友和家人學到的東西，扭轉了他們的決策、團隊與人際關係，大幅降低很多人本來和他人進行緊張對話時會有的恐懼、焦慮和侷促不安，讓他們和對方站在同樣的立場上、而不是將對方視為可能的敵人，並引導他們發掘與共同創造出絕妙新點子。好處馬上就看得到，而且會

持續下去。

這些都有可能做得到,本書有一大部分(從第 2 部開始)也專門在說明「問法」的扎實行動步驟,讓你可以從身邊的人身上找到你最需要知道的訊息。然而,在你學習要如何做才能得到這些收穫之前,要先回答一個極為簡單的問題:

為什麼別人不告訴你對你來說最需要知道的重要訊息?

這是我們在第 2 章要回答的重要問題。要能從第 2 章中得到最大收穫,並深化你從本章學到的東西,在你繼續讀下去之前先做以下的練習。

重點摘要

重要問題:你最需要知道、但別人最不可能告訴你的是什麼事?

1. 在每次交流互動中,人都會隱藏很多自己真正的想法與感受,放到*左方欄*:這裡是充滿資訊與洞見的寶礦。
   - 他們有哪些掙扎⋯⋯以及他們需要哪些協助
   - 他們對於某個議題*真正*的想法與感受⋯⋯以及他們這些觀點從何而來
   - 他們真正要給你的回饋意見⋯⋯以及有助於你改進的建議
   - 他們最大膽的想法與夢想⋯⋯他們擔心這些聽起來很瘋狂

2. 很遺憾的是,我們常見人們無法從別人口中得知這些訊息,這會對決策、解決方案、人際關係與效能造成極高的

成本。

3. 這個隱而不見的問題處處可見，在組織、家庭、社群與密切的人際關係中都有。

互動練習

1A 找出你生活中兩種最重要的人際關係；不管是與你的主管、同事、員工、朋友、社群成員、客戶、家人等等，都可以。針對每一段關係，自問你有多大的信心認為自己真的知道對方在以下各方面的觀點或見解是什麼。在下表的每個格子裡，如果你很有信心，就寫「高」，如果沒有，就寫「低」，介於兩者之間，就寫「中」（或者，如果不適用，就寫「不適用」）。你可以把這張表當作某種「熱圖」（heatmap），幫助你檢視或許可以在哪些面向更深入了解。

你多有信心認為你真的知道……	關係 #1：_____	關係 #2：_____
他們有哪些掙扎……以及他們需要哪些協助？		
他們對於某個議題真正的感受與信念……以及他們這些觀點從何而來？		
他們真正要給你的回饋意見……以及有助於你改進的建議是什麼？		
他們最大膽的想法與夢想是什麼……他們擔心哪些會聽起來很瘋狂？		

1B 下次當你碰上具有挑戰性的人際互動情況時,等到一結束馬上寫下你的兩欄式論述分析。你可以使用以下格式,也可以在 AskApproach.com 網站上找到更詳細的範本。

我未明說的想法和感受	我們各自說了什麼

　　檢視你的左方欄,並想一想:對方沒能從你口中知道哪些訊息?現在,試想看看如果對方也針對這次交流寫了他的兩欄式論述分析,他的左方欄可能會是什麼樣子?他們可能有哪些沒有告訴你的想法和感受?

第 2 章

為何他們欲言又止

為什麼別人不把
你該知道最重要的事告訴你？

現在你知道了：別人不告訴你的事非常重要。如果你跟我一樣，你會急著想要馬上深入研究「問法」的各個步驟。無論你現在的感覺是狂熱還是警覺，我都鼓勵你先好好想一想本章的重要問題。

如果你希望對方和你交流時能養成勇敢的習慣，把話說出口，要先理解為什麼對他們來說要和你分享這麼難。他們各有苦衷。不管這些理由是什麼，我們都必須從養成同理與覺察的態度開始。

摩立特最深得我心的其中一位主管是吉姆・卡特勒（Jim Cutler）。卡特勒有渾厚的嗓音與諷刺意味十足但又玩鬧的幽默感，他擁有罕見的才幹，跟各種人都能合作愉快。

我來摩立特幾年後，卡特勒負責建立摩立特新的人力資本業務，這是他第一次管理大型的商業部門。幾年間，這個單位創造了幾百萬美元的營收，而且需求愈來愈強勁。卡特勒很滿

意業務的成長狀況，但他也很好奇，想知道他可以從同事身上學到哪些東西，幫助他這個領導者持續成長。他去請部門內的員工艾美莉亞幫忙，替他找同事和員工做一次匿名的三六〇度意見回饋（這是一種收集回饋意見的績效評估方法）。

然而，艾美莉亞回報的結果，完全出乎卡特勒的預期。雖然卡特勒的同事對他的領導能力和團隊提出的想法說了很多好話，但他們毫不含糊地說，卡特勒並未竭盡全力增進業務的營收。他們認為，卡特勒欠缺在這個職務上必須具備的商務驅動力；最強力傳達這項訊息的，是公司內主管其他部門的平級同事。

卡特勒感到非常驚愕，可說是大驚失色。

這些都是和他往來密切的同事，卡特勒還把其中幾個人當成朋友，他們的關係密切到連彼此的配偶都是朋友。他們會到彼此家中聚會社交，他們會一起去旅行，他們參加過彼此的婚禮。他們對於卡特勒的領導有這麼大的疑慮，怎麼可以一直都放在心裡不講出來？卡特勒覺得很受傷與遭到背叛，而且還感到挺困窘的。

即便卡特勒的朋友和同事顯然都很關心他，即便都知道他很看重直接的回饋意見，即便他們工作的職場環境向來認為直接溝通與學習有加分效果，為什麼他們還是不把話講出來？

這引導我們來到一個很重要的問題上；如果你想從別人身上學到更多，就必須回答這個問題：

為什麼別人不告訴你對你來說最需要知道的重要訊息？

四道障礙

要回答這個問題,我們要探討威力最大、最能阻礙別人把他們腦袋和內心裡真正想法告訴你的四道威力無窮的障礙。

在詳細討論每一道障礙的過程中,我鼓勵你思考這些障礙在第 1 章結尾互動練習的例子中各扮演什麼角色。主動把本章資訊運用到個人經驗裡,你將能培養出更深刻的同理與理解,在本書實作部分(第 2 部)這將會非常重要。

背景脈絡、權力與身分認同都很重要

在我們深入探討之前還有最後一件事要提:一個人決定要講開還是閉嘴,和他們所處的環境有錯綜複雜的關係,這包括組織文化、社會力量以及相關的慣例、期望和權力架構,這些對每個人都會造成不同的影響,取決於人的角色、身分認同和人生經歷。你和他人的互動當中有很多層的背景脈絡,深深影響別人如何和你交流。你在本章以及本書裡會看到,無論你的位置是什麼,跨越差異進行溝通既可讓提問與分享變得更豐富,也會更複雜。

當然,檢視兩人或更多人互動時可能展現的各種差異面向,遠遠超過本書的範疇,本章所舉範例也無意涵蓋所有人類的差異,而是要說明當你試著理解對方時,很可能就會出現其中幾項(比方說種族、性別和權力)。你愈能理解其中的裂縫可能在哪裡,就愈能跨過鴻溝,這一點非常重要,因為你能學到最多東西的對象,往往是和你最不一樣的人。

人為何欲言又止

```
        擔心話講出來造成衝擊
        （對你或對他們自己）
              ↓
找不到適當  →  [麥克風]  ←  沒有時間或
的用詞                      精力
              ↑
         不認為表達
         會受到重視
```

記住這些，接下來就讓我們檢視障礙因素，就是這些導致你身邊的人通常不願告訴你知道之後對你大有好處的資訊。

第一道障礙：擔心話講出來造成衝擊

到目前為止，這是讓人決定即便你聽聞之後會非常有價值，但還是不要把他們真正的想法、知識經驗或感受說出口的最重要且最常見因素。他們很擔心自己講出來的話會激怒你、讓你煩憂、讓你洩氣、害你有負擔或讓你很尷尬。他們也可能擔心對他們自己會造成什麼後果；如果你因為他們把話講出來而批判或羞辱、甚至懲罰他們，那該怎麼辦？他們也會擔心可能傷害你們之間的關係，小則引發不必要的尷尬，嚴重的

話會導致無可修復的傷害。

▶ 顧慮到可能對人造成衝擊

一項研究指出,當人們注意到旁邊有人臉上有髒污時,97% 的人不會講。[1] 人決定不講出來的第一個理由是什麼?他們認為,講出來的話可能會影響到臉上有髒污的人,這會讓他們覺得很糟;他們不想讓對方困窘。我們很努力想做一個和善且幫助別人避免困窘的人,卻讓對方臉上留著很可能造成尷尬的髒污到處走來走去,這還真是諷刺!無論是組織裡還是更廣大的社會中,很多文化都很重視替別人「留面子」,人會為了避免讓別人尷尬而選擇閉嘴,也就不意外了。

我最近和我的一位導師哈莉葉會面,我們聊到所處領域裡一家很出色的機構。哈莉葉說她擔任機構的董事多年,最近離開了,因為她認為機構與領導者都愈來愈脫離現實。我問她有沒有跟執行長談過,她說:「傑夫,你知道我行事多半直來直往,在這種情況下,我不能告訴執行長我辭去董事的真正原因。我知道她會耿耿於懷,我不想讓她難過。」哈莉葉比較注重不要傷害執行長的感情,沒那麼在乎把她離開董事會的真實理由講開來。我可以理解,但對這位執行長不會有任何好處,特別是,她身邊的人也知道那些導致哈莉葉離開的隱憂,但他們也不說。

如果雙方之間的關係互信良好,會有幫助嗎?信賴可以在交流互動中營造出更多哈佛商學院教授艾德蒙森所說的*心理安全感*(第 4 章會更詳細說明這部分),它有助於緩解這樣的顧慮,但雙方的關係密切也有可能出現相反效果。對方愈是在乎

你以及你對他們的看法，他們就會覺得要分享可能會讓你難受的事情事關重大。想一想，某次你需要和夥伴或密友分享一些難以啟齒的回饋意見，情況是怎樣。你可能不想傷害對方，你最不想的，是傷害這份對你來說非常重要的關係。這有助於解釋艾美莉亞找到的答案；她後來詢問卡特勒的同事，是什麼原因導致他們不願直接對他講出他們的觀察與回饋意見。他們告訴她，過去他們對卡特勒提出回饋意見時，他們感受到這麼做或許傷害了他或是觸動他的敏感神經。他們非常在乎卡特勒這位好友，又怎麼會想讓他難過呢？他們覺得沉默不說比較好，也比較安全。

　　持平來說，這個問題有一部分在於人們多半高估了分享回饋意見會對對方造成的傷害，同時也低估了其中的益處。研究人員妮可・艾比・埃絲珀（Nicole Abi-Esber）和做過前述「髒污研究」的同事們繼續深入挖掘，想知道為何在回饋意見很有用的時候還是這麼多人不願意提供。在後續的追蹤研究中，他們請受試者主動對彼此講出回饋意見。[2] 研究人員比較受試者自評回饋意見會讓對方感到不自在的程度、與對方本人回報的不自在程度，發現人們自認的衝擊嚴重度與對方真正感受到的，始終不相符合。有些人不分享寶貴的資訊，是出於善意但過度想要保護你的渴望，但其實你的不知情到最後可能會造成更嚴重的傷害。[3]

▶ 擔心自己要承受的後果

　　生活的壓力已經夠大了，沒人想要再多加一點，跑去跟你說了什麼然後一直擔心會不會遭到你批判，或更糟的是，被你

懲罰。美敦利（Medtronic）前執行長比爾‧喬治（Bill George）是管理經典《領導的真誠修練》（True North）的共同作者，也是真誠領導這個領域的世界級專家，當我跟他聊起時，他對我說，人之所以欲言又止，不想把話講開，第一大原因就是擔心被批判或被拒絕。

任何關係中都會有這樣的顧慮。我們都希望覺得安全、被人接納，其他人能對我們抱持正面觀感。幾乎所有人都可以講出某一次講出真正想法或感受卻遭到羞辱或懲罰的經歷，而那也正是成長的時刻。我們會把這樣的經驗牢牢放在心裡，帶入我們和朋友、伴侶或同事之間的關係裡。我在我自己的工作上就看到這樣的動態一再重演。

舉例來說，有一次，我同事安德魯跑來找我抱怨他的主管凱薩琳所做的決定，我自然而然問他有沒有跟對方講過他的疑慮。「你瘋了嗎？」他很激動地說，「她從來不想知道我為什麼這樣想，她會認為我是一個不懂團隊合作的人。」人類的存亡繫於能不能和大家圍在一起烤火（合作），當一個人在決定要不要冒風險講出自己真正的想法或感受時，害怕被拒絕或被批判是很重要的考量因素。

然而，人不一定要親身被批判或被懲罰過，才會擔心明講會有什麼後果。群體或組織裡的人會從彼此身上找線索，尤其是會觀察領導者，以判定開誠布公是安全還是危險的行徑。可能有人見過同儕出事，或是聽過有人因為表達心聲而被吼或被開除，如果是這樣的話，就算領導階層換人或改變政策，沉默的行為還是會在組織或文化裡蔓延。中下層階級的人多半更加害怕，比方說在群體或組織裡最沒有權力的人（順帶一提，這

些人有時候也是最能直接得知極有價值資訊的人），比較可能什麼都不講，因為他們很擔心受到批判或懲罰的代價。就算一個人只是暫時性地處於權力較低的地位，也可能觸發被批判與被排拒的恐懼。在我自己的工作上，當我向 Transcend 的潛在投資人進行簡報、真心希望對方能注資時，我可以感受到我更害怕說錯話。

權力的不對等也可能導致組織外部人士閉口不談。有一項研究訪問 4,510 位美國人，約有 60% 到 80% 的受訪者承認，他們曾經對醫師保留可能關乎自身健康的資訊。被問及為何不說時，大部分人說擔心遭到醫生批判、覺得尷尬或者不想被視為「難纏」或浪費醫生時間的人。（女性、年輕人以及健康狀況不佳的人明顯更可能有所保留。）[4] 如果人連和自身健康有關的事都放在心裡不跟醫生講，你可以想像，類似的動態在工作場所的威力有多大；職場上，對手握大權的人說實話的益處可能不太明顯，相較之下，風險則可能極高。

親身經歷過偏見、霸凌或是身在過去會（或至今仍會）懲罰把話講出來的群體的人，這股恐懼更強烈。分享自己內心真正的想法、感受與知識經驗，總是有一定程度的風險，把話講出來的利害關係並非平均分配。人類社會中不乏邊緣化群體因為對掌權者說出事實而遭到噤聲、入獄甚至謀殺。在這方面，專研黑人與白人關係間有效溝通的教育家夏伊・史都華－包蕾（Shay Stewart-Bouley）和黛比・爾文（Debby Irving）對我解釋說，雖然黑白兩方在進行跨種族對話時都常會覺得恐懼，但重點是要理解影響雙方在左方欄的利害關係並不相同。[5] 白人可能會擔心觸怒黑人或被視為種族主義者，黑人要應付的則是

憂心遭到嚴重報復、實質懲罰或其他更糟糕的後果。

▶ 擔心每個人要承擔的後果

這些憂慮通常同時發生：人會擔心講出真心話會觸怒你或讓你難過，也擔心自己要承受的後果。比方說，研究指出，白人領導者可能會對有色人種員工有所保留，不講出明確帶有批評的回饋意見，因為他們擔心會惹惱對方與被視為種族歧視。[6] 男性主管與女性員工之間也有類似現象。[7]

會有問題，不是因為他們給的回饋意見不真，而是他們講出來的東西會比較沒有實質內容，比較可能含混帶過或是加以美化。但是，規律且具體的回饋對於個人與事業發展來說都很必要，無法得到回饋有礙成長，而且會讓人摸不著頭緒。事實上，還有一個專有名詞說明這種現象，叫「保護性的遲疑」（protective hesitation）；首先提出這個詞的人是管理學者、莫爾豪斯學院（Morehouse College）院長大衛·湯瑪斯（David A. Thomas），他用這個詞描述雙方都有所保留、不提敏感性議題的人際關係。[8] 湯瑪斯的研究聚焦在跨種族師生之間的關係，指出這種保護對方感受的本能對於做學生的這一方傷害尤深，因為他們得不到可以進一步刺激事業成長的重要回饋意見。

《閨密向前衝》（Insecure）是 HBO 的爆紅影集，以影集的黑人創作者伊莎·蕾（Issa Rae）的經驗為本，其中有一集便凸顯這樣的動態，這裡簡述劇情焦點：蕾是一家非營利青年組織裡唯一的黑人員工，在開團隊會議時，她大力推銷一個海灘青

年野營的構想,然而,她的同事們不僅沒有就他們對於這個構想的疑慮提出坦誠的回饋意見,而且還改變路線推銷其他的構想。蕾繼續講她在海灘上度過一天的計畫方案,但之後她偷聽到兩個同事不斷抱怨讓人招架不住的後勤挑戰,蕾才知道他們真正的顧慮。之後蕾發現,她的同事們其實一直在互傳電子郵件、也寫信給主管,談及他們的考量,還瞞著她在休息室開會。「他們不希望看起來像在質疑你的判斷,」有一個友善的白人同事很緊張地解釋,「他們也不確定你會有什麼反應。」

我和不同產業裡自述為有色人種同事提供回饋意見時會很慌張的白人領導者聊過,他們擔心被視為種族歧視或有偏見。我偶爾會再三推敲自己的批評建議裡是不是真的有偏見,導致不直接講出回饋意見,久而久之變成長期性的壓抑。這裡有一些實際且複雜的議題,然而,講到要讓每個人都能學到東西,完全避免難開口的直接對話,不是明智之舉。

對於自認被邊緣化的人,這些障礙加起來代表三重束縛。他們比較難得到直接的回饋,也比較難覺得可以放膽講出自己的想法與感受。此外,無論他們得到什麼回饋意見,都比較可能包含偏見,因此,他們自己要額外做篩選工作,找出哪些意見是合情合理的、哪些不是(第 7 章會再詳細討論這部分)。

第二道障礙:找不到適當的用詞

人把話藏在心裡,不告訴我們其內在真正的感受、想法與知識經驗,另一個理由是他們找不到適當的用詞表達自己。

▶ 他們的心思運作速度比嘴快

神經科學家奈德・薩辛（Ned Sahin）與其他人做過研究，揭示人的大腦思考速度為每分鐘 900 個詞彙。這個速度很快，考慮到一般人在相同時間裡大約僅能說出 125 個詞彙，更顯思考速度之快。[9] 我們可以這樣想：這表示你只聽到一個人真正想法中的 14%；這不是因為他們故意要把話藏在心裡，而是因為口語傳遞的管道太狹隘，不足以表達人想到的所有想法！

▶ 他們還沒有培養出技能

顧問、教練與訓練人員教導人們如何與他人進行困難的溝通，現在已經足以形成一個產業，這是有理由的：這不是一件容易的事！找到適當用詞表達我們的想法或感受是一種技能，當要說的話並不那麼好聽時，更是如此。對方如果不確定要怎麼好好講他們想說的，可能會覺得保持沉默是比較簡單且安全的選項。

就像電影《小鹿斑比》（Bambi）裡的兔子桑普告訴我們的：「如果你講不出好話，那就什麼都別說。」看著自己的左方欄裡寫了許多嚴厲批判之詞，很多人會堪稱合理地得出結論，認為講出不加修飾的話很可能弊多於利。這個問題有一部分出於，很少有人學過如何以友善但又具建設性的方式表達想法。我們一直在嘻笑怒罵卻不講出完整事實，比如：「沒事的！」與沒有多想就驟然大爆炸，像是：「你這人到底有什麼毛病！？」兩者之間擺盪，這根本無助於讓別人聽到我們的心聲或真正理解我們。因此，某個人或許知道他們有一些重要、應該和你分享的東西，但如果他們就是不知道該如何以有

助益的方式說出口,他們就會決定放在心裡就好。

▶ 他們擔心自己的用詞不被接受

很多文化,尤其在企業界,非常看重傳統的分析與數據形式,通常把直覺的情緒表達模式斥為不理性或不值得。人在個人經驗上也是這樣。實際上或認知上要求要看到「證據」,讓很多人都不想講出極為寶貴的資訊,特別是實際上受過質疑或經歷過被否定的人。

這真的很讓人遺憾,因為很多很重要的洞見都先出現在直覺層面:即便無法指出有哪些實質的證據,但人會在直覺上感受到某些建議有問題,或是團隊即將進行的新產品發表會少了什麼重要的東西。或者,有時候,他們真正需要講出來的正是情緒面的東西。當事人可能想告訴你,最近他們之所以趕不上期限,是因為他們在嚴重的焦慮中萬分掙扎,或是他們對於你上星期講的話深感憤怒而且很受傷,但他們認為,如果他們要把自己的經驗轉化成理性用詞你才會聽,那乾脆別說。

這有一個常見的範例:很多經歷過「語氣審查」(tone policing;意指批評時不是針對對方所講的內容,而是挑對方的語氣、態度或情緒來講)的女性與有色人種,他們的憂心並非空穴來風;他們很怕自己如果無法用「正確」的方式表達,就會遭到斥責或批評。[10] 作家暨研究人員莫拉・奇克絲(Maura Cheeks)提出一種觀點,讓我們看到讓身為黑人女性的她不願明講背後的考量。她在《哈佛商業評論》一篇張力十足的文章中寫道,[11]「我通常選擇等其他人都講完才開口,部分原因單純是因為我很內向,另一部分是因為我受到這個社會以及其以

白人為主制度的制約,覺得與發表同樣言論的男性或白人女性相比,身為黑人女性的我講出某些話會被貼上激進、霸道與自私的標籤。很多人會覺得他們無法在職場上表現真實自我,因為那要冒著被視為不專業的風險。」

有時候,不同文化對於何謂「可接受的」講法有差異,也會讓對方在文化說不應該講、但實際上你可能很想聽到時閉口不語。或者,他們對你說了,但訊息消失在跨文化的溝通電波裡。我有一位同事珍妮・亨利・伍德(Jenee Henry Wood)在美國南方長大,她在提出回饋意見時總是極為得體且溫和,以至於我們這些來自其他強調更直接、帶點對質意味溝通風格地區的人,有時候完全不知道她在講什麼!

近期,珍妮看到我在一篇她送上來的報告草稿上草草寫下幾句評語,她回給我一張字條寫著:「傑夫,你看完我給你的備忘稿了嗎?還是你打算明天要多花點時間再看一下?」我本來以為她問我的是一個事實問題,但後來我才知道,這是她的南方客套說法,實際上是在告訴我,她很渴望得到更深入的回饋意見,不要只有她看到我目前寫給她的那幾句話!與此同時,出身於強調留面子與講客氣文化地區的人,可能有刻板印象認為紐約人特有的直來直往是一種很苛刻的人身攻擊。

▶ 他們還在釐清自己真正的想法和感受是什麼

人找不到適當的用詞還有另一個理由,那就是他們不確定自己真正的想法與感受是什麼。有時候,人需要在心裡多想一下,有時候,他們得要等到想法被拉了出來才驚覺原來自己是這麼想的。作家瓊・蒂蒂安(Joan Didion)、芙蘭納莉・歐康

納（Flannery O'Connor）和史蒂芬・金（Stephen King）都承認，他們常常都要等到自己寫出來之後，才知道原來心裡面想說的是什麼。[12] 當美國前國務卿亨利・季辛吉（Henry Kissinger）被問到他對於任職期間非洲發生的人權危機有何看法，據說他回答：「我還不知道我對於茅利塔尼亞（Mauritania）發生的事有何想法，因為我還沒聽說我必須對茅利塔尼亞的事發表意見。」[13] 國務卿會有顧問協助他們整理想法構成意見，而多數人則需要一點刺激。在這時，好問題和深入傾聽，可幫助此人理解他們真正的想法與感受，這對提問的人和答話的人都是一份禮物（第6章會詳加說明這部分）。

內向的人在這方面是特例。他們有很多知識、想法與感受，但基本上都在他們的腦子裡打轉。他們並不是故意什麼都不講。蘇珊・坎恩（Susan Cain）在《安靜，就是力量》（Quiet）裡指出，約有三分之一到一半的美國人都屬於內向的人，這代表與外向的人相比，他們聽的多、說的少，也會在說話前想比較多。[14] 坎恩也提醒我們，世界上某些最了不起的想法就出自於寧願把自己的內在世界放在心裡的人，比方說梵谷、比爾・蓋茲和艾琳諾・羅斯福（Eleanor Roosevelt）。就算內向人不善傳播自己的想法與概念，或情願花更多時間把事情想透徹才講出來，也不代表他們的想法沒價值。他們只是需要時間和空間，才能與別人分享。

第三道障礙：沒有時間或精力

有些人不講出來，是因為**他們沒時間或精力與他人分享**，

或者他們覺得，講給別人聽會讓他們深陷心理或情緒上都還沒準備好進入的狀況。這可能是因為生活的壓力和步調讓人喘不過氣，家庭或工作讓人勞心勞力，或是他們覺得自己不可能被完全接納而感到身心俱疲。

▶ 他們太忙或是已經不堪負荷

很多領導者都這樣，我的日常工作現實就是會議一場接著一場開，每場會議開著的同時還會有電子郵件、即時通訊以及堆積如山的簡訊，我得想盡辦法在來不及之前趕緊回覆。如果我可以在下一件事發生之前就處理好急事，那算我幸運。因此，如果會快開完時我只能在心裡想著：剛剛那個人說的好像有點問題，或是他們少了一些資訊，或是他們可能不知道還發生過另一件事，那是因為我幾乎沒有時間直接對他們說，我得先趕著去處理下一件事。等我來到最好的狀態，或是等到事情真的很嚴重了，我當然會找時間說。但是，很多小事和不大不小的事會趁隙而入，並且慢慢堆積。

等我明白這番道理，我也讓我身邊的人理解人的這種傾向。我解釋，並非我對於他們的進度或發展不感興趣，只是我要處理的事情太多。我真的很想有所貢獻帶領他們成長，因此我鼓勵他們打斷我，要求我提出回饋與參考意見，在這些時候，我肯定會慢下來，盡我所能做出貢獻。

有些人接受我的提議，固定請我指導。如果他們沒開口，我很可能就跳過很多本來可以為他們提供協助的時刻，因為我太匆忙而無法細想。

我知道不光只有我這樣，很多人也是一整天衝來衝去，處

理完這件事換那件,還要在會議與約見之間的空檔擠出時間處理電子郵件,待辦事項清單似乎也無窮無盡。他們很容易覺得自己挪不出時間放慢腳步,告訴我們他們真正的想法與感受;而且,對他們來說,把話坦白講出來像是要在已經滿出來的行事曆上又增加任務項目,尤其不容易。有時候,他們得快速行事,根本就忘記自己提供的參考意見可能非常寶貴。

▶ 他們精疲力竭,無力分享

如今,我們每個人都在勉強求表現及格。同時要處理工作、生活、健康、小孩、財務、父母、朋友與社群,總的加起來負擔遠超過一份全職工作。此外,我們還要擔心周圍環境,從政治、氣候到各式各樣其他議題,包括全球疫情餘威猶在,很多人得多承受負擔與損失。這些都讓職場更添重擔,但工作上的要求不會減少,人們還得比過去展現出更高的生產力。勤業眾信(Deloitte)2022 年時對外調查美國一千位專業人士,發現 77% 的受訪員工都有過勞的經驗。[15]

現在,在這之上還得試圖於經濟上維持生計、在歧視當中討生活、要面對微暴力甚至恐懼人身安不安全等等負擔。美國心理學會(American Psychological Association)認為歧視相關的壓力和幾種身心疾病有關,工作與財務上的挑戰也有相似的衝擊,會讓問題更加嚴重,也讓經歷歧視的人沒有太多心力去訴說我們真正需要從他們口中聽到的資訊。[16]

澳洲的研究人員發現,在醫學這個壓力很大、很容易筋疲力竭的專業領域,護理師愈是過勞,愈不會把話說出來,他們的主管也就愈不能及時回應。把想法、情緒和渴望憋在心

裡，其實會讓情緒更加疲累，回過頭來，又讓我們更沒有精力把話說出口，加重過勞與選擇沉默之間的關係。[17] 之後這就變成了惡性循環：人花費愈多認知與情感資源去壓抑自己心裡或腦內的東西，就愈不可能在重要時刻開誠布公。

無論是誰，只要心力幾乎耗盡，理性的選擇就是把嘴巴閉起來，別再多提參考意見或想法，免去承擔通常會連帶引發的認知和情感上負擔、以及無法入睡的夜晚，更別說講出難以啟齒的回饋意見會更麻煩。這可理解。但是，當你身邊的人做出這種可理解的選擇時，你就喪失了寶貴的學習機會，你和他們之間的關係也會受損，整個組織都是輸家。

第四道障礙：不認為表達會受到重視

無論講的對不對，人們通常認為你並不是真心對他們要說的話感興趣。人為什麼有這種想法？且讓我們來看一個極端的例子：我有個朋友麥可是一位初階分析師，剛剛完成一項為期四個月的案子，他在晚上和週末要處理很多意外的火燒眉毛事件；他認為，只要負責專案的合夥人在管理方式上做一點具體的改變，這些本來都可以避免。因此，專案結束時，他寫了一份很有建設性的回饋意見，印了出來，親手交給他的主管道格並說：「我整理了一些想法，是對你領導這個專案的回饋意見。」道格從未見過基層員工做這種事，他站起來，接過報告說：「謝謝你，麥可。」同時把報告撕成兩半，丟進垃圾桶。

麥可自願為主管的表現提供詳細回饋……這麼說吧，這種做法不太常見，他打出備忘錄，堅定證明他要做的決心。但主

管極端的反應讓麥可（以及會計師事務所裡後來聽說這件事的每個人）心中再無懸念，認定主管對於他提的建議完全不感興趣。多數人不會像麥可這麼勇敢無畏；他們會一開始就假設你不想聽他們提供的意見。如果他們不確定自己的心聲會受到重視，很可能就會選擇沉默。

▶ 過去的經驗讓他們相信你不在乎他們要講的話，或者你無法或不會因此而有所行動

　　對於你未來會怎麼做，一般人大致上是以他們看到你過去在類似情況中怎麼做當成預測根據。如果有人之前試過要跟你說什麼，但覺得你根本不聽、不在乎或不會因為這些資訊有什麼動作，未來就比較不可能再說什麼。但不願意把話講給你聽的人，不見得是跟你本人有過很糟糕的交流經驗；如果對方過去面對跟你一樣的人（其他主管或直屬部屬、與你同種族的人、另一位醫生、另一位經理，凡此種種）時有過不愉快的分享經驗，也可能產生影響外溢到和你的互動當中。

　　集體層面也可能出現這種效應。舉例來說，「#MeToo」運動鼓動全世界女性第一次公開講出她們遭受的性騷擾與性虐待，長久放在心裡的事情就像水壩潰堤一樣一洩而出。很多男性看到自己生活中以及周遭女性傾吐這些事，甚感困惑。自己怎麼會一無所知？這些女性為何不早一點說出來？女性的反應是：當所有證據都指向沒有人會相信我時，我何必冒著風險說出來？長久以來，男人不相信女人的說法，不願採取行動懲戒犯罪者，這影響了女性的預期，她們不知道試著再把話講出來而遭遇風險與脆弱到底值不值得。

如果之前嘗試著把話講出來卻一再無疾而終，改變不了什麼，很容易就引發「此事無望」的心態。人不會為了過去努力做卻沒有太多成果的事情持續投注心力。也因此，在別人真的把話講出來之後，你如何處理非常重要；我們會在第 7 章再回頭談這一點。

▶ 文化讓他們質疑真的有人想聽他們講的話嗎？

我團隊裡的一名成員荷西最近跟我說，他常常很掙扎，會自我懷疑，不知道該不該在工作上講出他的想法。即便他有敏銳的直覺，但還是刻意不把話講出來，因為他擔心他要講的話根本不受重視。此外，他也怕如果他大聲講但講錯了，這就會證實他最深的恐懼：其他人會知道他並不懂自己正在做的事，或者，他根本不配待在組織裡。我對荷西的評價非常高，但這改變不了他內心的自我體驗，那一部分才是讓他保持沉默的理由。這出自於一種特定的自我懷疑，稱為「**冒牌貨症候群**」（impostor syndrome）。人受到制約，相信自己的想法、觀點、情緒或經驗無效，或不受重視的情況很多，冒牌貨症候群只是其中一個例子。[18]

人時時在接受文化中傳送的訊息，覺察哪些人的意見受重視、哪些則否；傳統上，美國會在報章雜誌與電視上講述自己意見的人，大多數都是異性戀白人男性。如果某個人自認不是文化中反映出來那種知識、想法與經驗受到大家重視的人，就容易覺得別人並不歡迎他們發言。反之，一個人如果看到身邊跟自己很像的人大聲說話，就容易覺得自己也有權利能力講出要講的話，並假設別人會聽。

在一項探討性別與表達想法間關係的樞紐性研究（pivotal study）中，耶魯管理學院的組織行為學教授維多莉亞·布萊絲珂（Victoria Brescoll）研究美國參議員公開發言的頻率，發言時又花了多少時間講話。[19] 她發現，男性參議員的發言頻率與講話時間持續高於女性同僚，而且女性參議員相信講太多會引發負面反應。無論一個女性多有權勢，以下的結論都成立：資深（權力）會導致男性講得更多，但對女性參議員說話時間的長短並無影響。

女性參議員欲言又止的模式是真有其事嗎？布萊絲珂決定也要探討這個問題。在後續的追蹤實驗裡，她虛構幾個執行長，然後檢驗人們的認知；她會把這些人描述成比其他同樣握有權力的人更愛講或更不愛講話。無論性別，受試者都將講得比較多的女性執行長評為能力較差且比較不適合擔任領導者，這代表女性參議員有所保留是有道理的。即便把話講出來卻遭懲罰這種事並不如人們所擔心或所預期的這麼常見，但光是認知就可以讓天平強力偏向沉默不語。

欲言又止很少是惡意的

有人之所以不明講，是因為他們不想幫助你，或是想為自己製造優勢，那又怎麼說？認為割喉型組織或有毒文化裡不會有這種事，未免也太過天真，然而，以我的經驗來說，這種不開口的動機比前面列出的幾項更不常見。雖然本書不談賽局理論或權力角力，但「問法」可以幫助你，就算你碰上的是想與你一較長短、甚至是對你抱持負面態度的人，也可以有最大機

會營造出合作性更強的局面。如果還是失敗了，至少你可以排除他們不願開口的所有其他理由。如果你對他們做了公平的測試，最後得出的結論是他們真的想跟你作對，那你可能會想放下這本書，改讀馬基維利（Machiavelli）的《君王論》（The Prince）或羅伯・葛林（Robert Greene）的《權力世界的叢林法則 I》（The 48 Laws of Power）。

跨越障礙

還記得〈前言〉介紹過艾普利的重要發現嗎？他說，要知道別人真正的想法、感受或知識經驗，最好的方法就是問他們。本章談到的許多障礙，只要透過提問馬上就能輕鬆克服。提問展現你有興趣，挹注鼓勵，而且是一種應允，許可對方講出他們本來不覺得可以表達的心裡話。有些障礙則不是拋出一個問題就能跨越，需要有安全感、個人間的關係連結、有耐心地追蹤下去，以及體貼的傾聽，凡此種種。在「問法」中都會談到這些要件，讓你就算無法全部化解，也能克服我們討論過的大部分障礙。

如果我不相信這有可能，就不會寫這本書。當我在對話中善用「問法」，一而再、再而三體驗到所有參與者都獲得極好的學習、成長和連結，你需要的只是適當的工具組，而這也正是第 2 部的重點。

重點摘要

重要問題：為什麼別人不告訴你對你來說最需要知道的重要訊息？

1. 如果你想知道別人真正的想法、掌握什麼資訊與感受，很重要的是要養成同理與覺察，理解是哪些障礙阻止他們講出你知道之後可能會很有用的資訊。
2. 人會欲言又止，通常肇因是四大強力障礙中的其中一項或多項：
   - 他們擔心自己要說的事會對你、對他們或對你們的關係造成負面影響。
   - 他們找不到適當的用詞，因為他們缺乏適當的技能或語言，無法以讓人接受的方式來表達自己，或者，他們還在自己心裡消化資訊。
   - 他們沒有時間或精力把話講開。
   - 他們認為你不是真的有興趣聽他們講。
3. 文化、身分認同、權力與表達方式的差異會強化每一種障礙，或者導致你聽不進他們真正想表達的東西。

互動練習

2A 試想看看，在哪一段關係或哪一次互動時，對方沒跟你說出他們重要的知識經驗、想法或感受。這可能是四大障礙中的哪一項導致他們欲言又止？

- 他們擔心講出來之後，對你、對他們自己或對你們的關係產生衝擊。
- 他們找不到適當的用詞說出來。
- 他們沒有時間或精力把話講出來。
- 他們不認為你真心感興趣想聽。

花點時間更深入思考：

- 他們發生了什麼事，才出現這道障礙，導致他們不願跟你講明白？
- 如果這是一次跨越差異（例如權力、性別、種族、行事作風等等）的交流，差異之間的動態又如何讓障礙變得更難跨越？

2B 想一想，你是不是在無意間導致他們因為這些障礙而不願多講？如果有的話，又是如何造成的？若答案為是，你本來可以有哪些不同的作為來減少阻礙？這將有助於你學習第2部「問法」的五個步驟！

Part 2
深掘對話的 5 大步驟

專家同意一件事：要知道旁人的想法、感受與知識經驗，最好且最準確的辦法就是……問他們。怎麼問，就是第 2 部的重點。

「問法」是一套行動步驟，孕育互利的學習，導向更明智的決策、更有創意的解決方案與更深刻的連結。第 2 部的每一章都會深入下圖中五個步驟的每一項，把故事、架構、科學研究，還有，最重要的，連實用策略都整合在一起，你馬上就可以應用。

「問法」

- 營造心理安全感
- 選擇抱持好奇心
- 提出高品質問題
- 透過傾聽來學習
- 反思與重新連結

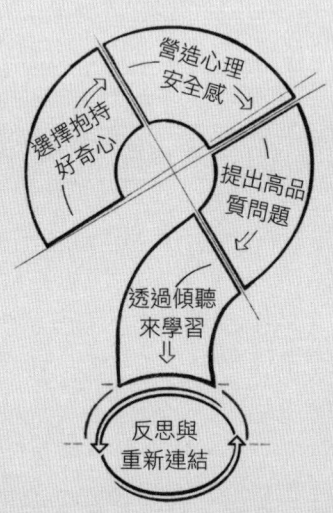

我鼓勵你花時間探索每個步驟。「問法」不是食譜也不是劇本，不要盲目遵行，反之，每個步驟裡都有一些有助於建立人際連結的深度實務操作，這表示你要應用到自己的人生中時，需要善用判斷。某些情況下，你可能要選擇和對方進行多次對話，之後才有辦法一路做完這些步驟。有些時候，你可能要退回某些步驟，才能完成整套「問法」。這些狀況不僅不是問題，更可說是在預期之中。真實生活中的人際關係很混亂，超過編造、架構紙上談兵能描述的程度。

要對那些你能從運用「問法」中受益的關係感到好奇，然後量身訂製套到其他關係中應用。我們的目標是學習理解彼此與建立連結關係。

現在，就讓我們開始投入學習吧！

第 3 章

選擇抱持好奇心

喚起你的好奇心,獲得新發現和意外連結

偉大的心理學家暨冥想老師塔拉・布萊克（Tara Brach）曾經說過:「自認為是對的人形成一個個小圈圈,劃分了這個世界,這就是全部的故事。」¹

我曾經在某座熱帶小島親眼見識過這一點;我和我同事到當地為旅遊業擔任顧問,對這個小國來說,觀光旅遊是維生的經濟命脈。島國特有的「陽光沙灘」旅遊品牌正面臨愈發激烈的競爭,其他同樣有陽光也有沙灘的國家以更低廉的價格攬客。過去十年,來客數穩穩下滑,讓整個旅遊業非常緊繃。

我接到的具體任務,是要帶動島上各家旅館經理更順暢合作;他們大多都是跨國企業的資深高階主管,要因應的對手則是旅遊業工會。經理希望勞動契約更彈性以強化賓客體驗,工會則認為,變更勞動條件只不過是變個把戲要員工多做一些工作又不支付額外薪資。這件事牽涉到的利害關係很大:如果我們無法突破困境,可能造成的後果就是員工罷工癱瘓產業,漣漪效應則可能毀了全國的經濟。

此外，島國的過去歷史形塑並加劇了族群間的衝突：企業經理人大多是白人，在海外受過高等教育，工會的勞工則多數是黑人，他們的祖先在殖民期間被歐洲白人帶來小島當奴隸。過往慘痛的殖民史，加上島上貧富不均與文化差異，在兩群人之間的關係上更添複雜性與不信任感。

　　雙方都有動機找到有益的向前邁進之路，每個人的生計都仰賴於找到一個解決方案讓產業能持續運作，但他們對彼此的懷疑與挫折日益加深。然而，旅館經理與工會領袖之間有一個共通點：他們非常確定自己的講法是對的，因為這樣，他們把對方視為敵手與威脅。

　　你不用來到這座熱帶島嶼，也能知道運作中的模式是怎麼一回事：當事人有兩方，每一方都深信自己的立場站得住腳，完全不想聽對方講什麼。如果你也有過這樣的經歷，就會知道當中顯露的思維是：「他們就是問題」和「又來了」，你以為你早已知道他們要說的一切，也很清楚為何他們是錯的。

　　大家都知道這次會議是最後一次把雙方帶回談判桌的機會，就在前幾天，我接到更多人打來怒氣衝天且滿心不耐的電話，有被激怒的旅館經理，也有火大的工會領袖，甚至還有一次講到一半我就被掛電話。看來，撐住整件事的僅有一條極細的繩索，一端是充滿張力的現實，另一端是癱瘓產業的全面罷工。

　　等到要開會那天，我們完全不知道能不能成功，但我和團隊還是深深吸了一口氣，我們得把事辦好。倘若希望爭端的雙方一起創造出新現實，讓旅遊業復甦、勞工競競業業，需要的是快快注入一點好奇心。

好奇心串起雙方

好奇心會帶動大腦的學習引擎。心理學與神經科學告訴我們,好奇心是一種想要獲得資訊的強力驅動狀態,是一種「認知到知識和理解出現落差而引發的匱乏感。」[2] 與飢渴等其他驅動狀態相同的是,好奇心會刺激多巴胺分泌,創造強大動機去尋求資訊以填補落差。研究顯示,好奇心會開啟大腦的記憶中樞,有助於我們學習。[3]

談到「問法」,我們最感興趣的好奇心,是能開啟管道直通對方理性面與感性面的那一種,我稱之為連結性好奇心(connective curiosity)。[4] 連結性好奇心是更想知道別人的想法、經驗與感受的渴望,與渴望獲得新資訊的不定性好奇心(diversive curiosity)或比較著重在理解特定主題領域的知識性好奇心(epistemic curiosity)截然不同。[5] 連結性好奇心對於深化我們從旁人身上學習的能力來說,非常重要。

連結性好奇心威力如此強大,是因為這也能為我們好奇的對象帶來益處。從這方面來說,我們可以把連結性好奇心理解為一種關懷之舉;確實,英文中的關懷「care」便是好奇心「curiosity」的拉丁字根!

如果對方看到你想向他們學習,他們就明白你很看重他們的知識與體驗,因此值得講出來。當你透露出渴望理解別人的知識經驗、想法與感受,對方想要告訴你的渴望也會與之俱增。反之,如果一個人感受到你的批判,甚至發現你壓根兒沒有興趣,他們就會閉嘴。[6]

交流動態中存在權力上的落差,這種好奇心格外重要。跟

著好奇心走的你，立場是謙虛地想理解對方；他們知道或想到某些你需要知道的事。你無法強迫他們講什麼，只能表達你真心渴望和他們搭上線，並聽他們想說的話。這給他們一種得到力量的感受，有助於抵銷權力天平上其他可能會導致他們保持沉默的因素。

任何情況下都選擇抱持好奇心

傳統上，心理學家把好奇心多多少少當成一種個人特質，或是一種視情況而定可能出現的心理狀態。[7]

我喜歡用第三種觀點來看好奇心：這是一種選項，我們可以學著在任何情況下都選擇抱持好奇心。[8] 這個選項讓我們有立場開放心胸去學習，擴大我們的知識，並深化我們與他人之間的關係。

能選擇抱持好奇心，並不代表很容易做到。選擇抱持好奇心要對抗諸多壓力，包括自身心理層面與周圍文化裡的。就算一開始不太能感受到自己是好奇之人，選擇打開心胸也可以讓之後的一切大不相同。而且，這不是一次性的決定，通常，在對話的每個時刻，我們必須一再、一再地選擇抱持好奇心。

雖然困難，但做得到。心理學家、作家、同時也是納粹大屠殺（Holocaust）的倖存者維克多・弗蘭克（Victor Frankl）提醒我們，即便在最悲慘的環境下都有可能做到：「人可能會失去一切，但唯有一樣拿不走，這是人類最後的自由：在任何環境下都可選擇你要用什麼態度面對。」[9]

我對於「選擇抱持好奇心」的定義如下：

刻意尋找新資訊與不同的方式去理解人、情況和身邊的世界。

每個人都有能力選擇抱持好奇心,但有時候我們會因為腦子裡不停轉動的其他事物分心,比方說焦慮、批判或恐懼,於是開始覺得容不下好奇心。但是,選擇抱持好奇心並不是在已經忙亂的空間裡再丟一堆東西進去,它比較像打開一扇窗,讓陽光與新鮮空氣湧進來。事實上,當你的腦子裡情緒愈多,選擇抱持好奇心就愈能醒腦。這是一種很棒的心靈大掃除。

選擇抱持好奇心不代表要放棄自己的直覺或信念,反之,重點在於鬆開桎梏。在我事業發展早期,我默默奉行我學到的一句簡潔但強又有力的座右銘:**概念要強,抓握要鬆**。[10] 在本章中,我會介紹我所謂的**好奇心問題**(curiosity question,簡稱CQ)。運用這些問題,可以幫助我們讓概念很強、但可以放鬆地抓握,這樣就有空間接受新資訊並連上他人的觀點。

要在選擇抱持好奇心、尤其是選擇懷抱連結性好奇心,我們要用或許不同於過往的觀點來看兩件事:我們和現實之間的關係,以及我們和身邊的人的關係。為了幫助我們思考這兩方面,且讓我為你介紹一種我所見過最有用的工具,以利你選擇抱持好奇心。

鍛鍊你的好奇心肌肉

你是否質疑過你與現實間的關係?我知道,這聽起來可能,嗯,有點嚴重,但是這是很神奇的實際演練,可以強化你

的好奇心肌肉。我們要用一種最初由阿吉里斯開發出來、後經改造（並重新命名）的工具來幫忙，那就是：**理解之梯**（ladder of understanding）。[11] 這項工具讓我們可以透析好奇心究竟是怎麼不見的：我們既有的知識、假設和偏見，會讓我們以極肯定的「故事」自述現實，但通常這些故事中有很多我們並未意識到的落差或錯誤。利用理解之梯，我們可以體認到自己何時驟下結論，並在每一階多插入一些提問，再把好奇心灌回到思維過程中。

你可以自己運用階梯，當作反思的過程，在你處於衝突時，或者，實際上是在任何你覺得卡住的情況或關係中幫助你選擇保持好奇。你也可以把這當成共用工具，和別人或團體一起解決某個問題。你之後會在書裡看到，我們將這套方法用在旅館經理和工會領袖身上：我們在白板上畫出階梯圖，一起做完整個過程，得出威力無窮的成果。

那麼，我們就跳進池子吧……

畫出一把梯子，就像從游泳池裡伸出來的爬梯一樣。這張圖或許很奇特，但很容易想起來也很便於記憶。我保證，你很快就會覺得有意思了（圖 3-1）。

完整情況：池子裡有多到數不盡的資料

池子裡的水，也稱為「完整情況」，代表跟我們所處情況有關的諸多資訊。當我坐下來寫這本書，身邊基本上也有無窮無盡的資料：室內的溫度、陽光透過窗戶照入的角度、外面樹木的輪廓、我坐的椅子的形狀、廚房裡飄來的氣味、我太太在

圖 3-1

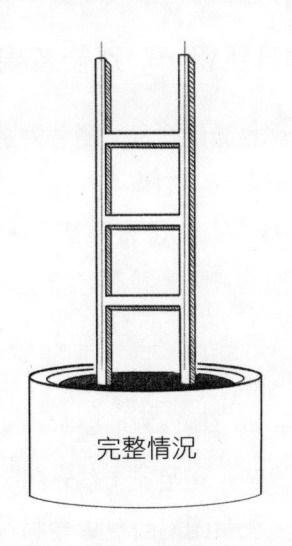

完整情況

另一個房間講電話的聲音、天上飛機的聲音、桌子上插好的花形、我打字時鍵盤的聲音、黑色桿子上掛的藍色窗簾、我背上微微的疼痛、手腕上手表讓我知道我做了多少事的感覺,這張清單還可以繼續列下去。找個時間試試看:試著汲取當下你身邊每個資訊。你很快就發現,大腦需要把多數的包袱過濾掉。

當我們試著去注意每件事情,就會動彈不得。我們太忙著關注體驗中的全部面向,就會導致實際上什麼都做不了。想像一下,史前時代的洞穴人如果停下來關注身邊的萬事萬物,他們很快就會被老虎吃掉,或者,就算沒被吃掉,也會因為過於出神關注身邊的事物,無法出去打獵或採集食物。幼兒也是這樣。你有沒有過帶著學步兒一起走、最後跟著孩子快快衝來衝去的體驗?對孩子來說,什麼事情都好讓人著迷。如果你還是幼兒,這個世界確實好神奇,但如果你是一個已經遲到、趕著帶小孩去托兒所然後趕去上班的大人,就沒這麼神奇了。

我們選擇一小部分訊息……然後忽視並忘記其他

小時候，我們總是滿懷好奇。隨著大腦發展成熟，我們學到一件很重要但也很有問題的事：在任何特定情況下，我們會選擇性地把注意力放在一小部分事情上，忽略其他的諸多面向。這是一種很重要的特點，我們必須這麼做才能保持清醒狀態過日子。

但這當中也有問題：我們選定的那一小部分情況資訊，就變成了全部的現實。為了讓自己能過下去，我們忘記了情況中還有其他很多我們沒選（甚至並未察覺到）的部分。

我們來看一下，在召開協商會議幾個月之前，這樣的動態如何在工會與旅館經理發揮作用。卡洛琳是其中一位老資歷的企業高階主管，她被指定為島上的經理人代表，對上的是旅館工會的領袖馬庫斯。雖然馬庫斯如今已經升到比較高的階級，但過去他可是在卡洛琳手下某家旅館做了四十餘年的行李員。這兩個人吵了幾十年。

某次對話中，兩邊在談修改勞動契約，考慮要加一點彈性。對話間，卡洛琳定義的「現實」是她**選擇**的資訊，也就是馬庫斯大力宣稱「我們不討論彈性！」她並不太記得，同樣在這場會議中，馬庫斯和其他工會領袖也說了「我們想要找到解決方案」、「我們知道對每個人來說時機都很困難，就連旅館老闆也一樣」以及「我們抱持開放態度，希望能找到創意」。這些資訊也都在卡洛琳的池子裡，但並沒有跟著她一起爬上階梯（圖 3-2）。

圖 3-2　　　　　　　　卡洛琳的選擇

馬庫斯說：
「我們不討論彈性！」

馬庫斯：「我們不討論彈性！」

其他工會領袖：「我們抱持開放態度，希望能找到創意。」

其他工會領袖：「我們知道對每個人來說時機都很困難，就連旅館老闆也一樣。」

馬庫斯：「我們想要找到解決方案。」

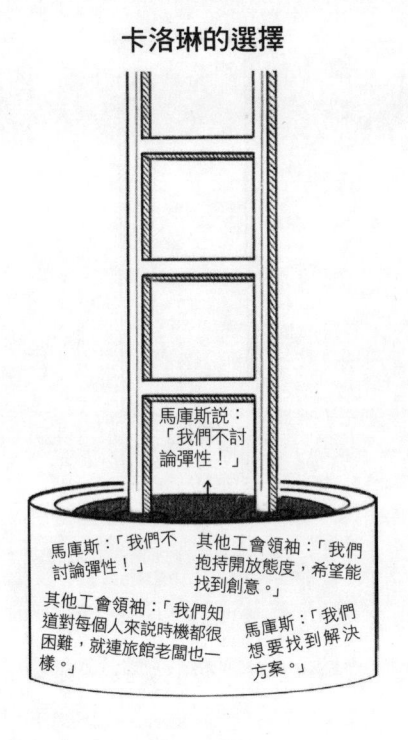

　　同樣的，馬庫斯也只**選擇**卡洛琳的一句話並用此來定義他的現實：「擴大勞動契約裡的彈性是我們唯一能走下去的路。」卡洛琳與其他旅館經理說的話不只這一句。比方說，他們也說：「我們知道旅館員工的工作真的很辛苦，我們想要公平對待員工」、「我們知道這可能必須附加額外的補償給員工」以及「旅館老闆給我們的壓力更勝以往，他們正考慮賣掉這些產業」。這些話沒有一句納入馬庫斯的現實裡（圖 3-3）。

第 3 章　選擇抱持好奇心　79

圖 3-3　　　　　馬庫斯的選擇

卡洛琳說：「擴大勞動契約裡的彈性是我們唯一能走下去的路。」

卡洛琳：「擴大勞動契約裡的彈性是我們唯一能走下去的路。」

其他旅館經理：「旅館老闆給我們的壓力更勝以往。」

其他旅館經理：「我知道旅館員工的工作真的很辛苦，我們想要公平對待員工。」

卡洛琳：「我們知道這可能必須附加額外的補償給員工。」

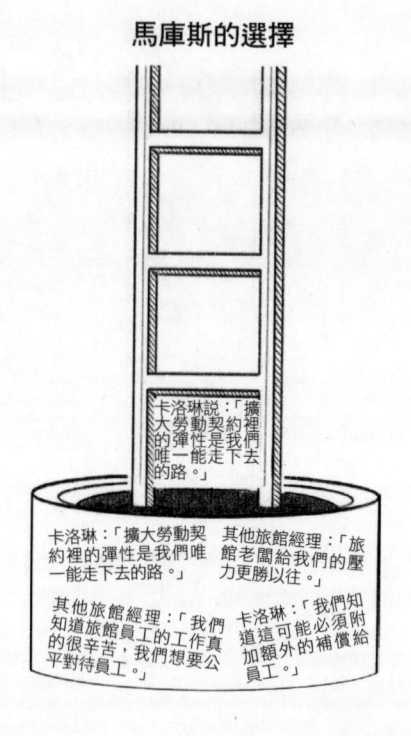

我們以光速詮釋資訊……然後得出非常肯定的結論

　　一旦我們像卡洛琳和馬庫斯這樣，從情況選出一小部分資訊，之後我們會馬上開始詮釋這些資訊的意義。我們會開始爬梯，一級接著一級，詮釋我們選定的資訊。有時候，我們的詮釋很理性，用上了推論，有時候，處理起來比較偏直覺或情緒導向，不管哪一種，速度都非常快，快到連我們的意識知覺都察覺不到。心理學家丹尼爾・康納曼（Daniel Kahneman）和阿莫斯・特沃斯基（Amos Tversky）提出極具說服力的論證，指出在資訊過度的世界裡，「快思」對於做出重要決策來說非常

重要。[12]

接著,我們**得出結論**。結論有可能是評論對方的人格,也有可能是判定(我們認知到的)問題真相,或者我們以及其他人應採取哪些行動。我們選擇的資訊、我們處理的方式以及我們得出的結論,彙整起來就變成我們在特定情況下說給自己聽的「**故事**」。特別是,一旦情緒被觸動,我們在梯子上往上爬時想出來的故事就會像好萊塢電影那般戲劇性,把自己當成被誤解的英雄,對方則是壞蛋惡棍(圖 3-4)。

這裡有一件事很重要必須點出來:生活中的事不會像書裡講的這麼直接了當或清楚。現實中,我們建構的故事充滿了情緒變化、直覺轉折和混亂的連結,看起來比較像這樣(圖 3-5)。

我們的故事形塑我們的下一步

無論我們如何得出結論,我們對自己說的現實的故事威力都很強,事實上,力道大到決定我們接下來的**下一步**:我們如何行動與回應、我們如何做決定;而,這些都取決於我們一開始從情況中眾多資訊裡汲取的少量資料,以及之後我們如何詮釋(圖 3-6)。

且讓我們來看這如何影響卡洛琳與馬庫斯。

卡洛琳一聽到馬庫斯怒氣沖沖地說「我們不討論彈性」,可想而知她的詮釋就是馬庫斯拒絕討論她認為最重要的事;彈性是讓整個產業更有競爭力的方法。她爬上階梯**詮釋**資訊的方式,讓她得出很確定的**結論**,相信馬庫斯很頑固而且會反對到

圖 3-4

我們的
故事

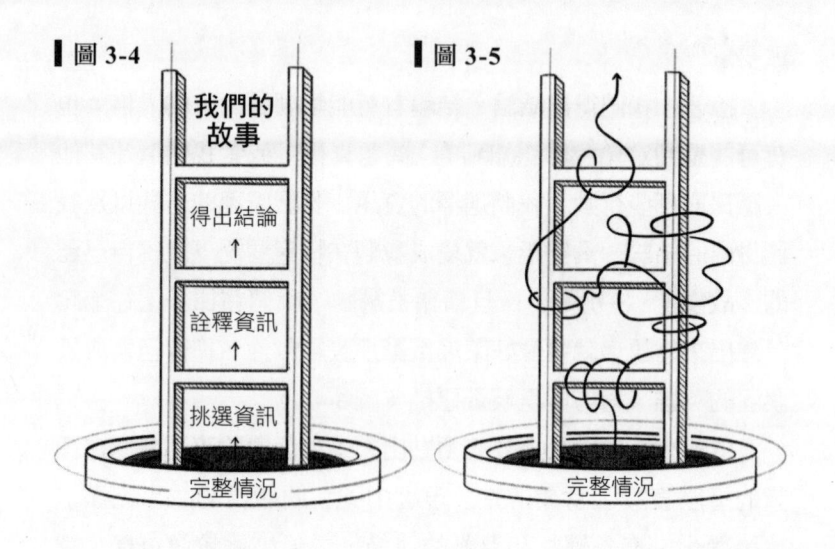

得出結論
↑
詮釋資訊
↑
挑選資訊

完整情況

圖 3-5

完整情況

圖 3-6

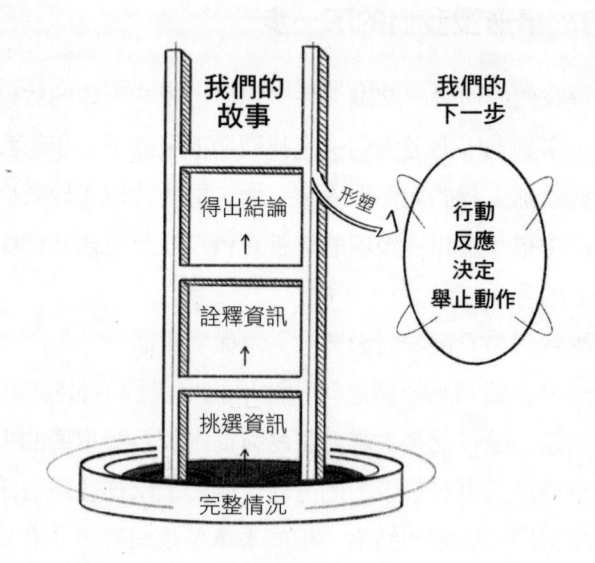

我們的
故事

得出結論　形塑
↑
詮釋資訊
↑
挑選資訊

完整情況

我們的
下一步

行動
反應
決定
舉止動作

底。從這裡開始,自然她的**下一步**就是:我必須壓過馬庫斯的抗拒(圖 3-7)。

同樣的,當馬庫斯聽到卡洛琳說「擴大勞動契約裡的彈性是我們唯一能走下去的路」,可想而知他的思考過程就是卡洛琳想要讓早已經很疲憊的員工承擔更多工作。從這裡開始,他也以很確定的態度驟下結論:卡洛琳想要剝削我們大家。這自然導引出他的下一步:不計一切代價阻止卡洛琳!(圖 3-8)

卡洛琳和馬庫斯在自己的階梯上每上一級,根據他們各自選定的小量資訊與處理方式,在他們的心裡就覺得自己更有道理。他們本來可以各從情況選擇不同的片段,或者,他們本來也可以用很多不同的方式來處理訊息。如果他們這麼做的話,可能會得出完全不同的結論。那麼,為何他們用現在這樣的方式爬各自的階梯?

我們的包袱形塑我們的故事……我們也落入確認迴圈

部分的原因是一種很多人講過的心理現象:確認偏誤(confirmation bias),[13] 這是一種無所不在的現象,指人會選擇特定經驗以確認自己過去對於某個人或某個情況的信念、偏誤、偏見、生活經驗與假設,我則把這些稱之為我們的**包袱**(**stuff**)。[14] 我們的包袱本質上非常人性:這很混亂,有很多軟肋(有些被蓋起來了,有些赤裸裸地呈現),通常充滿著矛盾,但願會不斷變動。我們將我們的包袱帶入每個情況,我們的包袱會形塑我們挑選資訊,以及我們詮釋資訊以得出結論的過程(圖 3-9)。

圖 3-7

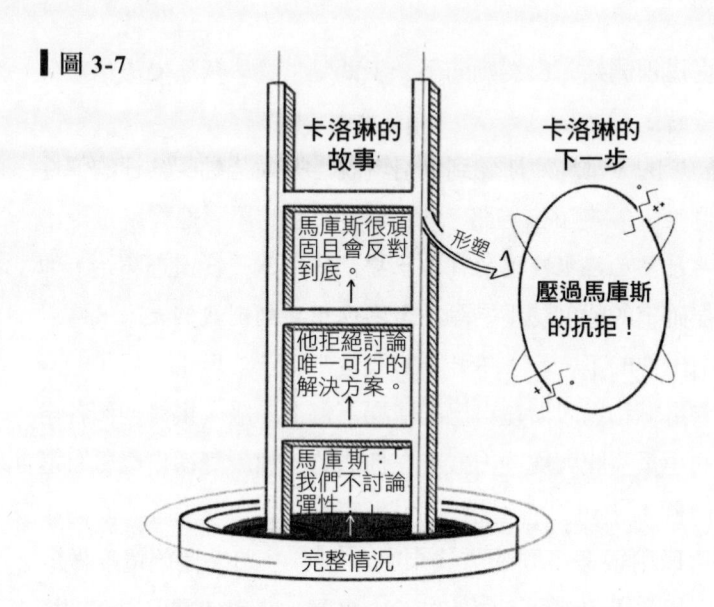

卡洛琳的
故事

馬庫斯很頑
固且會反對
到底。
↑
他拒絕討論
唯一可行的
解決方案。
↑
馬庫斯：
我們不討論
彈性！
↑
完整情況

形塑 →

卡洛琳的
下一步

壓過馬庫斯
的抗拒！

圖 3-8

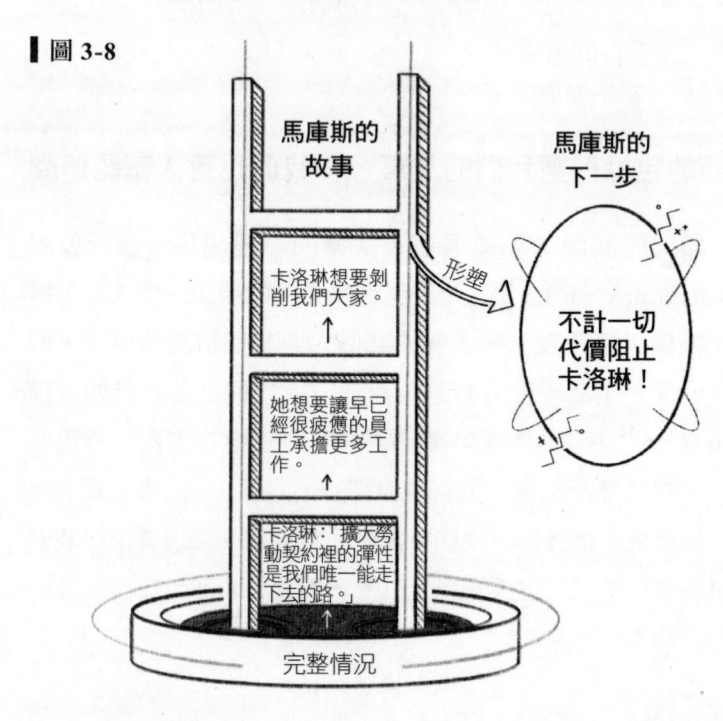

馬庫斯的
故事

卡洛琳想要剝
削我們大家。
↑
她想要讓早已
經很疲憊的員
工承擔更多工
作。
↑
卡洛琳：「擴大勞
動契約裡的彈性
是我們唯一能走
下去的路。」
↑
完整情況

形塑 →

馬庫斯的
下一步

不計一切
代價阻止
卡洛琳！

84　心理安全感提問的技術

圖 3-9

我們的包袱：假想、偏見、身分認同、人生經歷、價值觀、處事方式

形塑 → 我們的故事

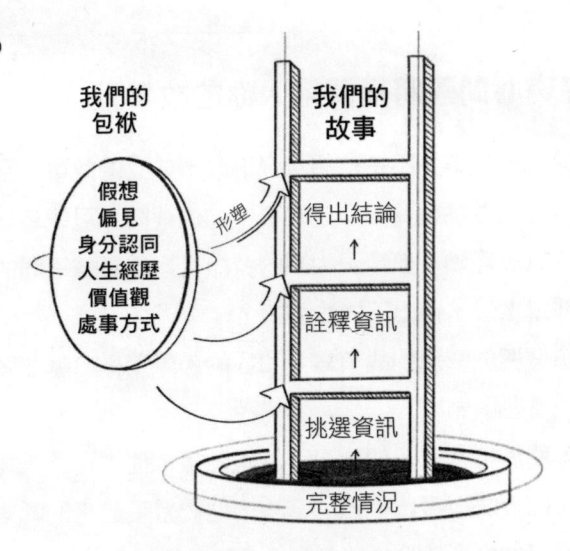

得出結論
↑
詮釋資訊
↑
挑選資訊

完整情況

　　我們的包袱通常根深蒂固，而且在人生中不斷累積，通常會導引我們在選擇、處理與得出結論時創造出確認（與再確認）的故事，驗證我們本來就深信不疑的事。正因如此，我們進入熟悉的動態時常會出現「又來了」的情緒，這是因為我們一向背負著同樣的「我們的包袱」爬階梯，一次又一次，然後來到此時此地。馬克斯和卡洛琳對彼此早就有很深的猜忌，因此，他們不用費太多心力就會創造出確認性的故事，再度驗證他們在此時之前多年來對彼此的想法與感受。

　　爬上階梯對自己說故事這件事，本身不是問題，這就是人性，而我們也看到，這很有用，可以避免無法做出決策。但當我們落入我所說的確認迴圈（certainty loop）時，就有問題了。當我們忘記自己得出的故事深深受到我們的包袱影響，而且這也不過只是諸多針對情況可以建構出來的其中一個故事，就

> **用好奇心問題將提問帶入你的故事裡：**
>
> ◆ 如果我的故事並不是這個情況下唯一成立的故事，那會怎麼樣？我在挑選資訊造成故事中的偏誤時，可能忽略了哪些資訊與經驗？與情況相關的資訊可以用哪些不同的方法詮釋或處理、得出不同的結論？
> ◆ 我這個關於情況的故事對我和我的人際關係有哪些幫助？造成哪些限制？
> ◆ 別人關於這個情況的故事可能是怎樣？他們可能選擇並處理哪些資訊以得出他們的結論？他們累積起來的哪些人生經歷可能會形塑他們的包袱？

會陷入迴圈。我們的故事（以及之後我們採取行動時造成的影響）不再是一個故事，對我們來說，已經成為客觀事實，唯一的用處就是再確認我們的包袱做出的預期。這並不限於衝突情況；多數人日常生活多半時候游走的世界，就是一個卡在自我封閉確認迴圈的世界。如果我們認定自己針對特定情況得出的故事就是現實，那還有什麼可好奇的？不太多（圖 3-10）。

運用理解之梯抱持好奇心

我們如何打破確認迴圈、以選擇抱持好奇心取而代之？用康納曼和特沃斯基的話來說，我們得慢想。我們一開始可以刻

圖 3-10　確認迴圈

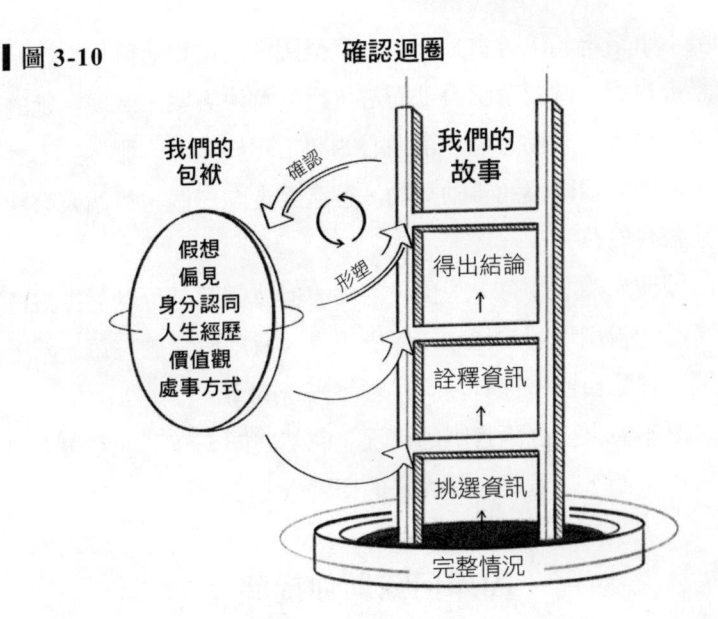

```
我們的包袱                    我們的故事
┌─────────┐       確認        ┌──────────┐
│  假想    │  ⟲              │  得出結論 │
│  偏見    │                 │    ↑     │
│ 身分認同 │      形塑        │  詮釋資訊 │
│ 人生經歷 │                 │    ↑     │
│ 價值觀   │                 │  挑選資訊 │
│ 處事方式 │                 │    ↑     │
└─────────┘                 └──────────┘
                              完整情況
```

意去注意出現了這樣的過程。當我們開始發現原來自己會這麼做，並明白心智建構出的是一則歪曲且不完整的故事，就有機會找到資訊中的落差，觸動好奇心如獵犬一般展開追逐。

　　之後，我們可以把理解之梯當成工具，解析自己的想法，找到地方加入提問。引進這套工具之後，就連在確認迴圈困很久的卡洛琳和馬克斯都學會「爬下階梯」。當會議室裡情緒緊繃時，他們會開玩笑地說：「我想現在我們在階梯上爬的有點高了！」，藉此把自己對方叫回來。這種共通的語言變成一種暗號，要雙方停下來想一想他們可能錯失了什麼或誤讀了什麼。一點一點的，工會領袖愈來愈好奇；事實上，他們要求針對這項產業的經濟面上一堂入門課，讓他們自己與工會成員更能理解經理人面對的壓力。旅館經理人也愈來愈好奇員工看重

第 3 章　選擇抱持好奇心

什麼；卡洛琳和工會會長一起上了全國性的電視節目,重申她承諾會找到一個對旅館員工而言可行的解決方案,展現了她的在乎。最後,一場大家非常擔心的罷工化於無形,雖然並不容易,但他們繼續協商勞動契約,讓產業走向一個對每個人來說都比較好的路。

即便人的心智有一些預設條件,但我們還是可以選擇抱持好奇心。善用理解之梯作為反思工具,有助於我們在每一階上提問,提醒自己這裡有沒有什麼該好奇的事。

原本看來一翻兩瞪眼的情況,忽然之間充滿了很多讓人很好奇的東西,這真是一個大好的學習機會!

AI如何幫助你提問

為了幫助你看到除了你建構出來的情況故事以外還有別的,請你把故事鍵入(或者用口述輸入)到你最愛的 AI 聊天機器人,然後加一句:「我可能忽略了什麼?」

以下是我輸入的幾個故事(這些聽起來都跟本章的範例很類似):

- 我認為工會只想為會員爭取更高的薪水,但忽略我的業務需求。我可能忽略了什麼?
- 我認為管理階層只是要壓榨員工做更多工作、剝削他們。我可能忽略了什麼?
- 我同事貝利拒絕接下我要他做的案子,我很生氣。我可能忽略了什麼?

> 在每個案例中，我得到的回答包括了很重要、之前沒想過的新考量，這些都不在原始故事中，也帶進了讓人好奇的新事物。

對於情況池裡的隱性資訊感到好奇

情況的資料池裡最可能被忽略的資訊是什麼？社會心理學家因應這項挑戰幾十年，他們說，透過行為人－觀察者偏誤（actor-observer bias）[15]與基本歸因謬誤（fundamental attribution error）[16]等概念，人會把其他人的行為過度歸因於他們的個性，忽略了對方所處的情況可能造成的影響（但很有趣的是，當我們在解釋自己的行為，比較常歸因於我們認為自己所處的情況，而不是個性）。這表示，我們和別人互動交流中，最常忽略（或誤讀）和**影響他們的行為有關的環境資訊，換言之，就是他們面對的情況**。

有一個案例非常適切地解釋了這一點：克里夫蘭診所（Cleveland Clinic）拍了一部影片來訓練員工，增進他們對於病患和同事的同理心。影片中描繪形形色色的人（包括病患、訪客、醫生與警衛）在醫院裡做自己該做的事，然而，每當鏡頭掃過某個人時，會打出字幕描述他們私底下正在遭遇哪些生活挑戰。有一個人剛剛發現他的腫瘤是良性的，另一個人的腫瘤則是惡性的。一個人剛剛生了寶寶，另一個人則擔心不知該如何照顧剛剛中風的妻子。這部影片強烈地提醒我們每個人都在面對一些事；而，我們在實際生活中沒有字幕，除非對方說出

來,不然我們不會知道他們身在什麼樣的處境。(你可以親自看一下這部影片,章節附注裡附有連結。[17])

另外還有我們看不到的包袱:**對方真正的意圖和動機**。當我們往階梯上爬、建構自己的故事時,通常假設自己知道某個人為何做某事,但對方的意圖只在當事人的腦子裡,基本上我們不可能不問他們就獲知這項資訊。但這不會阻止我們編造關於他們的動機的故事;現在我們也知道,這麼做會把我們拉離正軌。

埃布‧派特爾(Eboo Patel)是美國跨信仰組織(Interfaith America)的創辦人兼會長,他對於如何幫助人們打開心胸以向他人學習略知一二。派特爾和各種信仰的宗教領袖合作以搭起橋梁,強化社會的結構紋理。這裡的挑戰是,宗教信仰與傳統通常直接衝突。「舉例來說,在天主教裡,葡萄酒是神聖的,在伊斯蘭教裡,酒是瀆神。」他一邊對我說,一邊又補充「穆斯林是一神論,印度教則有多彩多姿讚頌各種神祇的盛典。」那麼,當和基本上就有歧異的人互動時,你要如何搭起橋梁並保持開放的心胸去學習?

派特爾是一位受過訓練的社會科學家,他知道「人通常會去做對自己有利的事、他們認為對自己有利的事⋯⋯因此,你要從好奇之處開始。」派特爾指出,你不需要改變信念、甚至無須同情,也能有好奇心,你只需要記住,你會相信並且去做對你來說有道理的事,別人很可能也是這樣。所以,你可以自問這些問題:他們所做的事對他們來說有何道理?從他們的觀點出發,這有何意義?他們的觀點如何為他們帶來益處?這不限於宗教差異。當你看到別人做出你認為偏差、錯誤甚至恐怖

的事情讓你驚訝時，請自問：從他們的觀點來看，他們這些行動步驟與故事有何道理？

也請記住連結性好奇心（或者缺乏這種好奇心）對於對方的影響。如果你把批判揣在懷裡，別人就比較不可能講出他們的真實體驗和動機。但如果你對他們的處境與他們的故事（甚至連更深刻的他們的包袱和這些包袱的來處）表現出好奇心，互動時就能讓他們打開心胸和你分享。

在任何關係中，決定品質的另一半因素是我們自己如何進入關係動態，而，我們很可能在這件事上忽略了情況池裡的重要資訊：**別人如何解讀我們的行動以及這些行動對他人造成的衝擊。**

我們大致上無法得知別人如何解讀我們的行動、這些行動又造成哪些影響。肢體語言可以提供線索，但就像我們之前討論過的，這些也很可能遭到誤讀或造成誤導。我們都很確定自己說了什麼話、做了什麼事，但不確定別人怎麼想、怎麼看。你有沒有聽過自己錄的錄音帶，然後想著自己的聲音聽起來怎麼這麼奇怪？我們對於別人如何看待我們的觀點會受限，這就是一個很小的例子。

泰莎・韋斯特（Tessa West）是紐約大學的心理學家，也是西方人際認知實驗室（West Interpersonal Perception Lab）的主任，這裡研究人如何理解別人，以及他們為何常常出錯。美國國家公共廣播電台（NPR）製播 Podcast 節目「隱藏大腦」（Hidden Brain），韋斯特在某集節目中講起這類盲點如何在她與她學生間造成長達多年的誤解。某天忙了一整天之後，她走進電梯，她有一個學生在下一層樓進來，韋斯特看了她一眼，然後

第 3 章 選擇抱持好奇心

就轉開視線。她沒有多想這一次的互動，繼續過她的日子，但長期下來，她注意到這個學生在她身邊時似乎很緊張。一直要過了好幾年之後，她才發現這個學生將韋斯特臉上的表情判讀為憎惡，從那一眼得出結論認為教授痛恨她！韋斯特當下不可能知道她的學生如何認定這次互動，所以她也不知道自己小小的舉動對於她握有明顯掌控權的某個人造成負面衝擊。[18]

他人如何解讀我們以及我們造成的影響，是兩種別人不太可能自願告訴你細節的盲點，因此，我們也完全無法從情況池裡看到這些資訊。[19] 連結性好奇心是很好的起點，引出可能很重要的訊息。

我還是菜鳥顧問時，有一天我走進主管大衛・李維（David Levy）的辦公室，拉了把椅子就在他辦公桌對面坐了下來。這是我們的每週例行查核會議，討論對象是我們的客戶茱蒂，她是客戶公司裡國際部門的主管。在我奔上階梯建構出來的故事裡，我一直撞牆摸不著頭緒，無法讓茱蒂放下抗拒，去做（我認為）她若要成功一定要做的事。我愈來愈氣餒。李維靠坐在他的椅子上對我說：「你有想過你可能助長了茱蒂的抗拒嗎？」

憑著這個問題，李維在我的確認迴圈裡放進了一些提問。我把我自以為的義憤放在一邊，我們開始設想各種可能的問題，導致我出於善意的作為（比方說，不斷的追蹤、列出建議〔而且每一項都詳細說明理由〕）或許給茱蒂造成了困擾。我愈是好奇我無意間對茱蒂造成了哪些影響，就愈有動機用真誠的探問去和她交流。這讓我得以開口問在我們合作過程中她的經驗，這揭露了我完全不得而知的背後故事。後來發現，她根

> **用好奇心問題拓展你的認知：**
>
> ◆ 對方可能要面對哪些我並不知情的問題？
> ◆ 他們有哪些可想而知的動機？
> ◆ 他們體驗這個世界的方式如何顯得他們的故事與他們採取的行動合情合理？
> ◆ 對方可能用什麼方式理解我？我無意間可能對他們造成哪些衝擊？
> ◆ 我如何在不知不覺間助長了我擔心的問題？

本毫不抗拒我們的計畫，她之所以遲遲不動手去做，是因為她要先布局一些敏感的人事變動，之後才能繼續做下去。在此同時，我三不五時的催促根本毫無必要，不但不會讓我們變成盟友，還製造對立。一旦我理解這一點，我就調整做法，我們的合作也就回到正軌。

如果李維沒有幫助我選擇抱持好奇心，我很可能一直卡在自己的確認迴圈裡。當我認定茱蒂「固執」，面對她時我的態度和行為很可能讓我們的關係岌岌可危，也因此傷及我們的合作。

我們有多少次都處於我經歷過的這樣處境，但沒有工具也沒有善意的敦促要我們選擇對自己的故事抱持好奇？知道自己在人際面向上有哪些盲點，也讓我們知道要在情況中的哪些地方特意去照亮那些我們本來看不見的資訊。

對付好奇心殺手

抱持好奇心幾乎永遠都是正確的選擇，但通常並不容易做到。本章中提到的所有好奇心問題都可以提供有用的協助，對我而言，通常也足以打破確認迴圈了。我發現，當我拿這些問題來問對方，效果非常好。然而，我也注意到在某些時候極難展現好奇心，我把這些情況稱之為好奇心殺手：以下會提到三大元凶，並附帶克服問題的方法。

第一號好奇心殺手：情緒綁架

傑美・希金斯（Jamie Higgins）是一位指導全美企業高階領導者的教練，她根據自身的經驗說，情緒綁架是具有挑戰性的好奇心殺手。當我們情緒高張時（當別人對我們說了我們必須聽、但不想聽的事情時，這是常有的反應），就會面對一個選擇：我們可以憑著直覺反應，快快爬到階梯上方，或者，我們也可以去留心自己的反應，當成線索，讓自己慢下來並選擇抱持好奇心。多多練習，負面且讓人不自在的情緒可以變成入口，強化我們的好奇心並深化我們從別人身上學到的東西。

有一次，我聽人轉述我一位初階的同仁貝利拒絕接下我真的很需要他去做的專案時，我就面對了選擇。血流直衝上我腦門，還好我沒有爆血管。當時的我，已經厭倦了努力工作並為了組織的利益做出痛苦的個人犧牲，而貝利的回應在我聽來則像是：謝了，不用算我一份。

我們所有人都在犧牲，他怎麼敢這麼自私？我的腦子裡有

一把火在燒。而且，如果貝利不做，誰做？還有誰能做這個案子？我已經開始要大叫了。在我去找我的共同創辦人薩摩哈發洩時，他點點頭並對我表示同情，但之後冷靜地提出建議，嗯，我的反應這麼激烈，或許值得我用好奇心探究一番；貝利的回應到底觸動了我心裡的什麼東西？

我們會在覺得有危險的時候出現激烈的情緒反應，比方說，覺得自己的地位、信念、認同感（包括時間、金錢和精力）受到威脅時。這個過程稱之為「杏仁核綁架」（amygdala hijack）[20]，此時大腦負責處理情緒的邊緣系統（limbic system）掌控大權，壓過了思維心智、也就是前額葉皮質區（prefrontal cortex）。我們的反應可能是戰鬥（激起防衛心）、逃跑（避免對話、改變話題）、呆住（全身緊繃，什麼都做不了）或是諂媚（討好別人、說好聽話、百般安撫）。這種反應會窄化我們的注意力，聚焦在手邊立即性的威脅上（可能是認知上的，也可能真有其事），大概很難擴大自己的覺察範疇，去檢視對方的經驗或我們可能錯失某些重要資訊。

換言之，我們的好奇心引擎會在覺得遭受威脅時停擺，更糟的是，這很快就會落入惡性循環的迴旋：我們愈是不好奇，情緒上就更有可能冥頑不化、更堅持特定結果、更擔心什麼事會出錯，這些大概都會讓我們停止學習（圖 3-11）。[21]

但如果我們可以翻轉情況，那會如何？如果情緒不是把我們封閉起來，而是成為我們抱持好奇心的新線索，那會怎樣？除了戰鬥、逃跑、呆住和諂媚之外，還有第五種可能性：進入尋找模式；在這裡，我們會對自己的反應深感好奇（圖 3-12）。

圖 3-11

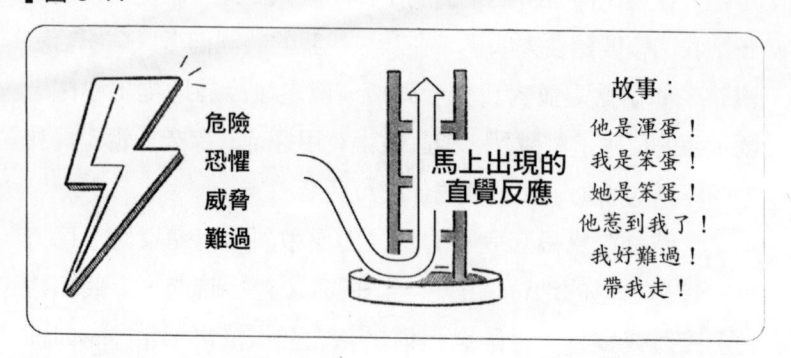

```
危險        馬上出現的      故事：
恐懼        直覺反應        他是渾蛋！
威脅                      我是笨蛋！
難過                      她是笨蛋！
                         他惹到我了！
                         我好難過！
                         帶我走！
```

　　這不容易，也需要花時間去學，但如果我們刻意為之，絕對有可能做到。吉姆・卡特勒（我們在第 2 章提過他，還記得嗎？）告訴我，他學著注意並回應強烈情緒引發的生理線索，比方說，他何時會感受憤怒和沮喪堆積在身體裡。現在，他拍桌前會先深呼吸、注意到情緒，然後提醒自己要抱持好奇心。

　　我在下一節會討論到正念（mindfulness）或呼吸這類練習，也可以幫助我們拉出必要的距離脫離直覺反應，讓我們注意到這些反應出現了，接著用好奇心來看待，而不要被反應消耗掉。在此同時，對於自我覺察敏銳度還不夠的人來說，朋友和導師可以發揮很大的力量（也可以去看看治療師）。我們可以請他們幫助我們講開來，不只是展現同理心、一直說我們是對的，更要幫助我們抱持好奇心，就像薩摩哈注意到我被貝利惹毛時所做的事那樣。

　　在薩摩哈推了一把之下，再加上又經歷幾次摩擦，我得以對自己說：「這種事讓我很不爽，但我的情緒可能超過必要的程度。他到底是挑動了我哪根神經？」我自己的疲累以及為了

圖 3-12

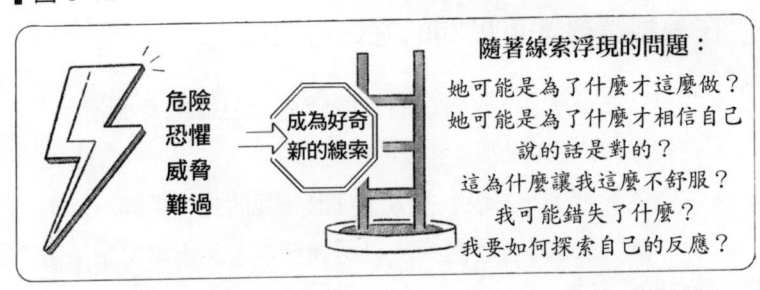

危險
恐懼
威脅
難過

→ 成為好奇新的線索

隨著線索浮現的問題：
她可能是為了什麼才這麼做？
她可能是為了什麼才相信自己說的話是對的？
這為什麼讓我這麼不舒服？
我可能錯失了什麼？
我要如何探索自己的反應？

工作所做的個人犧牲可能造成了苦果，讓我無法同情在不同地方劃出界線的人。我對於權力的渴望或許超過我願意承認的程度，因此，當我聘用的員工拒絕我的要求時我就發火了。我可能太過匆忙、壓力太大，不願意考慮貝利或許有合理的理由拒絕我。

現在我已經不再困守於戰鬥、逃跑、呆住和諂媚等模式的限制中，我可以進入尋找模式：我在這方面錯過了什麼？當我追究這個問題，我發現貝利拒絕是出於一個絕佳的理由。他並沒有把自己置於團隊之上，他並沒有排拒我的權威，他並不是我遭到情緒挾持的大腦驟下結論的任何壞事。我問他時，他解釋，在我需要他幫忙的這段時間裡他已經承諾投入其他重要專案，他不想毀了這項同樣也很重要的工作。當他對我詳細解釋他承諾的另一專案時，我看出來他是對的。如果我沒有選擇抱持好奇心，可能會錯誤地貶低一個在考慮組織最佳利益下做決策的好隊友。就像《徹底坦率》作者金・史考特（Kim Scott）對我說的：「當你火大時，要心懷好奇。」

> **在激烈情緒下可以問的好奇心問題：**
>
> ◆ 我有什麼感覺？(是在我的心裡嗎？還是在我的身體裡？)
> ◆ 這些激烈的感覺要跟我說什麼？
> ◆ 在我的包袱（比方說我的人生經歷、我的身分認同、我更深一層的假設）中，是哪一部分讓我很容易出現這種強烈情緒？
> ◆ 我可以從自己的反應中學到什麼？我要如何探索？
> ◆ 這麼激烈的反應會阻礙我看到、聽到或想到什麼？

第二號好奇心殺手：無窮無盡求快與求效率的壓力

當我們耗盡認知與情緒資源，當我們大腦裡塞滿無窮無盡的待辦清單，當我們趕著一場又一場會議、幾乎連停下來喘口氣的時間都沒有，好奇心看來是付不起的奢侈品。午睡部（Nap Ministry）創辦人和《休息就是抵抗》（Rest Is Resistance）的作者崔西亞・赫塞（Tricia Hersey）強力主張，我們都在面對睡眠剝奪與疲憊之苦，這是在乎生產力多過於人性的「苦工文化」（grind culture）造成的症候群。[22] 赫塞的做法，是把這項危機定位為一種種族與社會不正義的議題，她的重點強調由於社會持續要求績效與生產力，被邊緣化的群體遭受高到不成比例的壓迫壓力。因此，她認為，決定慢下來休息與反思，不只是愛自己的行動而已，更是一種強效解藥，可緩解導致我們和

別人都工作過度、精疲力竭、和彼此斷線的文化。慢下來之後，我們就給自己空間去想像不同的可能性，包括對別人不同於我們的感受與經驗感到好奇。

與本書講到的其他重點相比起來，對我來說，要在自己的生活中套用練習慢下來是最有挑戰性的一件事。我在管理顧問業的壓力鍋中待了幾十年，之後在幾個積極進取的組織裡擔任經理人、高階主管與共同創辦人，我很難慢下來，替自己營造滋養好奇心的必要空間。每一天，我都必須刻意地、有意地去做。理論上，成為某個組織的共同執行長，我應該比過去更能掌控自己的時間，但由於我在組織裡以及領域更廣的業界擔負重大責任，通常讓我覺得自己沒什麼權利慢下來、把待辦事項清單刪減到短到創下職涯紀錄。我也明白，現實中，我的地位給了我自主權和經濟穩定，讓我有辦法比多數人更能掌控我的時間，但是，當我想要慢下一時半刻，我還是要辛辛苦苦甩掉我應該多做一點、我應該做快一點、我正在落後等等感覺。無可否認，生活的腳步確實愈來愈快，但很值得我們想一想的是，你生活中有哪些時間壓力是真的不容妥協、又有哪些社會化的信念決定了你應該怎樣運用時間。

除了深一層檢視自己和時間的關係之外，還有兩項很實際的做法有助於我們營造出必要的空間。

行事曆大改造（calendar surgery）：我的行政助理莎妮卡·薇若特（Shanika Verette）成為我們的一員之後，她明確但不失可親地告訴我，她多年來都和組織的執行長合作，她從沒看過哪個人像我把行事曆塞得這麼滿：沒有午餐時間，沒有休息時間，只有一場接著一場要和同事、投資人、董事會、其他

> **可用於抗拒速度與急迫性的好奇心問題：**
>
> ◆ 我會在哪些方面遭遇速度和急迫性的壓力？我會在哪些方面覺得有壓力或者必須要趕快？
> ◆ 我能在生活中的哪些面向找到空間（就算幾分鐘也好）慢下來、醞釀好奇心？
> ◆ 用什麼形式去做對我來說最自然？做幾次深呼吸嗎？去外面短短散個步嗎？冥想嗎？

執行長、學區督導等等開的會，有些會的時間甚至重疊。「這樣你哪有時間思考？」她問我。薇若特一點一點敦促我，要我取消某些會議並把工作交辦給別人。她把一小時的會縮短成三十分鐘，某些週例會變成雙週會，諸如此類的。她只多加了一個新的行程，那就是每個月要和她一起檢視哪些真的是優先要務、哪些又可以劃掉。經過她的修剪整理，最後幫我一天多空出兩到三小時（換算下來，每星期就有十到十五個小時！）完全沒有任何安排，那是我之前覺得根本不可能的事。她開創了一個空間，讓我真的可以在這個時候好好思考，坐下來寫點新構想，讀點東西，醞釀好奇心，自然而然地聯絡某個人把想法講給對方聽，或是問問對方最近在做些什麼。擁有這些時間，對我的好奇心、我的人際關係，還有，老實說，我一般性的身心健康和幸福來說，不啻有了一百八十度的大轉變。

生理嘆息呼吸法（physiological sigh）：史丹佛大學的神

經生理學教授安德里‧胡博曼教授（Dr. Andrew Huberman）最推崇練習這種簡單呼吸法，他指出神經系統如果安定下來，人就可以進入因為壓力而封閉的大腦區塊。[23] 這種呼吸法是這樣的：用鼻子短促地吸氣兩次，再用嘴巴把氣慢慢地吐出來。就這樣。

即使只是做幾次生理嘆息呼吸法，都足以讓心智安靜下來，進入比較高階的思維狀態，比方說好奇。我有一個朋友就靠著一天做兩次生理嘆息呼吸法來控制他的壓力水準。他的「呼吸」鬧鐘早上九點半和下午四點半各會響一次，用來提醒他慢下來，做幾次刻意的深呼吸。

冥想、瑜珈、戶外散步與寫日誌都是其他幾種更新好奇心的有效方法。把行程慢下來對醞釀好奇心來說很重要，讓身體與心智慢下來更是絕對必要。下定決心在幾種常見的習慣選一種並好好培養，會成為強而有力的行動，可對抗把工作放在好奇之前的文化壓力。

三號好奇心殺手：群體壓力

無論是實體還是線上社群，當我們身處同溫層，身邊的人會強化助長「我們的包袱」的世界觀與偏見，無怪乎，我們很容易就覺得很肯定。美國的政治文化愈來愈對立、愈來愈各自為政，可以說是整個國家缺乏好奇心造成的直接結果。你可以怪罪科技、怪罪電視、怪罪任何你想要怪罪的人，但結果還是一樣：人們已經不再認為可以從想法不同於己的人身上學到什麼。每個人都擁有力量，都可以拓展我們能接觸到的經驗與資

訊。換言之，我們如果外求新觀點，同時體認到自己的觀點有所限制，有助於優游在更大的情況池裡。新聞記者兼《修復關係的正向衝突》（High Conflict）作者亞曼達・瑞普立（Amanda Ripley）對我說，「擴大視野」會讓我們用更複雜的方式去理解情況，因此引發更多好奇心；然而，無論是歷史上、地緣上或是在納入不同的聲音時經常忽略這一點（圖 3-13）。

好奇心是一種團隊型運動

　　本章各種故事裡有一個共同模式：當人陷入自己的過去、情緒與文化的泡泡裡面，就很難抱持好奇心。工會和旅館的主管必須要和彼此互動（還有，以他們的情況來說，也要和外部的帶動者互動），才能打破確認迴圈。我要求一位受人信賴的經理幫助我，看清我對於客戶的盲點。我的共同創辦人薩摩哈也用類似的方式幫助我，把我對貝利的怒意轉化成醞釀好奇的線索。在這兩個案例中，我或其他人都不是靠著自己激發出好奇心。要對抗自我強化的確認迴圈與淹沒好奇心的文化浪潮，需要身邊有各式各樣的朋友和同事，他們才可以幫助我們看到自己所不知道的。

　　謹慎選擇團隊。我說的團隊，不只意指和你合作的同事，也包括生活中更廣泛的團隊：你的朋友、社群成員、甚至是你追蹤的節目與有影響力人士。要找到同溫層、肯定我們觀點的人相對容易，但太常有的情況是這代表他們也和我們同聲一氣。他們不但不能推著我們往好奇的方向走，反而強化了現有的假設與故事。如果你真的想要醞釀好奇心，請多和也能挑戰

▍圖 3-13　　　　　　拓展你的視野

完整情況

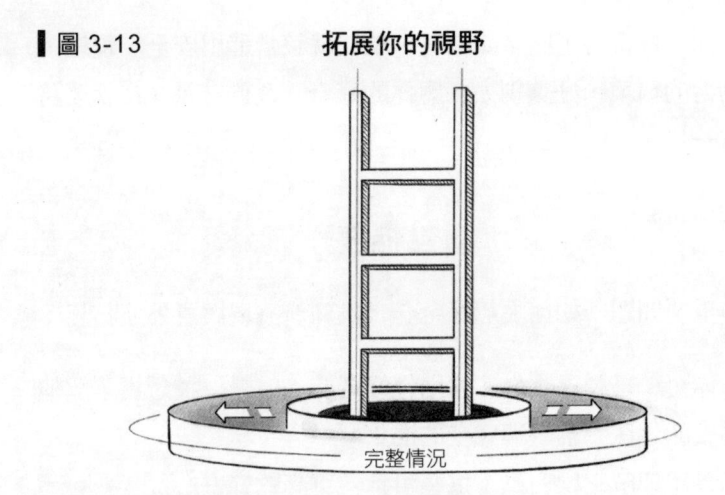

有助抵禦社會壓力、避免強化確認心態的好奇心問題：

◆ 我聽到的訊息中可能漏失了哪些聲音或觀點？
◆ 我本人有哪些吹毛求疵的設想、懷疑或問題？
◆ 有哪些反論可以挑戰主流觀點？這些反論在哪些面向上很有價值？
◆ 我身邊的人或文化可能如何使得我實際上並非這麼有把握、卻在行動上展現出高度的確定？

你的人相處：這樣才能提問，才能照亮你的盲點，才能從不同的角度看事情。如果你的朋友同事今天還沒這麼做，請他們趕快放馬過來！

你有好奇心了嗎？如果有，現在就該營造出安全、輕鬆、有動力的環境，好讓別人回應你的好奇。我們在第 4 章就要跨出這一步。

> ## 重點摘要
>
> **重要問題：**如何喚起好奇心，找到新發現與意外連結
>
> 1. 你可以選擇深化你的**連結性好奇心**；這是一種想更了解他人的想法、經驗與感受的渴望。
> 2. 善用**理解之梯**對以下這些事抱持更高的好奇心：
>   - 你從整個可選的情況池裡挑了哪些資訊？
>   - 你做的選擇中可能漏失或缺少哪些和情況有關的額外資訊？想一想有哪些對你來說是隱形的資訊：包括別人要面臨的處境、他們的動機和渴望，以及你對他們造成的衝擊。
>   - 你如何詮釋你選擇的資訊？你得到哪些結論？你根據你的解讀說了什麼故事給自己聽？
>   - 你對自己說的故事如何形塑你和情況以及你和他人之間的關係？
>   - 可能有哪些其他的詮釋與故事？你又要怎麼做才能找到？
> 3. 捍衛自己對抗**好奇心殺手**：
>   - 面對情緒綁架的解決方案：把情緒（例如恐懼、憤怒、焦慮）當成線索，放慢腳步並醞釀出更多好奇心。
>   - 面對競速與追求效率壓力的解決方案：放慢速度，好

> 好呼吸，把所有不是真正有必要列進行事曆上的工作劃掉！
> ○ 面對群體思維的解決方案：向外尋求新的或不同的觀點，拓展視野。

互動練習

3A 想一想，有哪些互動或關係已經讓你不再像過去一樣覺得那麼好奇。你的好奇心可能是被傷痛、憤怒或防禦心擋住，你可能有了一些批判或批評，你可能覺得被冒犯或自以為是公平正義的化身。如果你想不到適當的人際互動經驗，你可以想一想新聞裡或社交媒體上某個你非常不認同的人物。現在，使用理解之梯畫出你如何得出你的故事，特別要寫到：

- 你從情況池裡挑選了哪些資訊？
- 你如何詮釋（解讀或賦予意義）這些資訊？
- 你得出的結論是什麼？
- 你的結論引導你採取哪些行動？
- 你的包袱（你過去的知識、經驗、偏見等等）如何形塑你建構的故事並讓你落入確認迴圈的螺旋？

3B 特別去注意當你這麼做時，造成什麼效果（如果有的話），讓你慢下思考與建構故事的速度。有沒有讓你變得更加好奇？如果沒有，請試著刻意加入一些提問，例如：

- 你可能忽略了哪些資訊？

- 你可能有哪些其他方式來詮釋或挑選你之前選擇的資訊?
- 關於情況,可能有哪些其他的故事?
- 你或許能與信任的朋友分享或檢驗哪些感覺與反應?

3C 想一想,哪種好奇心殺手會在你身上發酵?

- 是情緒綁架嗎?
- 是永無休止求快與追求效率的壓力嗎?
- 是群體壓力嗎?

針對會造成影響的因素,請回去看前文討論該項因素時提過的好奇心問題,並試著提出相關問題。

如果你和可以幫助你踏出自身觀點的朋友一起做這些習題,會有加分效果。

你會開始覺得更好奇了嗎?

第 4 章

營造心理安全感

讓人更容易告訴你難以啟齒的事

身為一家快速成長的社會企業的共同執行長,我要和很多投資人培養關係。他們都是慷慨大方、樂於助人的人,他們堅信我們必會成功,當中有很多人也成為我的朋友。但是,這些關係中還是有大家都心知肚明但不可說的禁忌:我認為他們對我有一些掌控權,因為他們隨時都可以決定撤回或擴大投資。在此同時,他們也知道這樣的權力動態可能會阻礙坦誠的雙向溝通。

在和投資人互動時,我常會敏銳地感受到這股說不出來的緊張。百餘名員工的生計,有一部分要靠我有沒有能力爭取到新投資與投資續約,我不想讓員工失望。同樣重要的是,我們有遠大的目標和穩健的計畫想要改變這個世界,我們需要投資人的資本來完成這些事。

因此,我和新投資人碰面時,我會有全力以赴的壓力。我會先編製一份清單列出正面的發展項目,我的目標是要坦誠,所以我也會列出面臨的挑戰。然而,我承認我常常會擔心拿出

醜陋的那一面可能會有損投資人的信心。這股恐懼並未阻止我說出我們的缺失,但我的自我意識常常會跑出來,想著對方會如何因為我說的話而批判我。

你在生活中與職場上大概一定也有過權力不對等的經歷,你會看到這樣的權力動態讓難以克服的既有障礙更加嚴峻,讓人無法不擔心或不遲疑就大大方方把話講出來。你甚至可能雙邊的立場都經歷過,有時候是權力相對弱勢的人,有時候是大權在握的人,不管是哪一種,這種可怕的動態(以及這對於溝通造成的嚴酷效應)常讓人覺得無法逃脫。

但有一件事是這樣:我個人知道事實並非如此。我之所以知道,是因為有很多投資人讓我覺得很安心,我敢放膽不用想太多,把話通通講出來。他們不僅讓我能放輕鬆,還給我理由讓我相信當我坦白講,對雙方都會比較好。他們使用的方法,就是我在本章要講的技巧。

在我要說明他們如何純熟使用這些方法之前,先讓我快速說明為何如果我們想知道他人真正的想法、感受與知識經歷,必得營造心理安全感。

用心理安全感保護彼此

有時候,當你被要求分享意見時,會覺得不太像邀請,反而比較偏向社交威脅,在專業場合下尤其如此。海蒂・格蘭特博士(Dr. Heidi Grant)所做的研究指出,大腦記錄社交威脅造成的痛苦,和記錄身體遭受打擊的痛苦並無二致。[1]這是指,當你被要求針對敏感性議題表達意見時,你會感到貨真價實的

痛。所以,當很多人選擇噤口不語,其實也不必太意外。

要讓人把話講出來,我們得要降低這種威脅,或者,換句話說,我們要營造**心理安全感**。組織為何需要營造心理安全感幫助人們把話講出來?哈佛商學院教授暨作家艾美・艾德蒙森是這方面全球數一數二的專家。在艾德蒙森針對醫院加護病房所做的經典研究中,她斷定醫院員工會否提報工作上的失誤(這對於保障病患生命安全來說至關重要)的單一最重要因素,是員工認為坦誠錯誤之後會有什麼後果。[2] 如果領導團隊的主管是鼓勵敞開心胸討論錯誤、並在成員間營造心理安全感與歸屬感的人,員工比較可能一出錯時就呈報。到現在,大家都已經很理解滋養出有益的關係,盡可能讓人覺得把話講出來很安全且對大家有利,很可能是許多產業與情況裡決定成敗的主軸。

如果我們希望別人以一定程度的坦誠回答問題,就要看我們能不能**營造出安全感**讓他們這麼做。我們的工作,是要讓他們看到我們是值得信任且尊重人的訪客,之後才能請他們打開心門。

我的「營造心理安全感」定義如下:

盡可能確保對方覺得很自在、輕鬆且有動力坦白和你分享。

在很多關係中,你可以在單一次的互動中做幾件事就營造出安全感,但有的些關係則要花上幾天、幾星期甚至更久;你要善用判斷,決定需要多久。然而,就像艾德蒙森對我講過的,你絕不可能讓對方覺得百分之百安全或安心之後才講出

來,在職場上特別是這樣;總會有風險。出現權力動態時風險會高一點,某些人要比別人承受的風險高一點,比方說,有色人種的觀點通常會因為聽的人有偏見而被扭曲,還有,他們遭受負面批判時的利害關係本來也比較高。但我們還是有很多可以努力的地方,讓對方知道如果他對我們開誠布公,風險很低,但收穫很大。

進入安全感循環

安全感循環(safety cycle)可以創造出有利條件,此時,請對方把話講開來不會彷彿要人家從崖邊跳入冰冷的水裡,比較像提議去溫水池裡游個泳:風險低,很值得,還可能很享受。當你要問出通常藏在人們左方欄(亦即他們不明講的想法與感受)裡尖銳但重要的主題時,努力營造出這樣的循環格外重要(圖 4-1)。

第一步,創造連結

當對方覺得和你有連結、你也覺得跟他們有連結,雙方都會更有安全感。你們在對方的陪伴之下會更放鬆。確實,人際間的連結可以潤滑情緒的齒輪,幫助我們面對讓人不自在的主題。以下方法都可創造真實的連結,我建議你都實際操作看看。

圖 4-1　　　　　　　　安全感循環

（圖：創造連結、好好開場、展露韌性，中心為「更安全也更輕鬆」）

▶ 講到和對方有關的故事，要更豐富且更有深度

很可能過去就有人建議你這麼做，通常附帶建議你提出「想要多了解你一點」的問題，問問看對方在職場之外的人生：他們的家庭、他們的業餘嗜好或是他們的成長地方。這些問題雖然可以幫助你更了解對方，但也有反作用。比較想把家庭與工作生活分開的人，會覺得自己被入侵或被刺探。有些人會覺得講起個人私事暴露太多，擔心被批判或受操弄。

好消息是，「你是哪裡人？」並不是職場上唯一能把表面關心推展到更深刻、更顯露關懷的問題。有些人就把自己和工作的關係當成很私人的事！如果我們深入了解一個人如何講自己的工作，可以從中得到很多資訊：為什麼他們覺得這份工作很有吸引力？他們為什麼會熬夜工作？他們有哪些抱負、我們又能幫上什麼忙？以上是一些隨手可得的問題，此外還有很多講不完。

一旦培養出基本的信任，我最喜歡做的其中一件事，就是問對方我很想更深入了解「你能走到今天，背後有什麼故事？」不同的個人與情況之下，人們會從很多方面來回答這個問題，有人會講起他們的職涯發展軌跡，有人則會談到祖父母的教養如何影響了他們。重點是，要問出一個問題，讓對方從他們覺得最自在的地方切入開始講起。無論他們的答案是什麼，我永遠都可以從他們身上學到一些東西，甚至，更好的事，我注意到有些人很高興有人這麼問。

　　連結是雙向道，這表示，我們不能只問問題，也必須讓別人理解我們。我所屬組織裡的員工認識的偉特斯勒，首先可能一個是比他們大上十幾二十歲的人，創辦並經營這個組織，講話時總是分點列述，而且對於他所聘用與管理的人握有正式的權力。我可以理解這個偉特斯勒會讓人覺得有威脅性，甚至很可怕。這種事一直都讓我很訝異，因為我很缺乏安全感，我常不解：誰會被我嚇到？但等我易地而處，我就不確定我會覺得很自在，可以對那個偉特斯勒一股腦講真話。

　　因此，我試著向同仁介紹所有構成我這個偉特斯勒的不同面向。我是會被大型簡報嚇到的偉特斯勒。我是內向的偉特斯勒，非常擔心不知道該說什麼、該怎麼說。我是為人夫、為人父的偉特斯勒。我是猶太人偉特斯勒，遵守安息日戒律。我是中年仍充滿抱負的吉他手偉特斯勒，也是業餘網球迷偉特斯勒。喔，還有，別忘了，我也是習慣的動物偉特斯勒，到現在還會花一個小時的時間到舊家那邊看原來的牙醫，而不試著找新的醫師！

　　當我們在這些微妙的複雜層面理解彼此，發現對方並不像

之前假設的那麼不一樣甚至天差地遠,就生出了連結(以及透過連結醞釀出來的互相關心感)。培養出這種層次的連結之後,彼此人性中的共同之處會和差異之處至少同樣明顯。差異不會完全消失,但是會出現可以讓溝通流動的破口。

▶ 以身作則示弱[3]

我的朋友亞當是一位投資人,他很懂營造心理安全感是必要前提,以培養出他希望看到的坦誠連結。他用以下幾句話摘要了領導者可以用哪些方法建立這種連結:「以身作則,表現出自己的脆弱之處與透明度,而且每天都要這麼做。不能在你坐下來請別人提供回饋意見時才做,要隨時隨地這麼做,每天、每個星期、每個月,無時無刻。」亞當會和他的直屬部屬分享他自己的績效考評,這麼一來,他們就會知道他還有哪些尚待努力之處。他團隊裡每個人都知道他每星期都要去做治療;這就寫在他的行事曆上。「因為這樣,我感受到他們更坦白展現自身心理健康的起起伏伏,我們可以討論如何創造出適當的環境,讓人們更能真心講到他們如何在自己的世界裡走出一條路。」亞當也認為,這種坦白對於整個團隊動態以及他們的績效有實質正面效應。他跟我說:「當我們真正了解彼此,就可以用更具體且微妙的方式仰賴彼此,我們可以請求協助,不太需要擔心可能會如何受到別人批評。」

亞當強調,以身作則示弱是一件隨時隨地的行為模式,而不是一種策略,更不是在單一次互動上的表演。確實,培養關係要花時間,也要有意願,而且雙方都是,然而,一旦建立起來,這就不只是一種可以向對方學習的方法,更能帶來無上的

歡欣與滿足。

多數人都懂這個道理,但各式各樣的要求都在競奪我們的時間與注意力,導致我們常常無法堅守。還好,這不是唯一能幫助你讓別人覺得安全、有意分享的關係連結工具。時間、地點與方法也很重要。要提高即時建立關係的機會,**你必須找到能讓對方覺得最自在的互動空間、時間與模式**。

▶ 找到適當的空間

我很遺憾,但我必須說我曾經因為急著想要獲得資訊,在我一位同仁要去洗手間的路上攔他,拷問他對於我們兩個正在做的那件出問題的案子有何看法。這番不得體的操作大概保證了我沒辦法問出他最棒的想法,也讓我們之間的交談僅能限制在幾分鐘內,而且在過程中幾乎可說必然惹惱了他。

到了現在,如果我想要詢問對方重要問題,我會很謹慎思考應該在那裡碰頭。這當中有很多個人面的微妙之處,但基本原則是:他們會覺得哪裡最自在?他們覺得怎麼樣最方便?要在公開還是私下的地方?要在裡面還是外面?要坐下來還是走來走去?我會努力先去思考他們的需求。

想一想你選擇的空間是會擴大還是軟化現有的權力動態。有可能的話,你的目標應該是**拉平階級**;如果無法消除權力上的差異,至少要讓他們處於在平靜安穩的狀態,這樣你才能在比較偏人與人的層次上和他們搭上線。卡夫食品(Kraft Foods)和億滋國際(Mondelēz International)前任執行長愛琳·羅森菲爾德(Irene Rosenfeld)和我分享,她說如果她想從員工身上學點東西,她需要擺脫她天大地大的執行長身分。羅森菲

爾德會到他們的地盤上和他們建立關係:到工廠現場談、在銷售訪談時在車裡談,或是找來一小群員工一起吃午餐,但不讓這些員工的主管在場。她很堅持要在公司的員工餐廳吃飯,這樣員工才可以看到她執行長正式身分之外的其他面向。同樣的,領導專家暨美敦利前執行長比爾・喬治告訴我,他向來都會在辦公室裡放沙發和椅子以便會談。他認為高階主管的辦公桌是組織環境裡的終極階級象徵,因此會徹徹底底扼殺連結。從另一面來看,如果你是權力關係中比較基層的一方,看到「執行長」踏出自己的地盤,也比較可能導引出更坦誠的分享交流。這沒那麼容易,但除非你嘗試邀請,不然你也不知道人生中的貴賓會不會和你吃一頓飯或一起散步。

▶ 騰出時間

很匆忙時,沒有人會樂於建立連結。如果要減輕互動時的壓力,請撥出一段夠長的時間專門用來交流。我們已經知道,大部分的對話不適合在去洗手間的路上講個兩分鐘,你需要有大把的時間完全投注於當下的對話。請用專案經理的心情來想:決定你需要多少時間,然後再加 25%(或者,我是一個長期低估時間的人,以我來說,通常要多加 75%)。

我和同事薇多莉亞過去在我們時程緊湊、涵蓋非常急迫且富戰略性主題的週例會中常嚴重分歧。會議當中沒有時間提出好奇或後續追蹤問題,無法幫助我們理解彼此究竟在講什麼。最後,我們同意每個月要騰出一小時真正去散個步,沒有議程,這是不會和其他要求與壓力互相競爭的聯絡感情時間。散步時,我們會覺得很安心去談到各自背後有些什麼

事。很快的,我們的週例會雖然一如過往急迫,但就不再那麼緊繃。

情況的利害關係愈大,挪出受到保護的時段就愈重要。當期限逼近或是專案成敗涉及的利益極高,人就更厭煩於有人提出疑慮導致打亂了工作。如果不喊停,這種環境很快就會導致溝通停擺。

企業人種學家(corporate ethnographer;譯注:將人種學應用於企業的專家)萊絲莉・普羅(Leslie Perlow)針對一家成長中的網路公司做了研究,報告裡就講到這項陷阱。[4] 公司過去由創辦人以及一群東拼西湊的創業家經營,沒多久前才聘用了一群專業經理人。情勢很快就變得很清楚:創辦人和管理團隊對於公司走向的各方面意見大不相同。

組織有沒有未來繫於能不能找到平衡,他們知道需要達成共識,而且要快。普羅看著這家公司對外展現出一團和氣,掩蓋了重要的差異,僅在私底下對她承認他們覺得根本毫無進展,也沒有人想要講出他們真正的感覺,因為害怕開啟一個耗掉時間的蟲洞,導致拖慢腳步造成高昂的成本。但蟲洞並不會因為沒人敢打開就消失不見,這家公司九個月後就破產了。

我們都感同身受;當我們害怕自己要說的話可能會讓時間已經很緊迫的情況更危急,就會像這樣把嘴巴閉得緊緊的。若溝通空間僅剩專案會議,再無其他,要在這樣的環境下把話講出來會更有挑戰性。回顧過去,我和TFA團隊開會時壓力總是少不了。我的行事曆塞得滿滿的,他們也知道。我們有三十分鐘的查核時間,議程井井有條,涵蓋重要的後勤項目。就算他們覺得安全、可以講出自己的不確定或傳達疑慮,也沒有時

間或空間這麼做。

▶ 找對時機

提問的適當時機不必然是你想得到答案之時,而是對方能去找答案的時機;同樣的,絕對不是在他們要去上洗手間的半路上。

我有個十幾歲的女兒伊登,我總是想知道她的生活裡有哪些事、她最近過得怎麼樣。然而,我發現,如果在她放學回家後、甚至是吃晚餐時問她當天過得如何,我得到最好的答案就是「很好,爸。」如果我真的想知道細節,我得熬到很晚,超過我設定的上床時間,在她睡前到房間跟她一起混一下。那時候,她不僅願意跟我講話,而且她是真的想要這麼做。熬這麼晚總是會讓我隔天早上有點累,但是,能有這個機會和她聯絡感情,很值得。我喜歡聽她在學校裡發生了什麼事、她的朋友怎麼了以及她心裡想的所有事情。

我也很喜歡有人體貼地替我考慮到時機。我的投資人傑美‧麥姬(Jamie McKee)讓我和團隊決定例行性查核的時間區間,她說她信任我們對於何時需要查核的評估。她不希望我把一切工作拋下只為了應付緊急的查核要求;她知道如果她要我這麼做的話,我會覺得必須這麼做,這會削弱我們之間的關係。如果我相信團隊其他人也可以傳達與我相同(甚至比我更好)的資訊時,她也願意接受由他們報告。這是另一個拉平階級的範例。關於我們之間的交流互動,她不會讓自尊或權力進來攪局;她講得很清楚,我們是追尋共同目標的夥伴。

▶ 依他們的風格會晤

最後，你要考量哪一種溝通媒介效果最好，用這種方法來帶動連結。很多人偏好面對面可立刻交流，但對某些人來說這是最糟糕的形式，比方說，自閉症患者會覺得眼神交流或其他普通正常人的社交期待，讓人備感壓力。有些人覺得以文字媒介展開敏感對話比較自在，比方說電子郵件，因為這樣他們就有時間處理自己的反應，或是他們自覺不善於口語表達自我。有些人是在戶外散步時剛好聊起的對話中，最能把話講出來。無論是哪一種，如果你希望對方覺得很安心願意和你分享，你就要找到對他們來說最有效的溝通媒介。

針對聽眾微調溝通方式有一個比較微妙的面向，那需要**擴大我們願意接收的知識種類**。在很多專業型文化裡，大家唯一能接受的語言是冷硬的事實和數字。人們會認為，除非有完整的數據、縝密的論據和漂亮的解決方案，不然就不能把話講開。其他各式各樣的人性面知識，包括主觀觀察、個人故事、本能感受或難以表達的直覺，都被視為越界。但這些形式更微妙的洞見是很豐富的資料來源，無法善用會導致很多計畫失敗，數據再漂亮都沒用。

我記得，當我還是初級顧問時，有一回我看到一位資深顧問（他出身學術界）與一位名叫瑪麗的客戶（她辛苦多年從客服中心接線生一路當上客服部門主管）之間令人喪氣的交流。瑪麗試圖說明為何她的主管替團隊製造出很多問題，顧問則一直要她提出「數據與證據」以便「獨立評估」她的「主張」。因為交流受到阻撓，她沒有繼續講下去，反而因為沮喪而大

叫:「我就是知道,因為我人就在那裡!」然後一陣風似地衝出會議室。顧問願意接受的資訊類型很狹隘,導致瑪麗完全不想繼續說。我們從來無法得知瑪麗要說的事情全貌,這本來可能為我們的工作提供重要資訊。

反之,當我們請別人以任何他們覺得適當的形式(可能是故事、本能感受、圖像素描或比較傳統的數據資料)把想講的話講出來時,就是打開通道連上他們的經驗領域,那是我們之前無法得知的。這時,我們向對方發出接納與歸屬的信號,這是打造心理安全感的基石。

第二步,好好開場

如果我們先講出我們想要理解對方的意圖,而且,如果他們也認同我們是真的打開心胸想從他們身上學習的話,對方就比較可能講出對他們來說重要的事。要做到這一點,一開始要先解釋我們為什麼要問。直接講出來,對方就不用猜我們有什麼盤算,一開始就知道自己沒有被耍弄也沒有被誤導、進而講出不該講的話,讓我們之後可以用來對付他們。講出我們之所以提問的理由,有助於證明我們是真心想要或需要從他們身上學習。

這麼做等於提供一個**展現人性面**的大好機會,這表示你讓對方知道你很清楚自己的觀點有所侷限,你真心想向他們學習。[5] 當你要傳達你渴望(事實上,是你需要)向對方學習,你可以一開始就講出你的意圖,以下是一些例子:

第 4 章 營造心理安全感 119

- 「我想要聽聽你的想法,看看我遺漏或忽略什麼⋯⋯這會幫助我們一起做出更好的決策⋯⋯」
- 「我認為你是從與我不同的角度得出這個結論,這非常重要,我必須理解,因為我在這件事上的觀點很有限⋯⋯」
- 「我很確定,如果能獲知你的獨特觀點,我們將會找到更好的解決方案因應這項挑戰,因為我很可能沒考慮到所有重要因素⋯⋯」

我請教過新聞記者亞曼達・瑞普立,如何幫助接受她訪談的人覺得自在、願意敞開心胸說話;這個時代有很多人不信任媒體,要做到這一點尤難。她說:「人想要知道的第一件事就是:你的盤算是什麼?」瑞普立在記者生涯早期就對我講過,她習慣戴上中立的面具,以掩飾她的政治觀點其實和受訪者大不相同,然而,長期下來,她發現這麼做其實讓受訪者更懷疑她到底想幹嘛,因此,現在她要採訪世界觀天差地別的對象時,她一開始會先說:「請聽我說,我住在華府,我認識的人幾乎每個都是民主黨人,我不太知道你在懷俄明郊區的生活會是怎麼樣的,但我會盡我一切努力去傾聽,如果我問了很蠢的問題,我先道歉。」當普瑞立用這種話開頭,就卸下了受訪者的武裝,他們可以看的出來她是真心跟他們分享,他們也會覺得更能自在地坦白和她談。

同樣的,講到關係時會先「亮出他們的底牌」的投資人,也讓我相處起來最感自在。當我更理解他們的世界,也就會開始明白他們做的每項投資都影響他們的成敗,包括他們的目

標、他們的名聲、他們完成下一樁投資的能力。換言之，我的成敗（這不是他們能掌控的）實質影響著他們的成敗。他們在各自的機構裡有必須要達成的目標，有仰賴他們的員工要照顧。此外，他們通常深刻感受到與所投資組織肩負的使命緊密相連，希望能看到實質的效果。還有，他們跟我一樣，也懷抱著雄心壯志想要為這個世界做點好事。我愈是理解他們的「幕後」世界，就愈能看到我在這些關係裡擁有的權力超過我自認的程度。他們不太像是主宰我的奧茲大帝（Great and Powerful Oz），比較是和我一起走在黃磚路上的夥伴（譯注：童話故事《綠野仙蹤》裡的主角要沿著黃磚路走到奧茲國，以求實現理想），我們的命運緊緊相繫。

如果好好開場的力道這麼強，為何這麼多人都猶豫不決？我注意到三個常見的理由。

太過聚焦在效率上：你要答案，現在就要！你甚至替對方擔心，怕耽誤人家的時間。因此，你單刀直入，馬上切入問題。然而，要展現你很尊重對方的時間，比較好的方式是讓他們理解為何這次對話很重要，而且，他們把話明講並不會自傷，而這些都需要你解釋你的理由動機。你花三十秒說明你為什麼問以及為什麼你需要他們提供意見，不管對你或對他們來說都很值得。

不想示弱：暴露出自己在知識上有落差，或者承認對方擁有你在他處無可覓的資訊，可能讓人不好受。會陷入不想示弱的陷阱可以理解，但委實可惜，因為示弱事實上會讓對方更輕鬆。

我問普瑞立當她把底牌亮出來、告訴受訪者自己對他們的

生活所知甚少時,她有什麼感覺。「很不自在,因為你會想要掌控權。這麼做卻有點像是老師跟學生說自己不知道答案,是放掉掌控權。」這讓我想到的是,一個習慣於擔任提問方的記者要承認自己的無知仍會感到很不自在,想一下對其他人來說這有多困難。一開始就講明了我們有所不知以及我們為什麼需要別人講出來,可以視為一種權力轉移的形式(或者至少是權力分享),對於習慣握有控制權的人來說,可能會覺得這非同小可。

還有,這麼做可以減輕社交威脅,因為當中透露出了歸屬與互相依賴的訊息:你這是在說,我需要你;你擁有一些很重要值得分享的資訊,我很重視。如果自己分享資訊的價值受到肯定,任誰都會覺得更有安全感而願意講出來。一項研究找來團隊做解決問題的練習,總共有資深企業高階主管、軍校學生和某個虛擬聊天室成員等各組人馬。練習之前,某些團隊會收到提示,提醒他們自己有哪些社會價值。無論組成成員是資深企業高階主管、軍校生還是線上聊天網友,「被肯定」的團隊比較可能自願提供資訊,也會自報感受到心理安全感。此外,他們比其他團隊更常成功解決問題,比例高了一半。[6]

不想讓他人產生偏見:很多人,尤其是握有權力的人,很擔心一開始就講出自己的觀點會讓對話走偏方向。但是,針對問題提出背後的脈絡可以提供重要資訊,讓對方講出更多有用的資訊。如果要對抗偏見的問題,你可以把話講得很明白,直指你的立場是坦誠的回饋意見,而非加油吶喊。

舉例來說,萊恩是一位執行長,他的公司在瞬息萬變的產業裡飛快成長。他和很多處於類似情況的領導者一樣,很難讓

相對新任的高階團隊配合他的策略走向。最近,他請我針對一場即將召開的會議為他提供意見;他希望在這場會議裡讓高階團隊好好思考一項關於重要策略轉折的大決定。他原本的計畫是攤開所有策略性選項,包括他已經駁回的項目,之後要求每個人陳述意見,心中的期待是要契合他的轉變計畫。但我指出,這麼做很不真誠,此外,這種做法不太可能徵求到萊恩最需要的:由高階團隊針對萊恩打算走的路以及選擇這條路的理由提出有用回饋意見。

　　思考過我的建議以後,萊恩修正他的做法,然後去開會。他簡短地和團隊講了他駁回的策略性選項,說明他比較喜歡的選項以及背後的理由。他不再要求他們挑一個,而是要求他們幫忙他檢視自己的想法。他對他們解釋:「我是基於這個理由認為做這樣的轉變是正確的方向,我是出於那個原因才認為其他的替代性方案都不對⋯⋯現在,我最需要你們做的是,幫助我看看我有沒有漏掉什麼,以及還有沒有更好的前進之路。」

　　團隊仔細聽萊恩的理由,然後迫使他面對一些他自己都沒有意識到的錯誤假設。他們指出,萊恩想要放棄的選項有一些優點,這些可以納入他的新方向。他們同心協力,就萊恩一開始的轉型提案做出一個修訂版,當中納入了他們的論點,但仍符合他的基本策略意向。萊恩從團隊的身上學到很多,如果他不把自己的意見講出來的話是做不到的。

　　最後,來看看以下這個非常大方的開場法:讓對方知道你對他們想討論的事情抱持開放態度,不限於你自己的議程。高階主管教練傑美・希金斯說這種方法叫**設定共同議程**。希金斯建議,可以用「我們或許可以來討論一些對你來說很重要的

事?」這句話的各種變化形開始對話，讓對方知道你也很在乎他們的優先順序，打開了心門讓你們進一步分享對雙方來說都很重要的事。我在最近一次和投資人會談時我說：「我想要討論三個議題，但我也很好奇一件事：你有沒有想要談的事情？」他說：「其實我希望聽聽你對於我目前面對的內部管理挑戰有何建議。」如果我沒有在我們的議程中打開空間容下這件事，我不確定他會讓我知道他面對的困境、或者講到後來才知道是我們當天討論中最重要的事項。

第三步，展露韌性

講到讓我覺得有安全感的投資人，我之前提到的傑美‧麥姬是當中的佼佼者。投資啟動後我們第一次召開查核會議時，我做好準備，列出了最新進度與幾個要和她談的問題去開會，但當我正要開始時，麥姬插了話，講出我從來不曾自任何投資人口中聽到的話：

「在你告訴我最新狀況之前，我想要跟你分享我的投資哲學。」她開始說，「我知道你很可能認為我想要聽到你的專案一切順利，但事實是，我一開始的假設是，事情的進展可能不如你當初向我推銷專案時所講的那樣。」

我暗自鬆了一口氣。知道麥姬真的願意與我站上第一線共患難，讓我和她合作起來更輕鬆。

她接著說：「如果你擁有精準預知未來的能力，你就不會做這一行，你大可去買樂透或是賭馬。我知道事情不可能按你一開始的預期走，你的進度可能比預想要更快，而我也預料你

將面對各種各樣意想不到的波折。我想聽那些,如果你告訴我一切都跟你當初預計的一樣,我會起疑。」

麥姬邀請我坦誠對話,並信誓旦旦說不管我告訴她什麼事實,她都可以接受。這個簡單的舉動,化解了我對於她想聽到什麼自行做出的任何假設,讓我更安心和她分享不那麼亮麗的資訊,這些資訊對於她全盤掌握專案狀況來說非常重要。結果是什麼?我們兩人談完之後都更能務實理解專案現況,也深化關係中的信任。

麥姬傳達了她的韌性。她沒有在一開始出現面對挑戰的徵兆時就躲開,反之,她預期這些正是邁向成功之路的過程。這是要讓別人自在地把話說出來的要素:你要保證你受得了,之後要用行動證明。

▶ 騰出可討論空間

我們效法麥姬,讓對方知道我們知道他們可能有一些想要表達、但認為我們不想聽或視為禁忌的想法或感受。讓他們明白我們都懂,還有,很重要的是,我們不會對於他們有這種想法或感受大驚小怪,這就**騰出可討論空間**。這有助於向對方證明我們可以接受他們要講的事實。可能的說法包括:

- 「如果我處在你的立場,我可能會覺得很沮喪,甚至很怨恨。如果你也有這種感覺,我完全理解,請不用憋在心裡不說。」
- 「我明白你可能認為我完全想錯了,如果是這樣,我想要聽聽看你的說法,並願意重新想一想我的假設。」

- 「我理解我們在這個劍拔弩張的議題上立場不同,不管能不能改變對方的心意,我希望你知道我真心誠意想要了解你為什麼這麼想,以及我忽略了什麼。」

還記得嗎?海蒂‧格蘭特博士的研究指出,人的大腦記錄痛苦社交威脅(例如提出批評性的回饋意見)的方式,和記錄生理痛苦並無二致。嗯,格蘭特的團隊進一步發現,有一個很簡單的方法可減輕對方的認知壓力:**明白講,請對方提供回饋意見。**[7] 要求對方提出坦誠的回饋,是另一種騰出可討論空間的方法,這傳達了我們有足夠的韌性,就算事實讓人不安,也可以面對。

如果以前有人和你分享想法時你會起防衛心或是本能反應激烈,你可能需要重新設定。亞當‧格蘭特(Adam Grant)寫作時會在前言的地方就請求讀者提供回饋意見,自承雖然他不見得一定會心甘情願接受批評,但他是真心想要也需要。他注意到,先請對方提供回饋意見再進行對話,可以大大增進他得到的回饋品質。格蘭特教授說,現在他的審查員會給批評性更強的意見,因為他們明白「批評我不會讓我覺得受傷,不批評我才會讓我覺得受傷。」[8]

▶ 處理自己的本能反應

如果你真的準備好願意聽對方打開天窗說亮話,可考慮應用「克羅克法則」(Crocker's Rules)。程式設計師李‧丹尼爾‧克羅克(Lee Daniel Crocker)是維基百科(Wikipedia)早期最著名的協力作者,他希望釐清人們在傳達主張時出現的混亂與混

淆，同時也保護另一方的感受，因此他訂下克羅克法則：當你承諾遵守本法則，代表你是在要求對方為你提供不經美化的參考意見，而且你承諾當你因為對方說的話而產生任何本能反應時，不會歸咎於對方。這是向對方保證，他們可以暢所欲言，不要考量你對這些話可能會有什麼感覺。這不適合膽小的人，但確實可以讓對方把話講開。（作者註：你遵守克羅克法則，不代表你可以用這種方式跟別人說話，除非他們提出類似的要求。）

如果要用比較溫柔的方式向對方保證講出來很安全，你或許可以這樣說：

- 「我知道要分享批評性的言論不容易說出口，我保證會專心聽，並把你講的話當成禮物全心接受，就算不好聽也一樣。」
- 「有時候，坦白並不容易，但我希望你知道我真的很重視你在這件事上能開誠布公。」

用這種事前主動的方式，來處理他們對於你可能會有什麼反應的憂慮。當然，這唯有你信守承諾才有用；我們會在第 6 章和第 7 章再回頭來討論這一點。

如果我們不能主動營造心理安全感，對方就愈不可能有動機願意坦誠與我們分享。我們的任務，是不管對方要表達什麼，我們要盡量讓他們覺得自在、輕鬆且有動力去把話講出來。我們可以利用本章提到的各種策略做到這一點。

現在，我們知道如何營造心理安全感了，接著就準備提出高品質問題了，那也是第 5 章的主題。

重點摘要

重要問題：如何讓別人更容易告訴你難以開口的事？

要讓人覺得安心、願意把話講清楚，請遵循以下的安全感循環：

1. 第一步，建立連結，和你想要學習了解的對象先搭上線：
   - 強化深化對彼此的理解。請他們分享一些生活或經驗部分，然後你也講出你的。學著把他們當成一個同樣具備複雜性的全人來看待（並幫助他們用這種角度來看待你）。
   - 找到適當的空間。如果有權力上的差異，要避開強化差異的地方。去散散步，去咖啡廳，去他們的地盤。
   - 騰出時間。盡可能放慢腳步。騰出超過必要程度的時間。選擇雙方都可以全神貫注進行對話的時間。
   - 在他們的起點等他們。要使用讓對方覺得最自在的交流模式，包括媒體的選擇（文字、電話、親面）以及分享的格式（例如數據、故事、感受）。

2. 第二步，好好開場：
   - 讓他們理解你的觀點與你的打算，知道你為何問他們問題。
   - 願意示弱，承認你卡住了、你有所不知以及你為何需要向他們學習。
   - 承認你的觀點有侷限，展現人性面。
   - 創造出「共同議程」，騰出空間容納他們的興趣與利益。

3. 第三步，展露韌性：
   - 傳達不管他們說什麼你都可以接受，尤其是難以啟齒、尷尬或禁忌的主題。
   - 明確講出你想要獲得不同於己的批評性回饋與觀點。
   - 你要自己處理你對於他們所講的內容產生的本能反應。

互動練習

4A 請回顧過去，想一想你很確定對方並沒有完全告訴你他們所感、所信與所知的關係與互動交流。把安全感循環當成診斷工具，幫助你理解為何他們不覺得自在、輕鬆或有動力想要開放心胸和你分享：

- 建立連結：
  - 他們實際上覺得和你的連結有多緊密？你對他們的感覺呢？
  - 進行交流的空間、時間、格式和模式是否讓他們覺得很自在？
- 好好開場：
  - 你是否坦白說出你進行本次對話的動機以及你打算從他們身上知道什麼？他們理解你的期望以及背後的原因是什麼嗎？
  - 對於你需要他們提供意見，你是否覺得自己很脆弱，你又有多真心？

- 展露韌性：
  - 你有講清楚不管他們説什麼你都能接受嗎？
  - 你有沒有傳達你不會要他們對於你的情緒反應負責？

4B 展望未來，想一下你有沒有對於之後哪一次重要的交流互動感到不確定，因為你不知道對方會不會覺得安心、願意對你講真話。請把安全性循環當成規劃工具，幫助你讓他們覺得更安全、輕鬆且有動力和你分享：

- 建立連結：
  - 你要如何讓彼此建立起真正的連結？
  - 你如何確認交流的空間、時間、格式和模式適合他們？
- 好好開場：
  - 你如何在對話中坦白説明你的動機以及你想從他們身上學習或和他們一起學習的理由？
  - 你如何容許自己脆弱，並且真誠面對你需要對方的意見？
- 展露韌性：
  - 你如何傳達無論他們説什麼你都能接受？
  - 你如何傳達無論他們説什麼，他們和你之間的關係都很安全？

第 5 章

提出高品質問題

如何提問最能善用被徵詢者的智慧

我第一天去為美國而教（TFA）上班，見到執行長溫蒂・柯普（Wendy Kopp）時問了她一個問題：「溫蒂，你在這個組織裡看過很多人來去，有些成功創造出大不同的局面，有些人則苦苦掙扎。我想聽聽你的建議，看我要怎麼樣在這個職位上發揮最大影響力？」

我永遠忘不了柯普的答案。她說：「在很多組織裡，人們會感受到壓力，是因為他們要表現出自己知道所有答案的樣子，我不建議你在這裡這麼做。你將會面對很多你完全不知道該怎麼辦的挑戰，有時候，人覺得真的很難做事，甚至很痛苦。我給你的建議是，在這些時候，不要試著表現出你知道所有答案，反之，要問問你身邊的人，請他們告訴你你漏掉什麼。問問他們，看他們會怎樣處理你的挑戰。請他們幫忙。如果你想要在這裡做出不一樣的局面，不要害怕提問。」

如果你跟多數人一樣，讀到這一章時的你，過去要不就是問的問題不夠多，就不就是問出的不太對。

然而，「問題」是這個世界上最強而有力、但也是最沒有受到善用的萬用日常學習工具。當我們探出頭去，邀請別人提供意見和觀點，很多最糾結的問題也得以解開。但對多數人來說，陷入泥淖時，提問並不是我們的第一站。

　　我們來看看艾薩克的例子，他是一家醫療保健公司的執行長，正努力透過有效率、對用戶友善的科技把醫療保險市場變的更可親。艾薩克碰上一個很麻煩的問題，你過去或許也曾經歷過：他仰賴的人不能堅守對他許下的承諾，但這些承諾對於企業的使命來說非常重要。艾薩克必須繼續下一輪的資金籌募，才能在未來三年擴大他公司的影響力；董事會下面的一個子委員會同意幫他這個忙。但是，委員會成立之後幾個月，委員們做的事是……一事無成。他們本人並沒有注入更多資金，也沒有號召自己的投資人朋友圈。艾薩克推動他們、敦促他們、勸哄他們，用盡一切方法激勵他們去做該做的事，以免他燒完這一輪的資金。

　　經歷了幾個月的憂心和焦慮之後，艾薩克終於選擇抱持好奇心。他體會到自己並不知道為什麼他們不做他需要他們做的事，他開始設想：他們有什麼事沒告訴我？

　　最後，艾薩克鼓起勇氣，請其中一人坐下來，好好請問對方。他選擇了適合一位董事安娜的時間與地點；他認為，安娜是這群人中最直接了當的人。他沒有選擇其中一人的辦公室，反而去了一家本地餐廳，這裡是中立地帶。我們在這一整章裡會不斷看到，艾薩克就在這一小時裡從安娜口中聽到了很多重要資訊，了解董事實際上的想法是什麼；如果他沒有展開行動提出問題，這項資訊原本會隱而不見，真是讓人沮喪。他

離開時不僅鬆了一口氣,更明確且務實地感受到未來該怎麼前進。

還有另一件事也出乎艾薩克的意料:他和安娜在會談當中變的更親近了。艾薩克發現,問題還有第二種神奇的力量:問題可以培養關係。用正確的方法問出的適當問題,是一種鄭重的邀請。問題是敲門磚,是一種進入別人內心世界的私密請求,開啟了在提問之前並不存在於雙方之間的學習管道,這樣的學習又可以創造出新的可能性,以利雙方理解彼此、在個人層面建立連結並導向豐碩的合作關係。

為什麼我們的題庫如此有限?

你可能有一些你很仰賴的常用問題,我就經常看到有人使用「請幫助我理解」。但以多數人來說,與我們所處的情況範疇、我們面對的挑戰以及我們可能學到的事物廣度相比,我們的常用問題可說是非常狹隘。我在本章最大的希望,就是幫助你拓展你的高品質問題寶庫。

我們天生就有提問的本能。第 10 章時我們會講到,小孩天生好問,但隨著我們慢慢長大成人,很多人不再提出實質的問題,問來問去都是「洗手間在哪裡?」以及「他瘋了嗎?」、或者再多一、兩個我們個人的常用問題。一項意見調查發現,以他們訪問的兩百位企業高階主管來說,只有 10% 到 25% 的交流中問出實質的問題。[1]

有些原因和人的神經系統設定有關。我們會針對身邊的世界發展出心智圖,裡面有千百萬條神經捷徑,讓我們可以在瞬

間衝上理解之梯,節省時間和寶貴的認知資源,轉而用來做計畫、做決定與監督新的資訊流入。

然而,主流文化也合謀對付我們。1877年一份禮儀指引提出的建議,也和今日人們的態度相去不遠:「別提不恰當的問題;在這項之下,幾乎囊括了所有問題。有些禮儀權威甚至會說禁問所有問題。」**²** 我們也擔心,提問會讓我們變成愛打探隱私的人或粗魯的人。在此同時,我們接受的教導是隨時隨地都要「表現出」信心與確定,尤其是在競爭激烈的學術與企業場合中,因為我們在這些地方面臨證明自我價值的壓力。在這些環境中,提問會讓人覺得是自成不完美、有弱點或是很無知,和人們根深蒂固認為有能力的人應該有的樣子完全相反。

很多人長大成人後變得羞於提問。我剛剛成為摩立特的新進顧問時,一位名叫山姆的合夥人對我們這些新人發表演說。他說:「我訂了一條六個月規則。在這裡任職的前六個月,隨你們高興問我任何問題,可以是天真的問題、愚蠢的問題,什麼都可以,你問就對了。但六個月之後,僅能問我你自己查不到、問同事也問不到這種無法靠自己找到答案的問題。」任職短短四個月之後,我就和山姆一起在會議室開會,並決定採用他的六個月規則。我一直搞不清楚保險業裡一個和財務會計有關的商業術語,但他一直在用。因此,我問他能不能解釋這個術語給我聽。他看著我,臉整個轉紅,然後他大喊:「你不應該問我這個問題,你自己去找答案!」但我想,我還在寬限期耶!然而,我只能說:「好的,我很抱歉。」

人若因為提問而在學校裡、在家裡或在職場上遭到訓斥或嘲弄,提問就不只是風險,而是危險了。無論是因為年齡、種

族、性別或組織階級中的地位等因素,一個人若處於弱勢地位,會更覺得提問風險大,而且長期如此。我們到了第 3 部會談到這如何影響團隊、家庭與學校的運作。

糟糕的問題不算問題

我在職涯早期花了千百個小時翻閱文字稿,分析人們最難以開口的對話,如果你也像我這樣做過,會在當中找到大量的問號。對,人會問很多問題,但多半都會落入以下三類之一:不得體的問題、鬼鬼祟祟的問題和攻擊性的問題。我把這些稱之為「糟糕的問題」。

不得體的問題或許立意良善,但用字遣詞馬上關上了探問的大門,阻礙了學習。這類包括封閉式的問題、修辭性的反詰問題和深埋在敘述裡失蹤的問題。以下就有一個範例。

佛瑞德:「我們要漲價,對吧?所有成本都上漲了,我們得維持穩定的毛利。」

蕊娜塔:「真的。」

佛瑞德在這裡做了兩件事很不得體。第一,他使用「對吧?」來講問句,在最好的情況下聽起來也就是修辭而已。他提問時的用詞,讓蕊娜塔除了認同他之外很難去做什麼。此外,他在提問之後還講了兩句話,沒有給她任何回答問題的空間就逕自講下去,顯示他其實不在意她的答案,比較像用問題的形式「告知」。到最後,他不知道蕊娜塔是不是真的認同他。事實上,就算她說「真的」,也不太聽得出來她是不是確實認同。這種事一天到晚都有。

另一方面，鬼鬼祟祟的問題本來就不是為了學到任何事，而是用於影響、說服甚至是操控別人。我們看到庭審律師總是耍這種花招，提出問題導引證人（比方說「你難道不同意……？」）。有些時候，人不想用直述句來主張自己的觀點，因此用問題來講（「你不認為如果你今天晚上待在家裡會比較好嗎？路上都結冰了。」）。最後，有些人會使用「緩進」（easing in）策略，把問題疊在問題上，參見以下範例：

丹特：你認為你要求的時程可行嗎？

有紀：我認為可行。

丹特：你有考慮過在第一階段建置專案要花多少時間嗎？

有紀：唔……

丹特：你確定我們可以整備好所有的人力嗎？

在這個情況中，丹特顯然認為有紀要求的時程行不通，問題是，他不直接表達說出來，而是問了一個又一個問題，想要把有紀導到他的結論上。有用嗎？在某些情況下可能有用，但這樣的提問法不太可能會得到有意義的資訊，無法得知有紀實際上所想、所感或所知。如果丹特握有的權力高於有紀，那更別想了。

鬼鬼祟祟的問題雖然有時候達成原本設定的目的，但這是操弄，被操弄的人通常也知道。被人操弄總是不好受。

最後，攻擊性問題是我們用來突襲別人的武器。

這類問題的範例如：

- 「你為什麼會認為這是一個好主意？」
- 「你怎麼有可能相信這種事？」

- 「你為什麼不能更體貼一點？」

攻擊性問題傷人、冒犯人，或者會激起對方的防衛心。這些問題都無法促進學習，更遑論建立正面關係。

有時候，我們會帶著正面意圖發問，但問出來卻像是攻擊性問題。提問專家暨《大哉問時代》（A More Beautiful Question）的作者華倫·伯格（Warren Berger）提點我，他說以「為什麼」起頭的問題就算出自於真心的好奇，也特別容易聽起來像是攻擊性問題。來看看桃莉的例子；她是主管，憂心忡忡地監督她的員工羅斯並問他：「你為何這麼做？」根據桃莉的語氣（再加上兩人之間的權力落差與各自的認同感差異），可想而知羅斯會覺得桃莉的提問是在批評，感覺上是在指控他做錯了。

高品質問題帶來學習

如果說，糟糕的問題（不得體、鬼鬼祟祟和攻擊性）是阻礙而帶來學習，那，有什麼其他選項可選？替代方案就是提出我所謂的**高品質問題**。

高品質問題幫助我們從被徵詢者身上得到重要的資訊。

高品質問題有以下特質：

- **透露真誠的好奇心**，反映出想要從他人身上學習與理解對方的誠懇意圖，而不是為了證明自身觀點、影響對方或矯正對方。

- **明確且直接**,沒有隱藏、層疊或混淆不清的意義,因此無須其他證據便知道發問者想要問的是什麼。
- **請求對方坦誠相告**,讓對方盡可能感到輕鬆,讓他們不用管發問者對他們的答案會有什麼感覺,都願意坦白講。
- **善用對方所有故事**,讓潛藏的意義、理由、情緒和經驗都浮上檯面。
- **創造共同利益**,彼此都對於有益的雙向對話有所貢獻,每個人都在當中有所學習,結束對話時也能夠理解自己與他人。

當你考慮使用我在本章中建議的高品質問題時,素來的文化訓練可能會觸動你的心理警鈴:這些問題不會讓人難堪嗎?答案是,有時候可能會,但你為了營造心理安全感所做的一切可以騰出空間,把不自在安放在這裡。

還有,你要想一想的是,你的憂心恐怕大部分都是想像出來的。認知科學家艾娜芙·哈特(Einav Hart)、艾瑞克·范艾普(Eric VanEpps)和莫里斯·史威瑟(Maurice Schweitzer)花費多年,研究他們口中的「敏感」問題:這指的是可能會讓人覺得不自在或不適合討論的主題。他們發現,人們不問敏感性問題的原因之一,是他們一直高估了自己會讓對方覺得不安的程度,哈特說,實際上,「人被問到敏感性問題時,通常不像我們想像中那樣覺得受到嚴重冒犯,他們其實沒那麼在乎。」事實上,人們通常很高興被問到這些比較深入的問題![3]

在理解之梯上下求索

還記得我們第 3 章討論過的架構理解之梯嗎?我們在處理自己的想法和感受時,會急著想要在自己的階梯上往上爬,別人也是。他們會選擇一小部分的情況,處理情況時去解讀自己選擇的少數資訊,然後得出結論。如果我們想要真正理解他們的觀點(亦即他們的故事),就有必要知道他們的階梯完整的樣貌(圖 5-1)。

傾聽對方內心頭條

> 你覺得這項關於 ＿＿＿＿ 的提案怎麼樣?
> 你覺得我們在 ＿＿＿＿ 這方面應該怎麼做?
> 你是從哪裡想到 ＿＿＿＿ 這個問題?
> 在這個情況下,什麼事對你來說最重要?

人們通常不會告訴我們他們的內心頭條是什麼,這真是很讓人訝異。內心頭條指的是階梯最上方的資訊:是他們對於一件事的主要或首要觀點。對方不明說,即便並非故意,但就會讓人覺得有所隱瞞。為什麼他們就是不肯明講內心頭條?可能他們覺得那明顯之至,可能他們覺得要跟我們講他們得出什麼結論很讓人不安,或在文化背景上顯得太超過。無論理由為何,詢問他們的內心頭條是什麼可以消弭猜測,通常會讓對方直接講出來。

圖 5-1

```
他們的故事
  ↓
得出結論 ········ 傾聽對方內心頭條
  ↓
詮釋資訊 ········ 深入挖掘
  ↓
挑選資訊 ········ 看到他所看到的
─────────────────
     完整情況
```

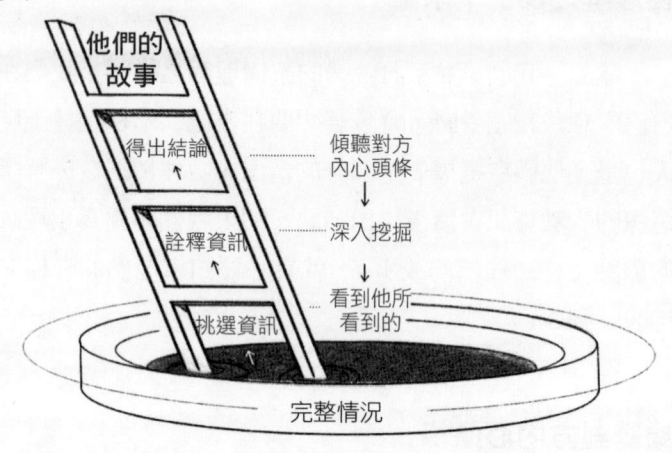

艾薩克決心找出是什麼原因讓他的董事會雷打不動，他和安娜相約在一家他們兩人都喜歡的本地餐廳吃晚餐。在稍微閒聊之後，他把話題轉移到他想問的主題。「我很高興你撥時間跟我聊，我也希望我們能坦白談一談我們募資委員會遭遇的挑戰，」他說，「希望你可以不吝告知所你的所有觀點，不用過濾，不用擔心會傷害我的感情。我們挖的愈深，對於我們共同的成就愈有幫助。」

他對安娜提的第一個問題，就是為了傾聽內心頭條，綜觀安娜的想法與感受。「安娜，你知道我已經請你和委員會裡的其他人幫忙下一輪的募資行動，但從引介數目來看，到目前為止我們沒有太多牽引力道。我可以做很多猜測，但我想直接問你：你認為發生了什麼事？」

安娜回答：「對，我也一直在想這件事，並和其他董事討論。我們認為，策略可能需要稍做調整。」

艾薩克聽到安娜的回答時，他覺得鬆了一口氣，但同時也很沮喪、很困惑。他鬆了一口氣是因為他沒瘋，確實是有一些事阻礙了他的董事會去做他需要他們做的事。然而他也很沮喪很困惑，因為他們已經開了無窮無盡的會討論，也為了下一輪的募資調校了策略。

他深呼吸，選擇繼續抱持好奇心：「你說策略需要稍做調整是什麼意思？你能再多講一點嗎？」

安娜繼續說：「我們真心信服你的領導和公司的使命，但我們很擔心策略。我們之前討論過，這個市場愈來愈擁擠，因此，我們愈來愈難讓公司提供的商品脫穎而出。」

艾薩克心想，啊哈。他一開始聽到她講的話時，他以為她不接受的是募資策略，但她現在釐清了她講的「策略」是什麼意思，他理解了她的顧慮其實更深，重點在於公司的產品本身。艾薩克現在懂了，如果這些人不認同科技的走向，他們對於幫忙籌募下一輪資金興趣缺缺也是合情合理。對艾薩克來說，這是第一個靈光乍現的時刻。

深入挖掘

> 你為什麼會有這種感覺？
> 你可以帶領我徹底理解你的思考過程嗎？
> 什麼原因阻礙你（去做 _____ ）？
> 你試著解決哪些疑慮？

聽到對方的內心頭條之後，我們就有了進展。然而，這還不足以知道他們最首要的想法和感受是什麼；要知道裡面的東西，就要**深入挖掘**。用階梯的語言來講，更深入挖掘指的是要跟他們一起爬下他們的階梯，理解他們是怎樣詮釋資訊才得出結論。

問「**為什麼**」是一個很明顯的起點，但以「為什麼」起頭的問題有時候可能聽起來像是一種攻擊，無助於提供任何框架導引對方的思維。很多時候，人也不太清楚自己為什麼這麼想，更具體明確的問題會讓他們更深入挖掘自己的理由。作家暨領導學專家瑪格利特．惠特理（Margaret Wheatley）說：「對話是一種讓人類能一直憶起思考的方法。」[4]

《哈佛這樣教談判力》（Getting to YES）是討論雙贏談判的先驅，書裡講了一個故事，簡潔有力地掌握到**深入挖掘**可以帶來共同價值的概念：兒女在家中為了爭奪最後一顆橘子吵了起來，媽媽用「武力」解決衝突：她把橘子切成一半。女兒拿了她那一半，趁新鮮吃掉，然後把皮丟掉；與此同時，兒子把他那一半的橘子皮拿來調味，做成蛋糕，鮮果肉則丟棄。就因為大家都懶得問為什麼要搶，每個人得到的都變少了，浪費一半的橘子。[5]

如同故事闡述的，每個人的結論（**我要那顆橘子！**）和影響他們立場的根本理由、利益和疑慮大不相同。[6] 我發現，這是一個很棒的創意起點，因為我一旦找到對方的結論、想法和觀點之下有什麼，我就可以和他們結盟，思考出許多可能的方法來處理他們的憂心，同時也考量我自己的利益與顧慮。

講回咖啡廳，艾薩克知道需要更深入挖掘以了解安娜為何

認為他們的產品沒有競爭力。他冷靜地說:「我完全同意市場很擁擠,但我們策略已經指出,即便競爭愈來愈激烈,我們還是可以用一些方法凸顯我們的獨特之處。我很好奇,想要知道你基於什麼理由而有不同的看法?」

艾薩克的回應,讓安娜知道他並不只是要說服她,而是真想想理解她想什麼。因此,她接受了他的說法,講出她與其他董事思考了一陣子、但從沒跟他說過的事:

「艾薩克,老實說,我們的產品沒有哪一項特色足以脫穎而出。我們的成本高於競爭對手,我們的產品比較難用。我們都相信我們比競爭對手好,但顧客真的這樣覺得嗎?」

安娜的直言不諱讓艾薩克有點驚訝。雖然她一如過去般直接,但他以前從沒有聽過她或其他董事講到這麼坦白。他心想,*現在我們真的聊出點東西了*。這些話聽來讓人難堪,也讓人有點擔心,但是他很高興能知道她真正的觀點。

他仍不認同她的想法,但想先確認他是不是聽對了她的話。(我們會在下一章再來詳細討論傾聽)。

「等一下,安娜,你是說你懷疑我們的產品到底能不能成功嗎?」

安娜:「算是吧。這並不是因為產品很糟,事實上,很棒,但市場已經很擁擠了,產品本身也沒有足以出類拔萃之處。我之前在其他產業就看過這種事,像我們公司產品這樣的東西被忽視,市場的滲透度不夠,無法創造大成功。」

安娜看起來好像還有話說,但停了一陣子。艾薩克想插話,但是他決定等一等,看安娜會不會繼續說下去。她說了:「我們的產品有太多競爭對手,很難活下去。」

安娜的話很刺耳,部分原因是他現在才知道董事居然對他的產品很有疑慮,另一部分則是他發現他們從沒跟他講過。然而,艾薩克很感謝他終於知道他們看到的實質障礙是什麼。

看到他所看到的

> 你能舉一些例子讓我知道嗎?
> 有沒有哪個故事可以闡述你要講的意思?
> 有沒有哪些數據可以為你的想法提供參考?
> 那時候你有發生什麼事嗎?

等到我們挖到他們的理由、利益和根本的感受,爬下他們階梯的最後一步是理解他們的「情況」,尤其是要知道哪些資訊和經驗構成了他們的觀點。

他們總是會有一些我們沒有的經驗或數據。我把這套策略稱之為**看到他所看到的**,這套方法很有效,可以找出我們需要知道的訊息。有些人偏向美國心理學家傑羅姆·布魯納(Jerome Bruner)所講的分析導向,當對方要求提供「資料數據」時他們輕鬆應對,有些人則比較偏向敘事導向,會以故事或人生經驗來思考他們看到的東西,[7]很重要的是,你問的問題要營造出空間,容納人們的各種不同導向。根據人以及情況的不同,你可以問問看他們願不願意講個故事、舉幾個例子或是提供一些形塑他們思考的資訊數據。

喝第二杯咖啡時,艾薩克明白如果他要讓安娜改變心意

（或者提高公司成功的機會），他就要看到她看到的。他和他的董事會過去對公司的業務講出的是同一套故事，但現在，顯然他們的故事不一樣了。艾薩克問：「安娜，你可以舉幾個你想到的競爭對手例子嗎？」

安娜點名三家也把具競爭力產品帶入這個領域的公司，艾薩克接著分享他對這些產品的看法，以及為何他們公司不僅在科技上超人一等，也更契合顧客口中未來想要的產品。「你覺得我太樂觀了嗎？」他補充問道。

安娜說：「嗯，我們實際上有證據支持嗎？」這又是另一個靈光乍現的時刻。對於自己一開始的疑惑：他們還有什麼沒跟我說？艾薩克現在有預感覺得自己知道答案了。他決定攤開來講，並且稍微修飾一下他的用語，以免他講錯話。

「安娜，如果我和你易地而處的話，我可以想像當你不確定我們有證據可證明我們有競爭優勢時，可能會覺得幫助我募資的風險很大。你和其他董事就是因為這樣才猶豫不決的嗎？」

安娜深呼吸，然後說：「你說對了。另外也有一些更深層的考量⋯⋯」

從這裡開始，艾薩克和安娜便開誠布公談市場試水溫、競爭對手研究以及產品本身要有哪些結果，才能讓董事會覺得有信心幫忙籌募下一輪資金。艾薩克詳細記了筆記。最後，他有了一些具建設性的方向可以思考，要不就提出更有說服力的論據告訴董事會說他們已經準備好了，要不就回實驗室做更深入的產品開發工作。有很多資訊要處理，但整體來說艾薩克覺得腳步站的更穩了，也比幾個月前更確定接下來該怎麼走。

釐清混淆

> 你能否說明你說的「　」是什麼意思？
> 你如何定義「　」？
> 當你說「　」時，你的意思是（A）、（B）還是完全另有所指？

英國劇作家蕭伯納（George Bernard Shaw）講過一句很諷刺的名言：「溝通中最嚴重的單一問題，就是假裝有在溝通。」換句話說，就算別人對我們講了他們的內心頭條觀點、他們的理由，甚至給我們看他們的數據，也都不保證我們理解他們說出來的話真正的意義是什麼。

以我的經驗來說，錯誤解讀其他人的意思，然後根據我們自己的誤解做出反應，這種事極其常見。人常常因為並不了解雖然雙方使用的術語聽起來都相同、但意義卻大不同，因此在對話中漏接了對方，這真是讓人訝異。有時候遺漏的東西很微小，有時候卻明顯到很誇張，但不管是哪一種，都需要釐清。

這裡很適合運用一套我稱之為**釐清混淆**的策略。無論我們在階梯上爬到什麼位置，都可以停下來向對方提問，以釐清任何的混淆或錯誤解讀。說起來，很多方法都可以達成此一目的，包括請對方定義術語或是直接問某個用語是什麼意思。

釐清混淆也是放慢對話速度的好方法，這可以幫助對話中的各方更深思熟慮，不要太快就有反應。這也向他人展現真正理解他們打算溝通的內容對你來說非常重要。

通常,提問這個舉動會讓你自己想得更清楚,同時也幫助他們釐清他們自己的想法。舉例來說,我的組織裡有一位主管莎拉(Sara)對團隊說,完成提案這件事「很緊急」,他們一開始以為她是要大家把手邊所有的工作放下,趕快完成提案,然而,他們決定問她「很緊急」是什麼意思,這強迫她停下來想一想。莎拉發現,只要在這個星期結束之前把提案送出去,這樣就可以了。明白這一點讓莎拉的團隊成員得以繼續推動其他重要工作,同時也趕上星期五的截止日。

當你需要他人提供意見時

徵求深思熟慮的回饋意見

> 我做的(或沒做的)事有沒有害你或其他人更添麻煩?
> 如果有的話,你會建議我下次用哪些不同的方法做事?

　　現在你明白如何用問題爬下他們的階梯了,讓我們再來談一談一種具體應用這套策略的方法:徵求優質回饋意見,讓你明白要如何改進。通常,除非我們開口問,不然得不到回饋;我們哪有別的方法超越自己的觀點、知道別人如何看待我們、我們的行為如何影響他人以及是不是有哪些盲點影響了我們的互動?走下別人的階梯徵求回饋,可能是像這樣:

- 傾聽對方內心頭條：
  「對於我在會議上的表現，你有觀察到什麼事或是可以給我什麼回饋嗎？」
- 深入挖掘：
  「那很有意思……你能不能多講一點，當我這樣表現時你看到我造成了哪些影響？」
- 看到他所看到的：
  「你記不記得任何我講過的話的具體範例，那會很有幫助。你有想到嗎？」

另有一種徵求回饋的問題，當我們涉及具挑戰性的情況時，特別該提出來問一問，但很少人這麼做：

「我之前有沒有做什麼助長了我們如今面對的挑戰？」

我們注意到一件事：少有人停下來對自己或他人問這個問題，反而時時搶著指責別人，說誰誰誰的不是。通常，我們比較容易看到別人助長了結果，卻看不到自己做了什麼。但是，同樣為人，我們彼此的行為（或是不作為）會以「整體系統」的方式互動，我們有時候可以用「跳探戈需要兩個人」來表達這樣的現實。面對問題或衝突時，我們最先該停下來做的事之一，就是問問看別人自己有沒有助長了問題。

艾倫（Allan）是一位上任第二年的學區督導，負責領導郊區的中型學區。

疫情之後，艾倫的學區和許多學校系統一樣，學生的學術表現不太妙。他的學區委員會對他大力施壓要他拉高考試分數，而且要快。艾倫出身軍方，是一個行動導向的人，他也和

他們一樣很憂慮,而且他個人也感受到要把學業表現拉回正軌的急迫感。

但將近一年過後,艾倫苦心規劃的方案並沒有任何成果。艾倫的委員會對他這個人感到憤怒,也很沮喪。他的合約還有一年,委員會主席講得很清楚,如果無法大幅扭轉局面,他就出局了。

艾倫一開始的本能反應,是更大力驅策:更多的監督,表現不佳的人要承受更嚴重的後果,上課時間延長,減少休息時間。他從過去的軍旅生涯經驗知道,有時候你會遭遇抗拒,需要不斷地推動,堅持下去最後才能看到成果。他和密友進行過一次辛苦的對談之後,他發現,或許就是這樣的思維阻礙了他抱持好奇心,沒有想到其他或許也可以解決問題的方法。他知道他敦促、驅策與批評每個人,但就是沒想到自己。他判定,如今也該好好看看鏡子了,從身邊的人身上得到一些參考意見與想法。

某個星期五下午,正當大家期待週末來臨時,艾倫決定發出一封電子郵件給所有相當於內閣層級的直屬部屬,包括他的學術長、學務長、財務長與人力資源長。他用示弱的語氣開場,不像過去那樣:

「我們在這裡都是為了孩子,顯然我的計畫無法收效。我需要有不同的做法,但我不知道是什麼。我希望你們每位都能針對我的領導給我最坦白的回饋意見。我應該繼續做的、應該放掉別做的以及應該要開始做的各是哪些事?請各位好好想一下,當我們下星期逐一碰面時,這將會是我們最重要的議程主題。」

整個週末，艾倫的學務長諾拉都在想著他的要求。她寫了筆記，做好準備要跟艾倫開會。當他們坐了下來，艾倫很快看了一下並說：「諾拉，我已經準備好聽你說你想說的話，請不要客氣。」

　　諾拉把她的「開始、停止、繼續」清單全部講完。其中，她還講到：「艾倫，你做投影片簡報時，計畫看起來永遠很精煉、想得很透徹，但這些計畫總是欠缺行動，因為你的計畫非常仰賴控制機制，透過規則和懲戒控制老師。」

　　艾倫馬上氣的毛都豎起來了。他認為，大型官僚組織要成功，就是要靠控制機制。你還能有什麼別的辦法來管理混亂和複雜性？這有什麼問題？他心想。他決定要對諾拉提出那個問題，於是問到：「諾拉，能不能請你多說一點，這麼做會有什麼影響？」

　　諾拉非常樂意回答一個她從不覺得有人會問的問題。「艾倫，強迫別人用按照你認為正確的方法統一做事，無法激勵老師。如果你讓他們害怕被抓到不服從你的命令，他們就會轉過身，跑去命令學生。這就是體系裡士氣直上直下的原因！」

　　諾拉的話直接切向艾倫的核心。他接下這份工作，是因為他相信教育的力量能把人帶起來，現在，他才知道他做的事是把大家往下拉。他回家之後，一晚都睡不著。他輾轉反側，得出的結論是諾拉確實有道理。隔天早上他起床，看著鏡子裡的自己，承諾要嘗試新方法，這種方法將會因為像諾拉這樣的人貢獻智慧而受益；諾拉的意見顯然很重要。

找到自己想法當中的漏洞

> 我可能漏了什麼？
> 你和其他人看到我的提案中有哪些缺失？
> 我可能忽略了哪些風險？

如果我們希望自己的觀點、想法與計畫得到優質的回饋意見，需要的就不只是問這三個問題。我們不只必須解釋自己相信什麼，也要講到為什麼相信，以及哪些資訊讓我們構成了信念。換言之，我們要先讓對方來到我們的階梯上，然後邀請對方回應（圖 5-2）。

要做到這一點，表示我們必須清楚且直接講出我們的故事，包括我們的結論（在我們的階梯頂端）、我們的思維過程（走下我們的階梯）以及為我們提供資訊的數據或經驗（我們從情況池裡挑選的訊息，然後可以用不同說法反問：

「你有什麼反應？」

如果你感受到對方猶豫不決，不願說出批評言論，那就要讓他知道如果他不認同或是要批判，絕對沒問題。這樣一來，你就是徵求對方盡情展現反應，就算這否定你原始的想法或做法也無妨。

有時候，在請問他們有何反應之前，如果你先確認自己已明確傳達你打算要說的話，會有幫助。比方說：

- 「我想先確認我是不是講清楚了。在我剛剛分享的想法中，有哪些最明顯的重點？」

圖 5-2

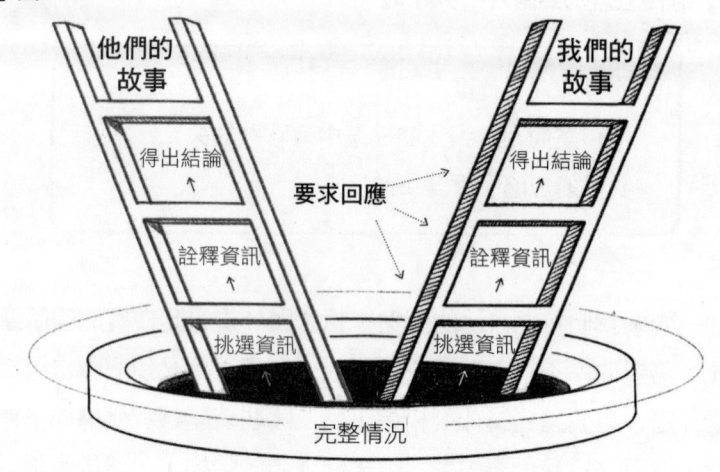

他們的故事 / 我們的故事
得出結論 ← 要求回應 → 得出結論
詮釋資訊 / 詮釋資訊
挑選資訊 / 挑選資訊
完整情況

- 「我不確定我有沒有講清楚我的打算,因此我想要確認:你從我剛剛說的話中得到的主要心得是什麼?」
- 「我擔心我沒有好好表達我的想法,因此我想問一下:你是不是聽到且理解我講的話?」

如果最後發現他們沒有聽到你打算要傳達的訊息,請不要責備他們沒有好好聽,你可以善用這的機會釐清你想要說的話,然後再問他們有何回應。

運用AI生成高品質問題

我們無法保證 AI 聊天機器人會為你提供恰到好處的問題讓你去問別人,但是,我們可以仰賴 AI 生成初始的腦力激盪,你可以加以過濾並據此繼續發展問題。我最近把以下這個

假設性情況輸入聊天機器人裡：

「我不認同團隊成員提出的策略。他認為我們應該把更多的焦點放在目前的產品上，但我認為我們應該探索新市場。我可以問他什麼問題？」

五秒內，我就得到了以下的問題清單，讓我可以去問我的同仁：

- 什麼原因讓你這麼有信心，認為我們現有的產品會繼續成功？
- 我們有做任何市場研究指出現有成品在現有市場裡可以大幅成長嗎？
- 如果我們要探索新市場，你預見會有哪些挑戰？
- 你能否設想到某一個情況，是多元發展我們提供的產品或跨入新市場可以強化我們整體地位的？
- 你何以認為我們目前的策略長期也會讓我們保有競爭優勢？
- 我們有沒有辦法在新市場試水溫，同時也把重點主要放在現有產品上？

每個問題後面都附上簡短說明，解釋為何這是一個很值得問的重要問題。這可能不是一個人在這種情況下可提出的完整高品質問題清單，但是一個很有用的起點！

要求對方提供協助與想法

> 我碰上難題。

我碰上難題。這幾個字馬上就能吸引到聽話者的注意力，可能還可以激發出他們的同理心。多數人樂於助人，如果請他們參與有挑戰性的重要事務時，尤其如此。麻煩是，我們的難題愈有挑戰性，問這個問題就會愈讓我們感受到自己很脆弱。我們愈是覺得脆弱，就愈有可能不把難題講出來。這是一個真正的麻煩，因為提出問題的這些時刻也是我們最能從他人的協助中獲益的時候。

請求協助的問題可能聽起來如以下：

- 「你可以給我任何建議，讓我知道該如何因應這項挑戰嗎？」
- 「有任何我應該考慮的比較好或不同的方法嗎？有沒有實際例子讓我知道可能是像怎樣？」
- 「關於我們要怎樣才能解決問題，你有沒有任何想法？」
- 「你能不能幫我好好想一想……？」

無論是組織圖中的上方或下方，還是我們在生活中遇到並與之互動的形形色色的人，我們身邊的人有著各式各樣的想法與建議，但除非我們開口問，不然很多的想法都隱而不見。適當的提示可以導引人們講出他們本來不知道自己有的想法。

我們轉回到艾倫身上。他第一輪徵求回饋的行動，幫助他看到「命令與控制」的辦法沒用。但他用來發展新計畫的所有努力也撞了牆，因為他還是想要靠著自己想出所有構想；他認為，策略是身為主管的他一個人的事。在此同時，他的董事會要求他提出確定的計畫，而且要快。最後，艾倫決定豁出去一事，徵求團隊協助，這是他過去擔任任何領導職都不曾有過的舉動。

他召集團隊並說：「請聽我說，我們有一年的時間扭轉局面，董事會給的壓力很大，如果我擺爛，大家就不會再把我當成一回事，所以，是的，我要拿出堅實的計畫，但顯然有些東西行不通，我卡住了。你們會怎麼做？」

艾倫的團隊從沒看過他這一面，他們感受到他真的卡住了。他們見過他一肩挑起不眠不休的工作和沉重的壓力，但是，要他大聲坦白他卡住了？這還真是新鮮事，而且讓他們覺得解放，他用信任他們與看重他們見解的態度相待。

接著他們展開一場豐富開放的討論，過去他們從沒做過類似的事。結束討論時，艾倫覺得肩膀上的重擔減輕了。過去，他總是把難題留給自己，向來都自己謀劃要如何走出困局。藉由把話說出來並請求協助，他覺得身為領導者沒那麼孤單了，而且，這也是有史以來第一次從團隊身上得到真正的洞見。

他離開時躊躇滿志，心裡想著要從整個學區裡的相關人士身上獲得更多想法。他和團隊舉辦研討會，找來一小群一小群的老師、家長與學生參與。他在對話中不僅要求大家提供更多回饋意見，也希望每個人都能針對如何強化學區的表現講出自己最棒的主意。

這麼做開啟的能量讓艾倫感到很滿足，這也讓他很驚訝，想法更如水龍頭的水一樣，源源不絕全速湧出。他們想到的有：處理學生的創傷以強化心理健全度，幫助學生設定目標拉高動機，支付家長與社區成員費用替學生上家教課並減輕老師的負擔，每個專案從頭教到尾、讓學生可以看到他們學到的東西有何用處。不見得每個想法都能用，但有些是艾倫從來沒想過的。更重要的是，他不再單打獨鬥了；透過善用身邊每個人的智慧，艾倫開始打造一個集團，可以齊心協力對付這個社區最棘手的挑戰。

你會不會反而用問題扼殺了對方？

現在我們知道，聽起來像問題的並不一定就是高品質問題，嗯，反之亦然。一個問題品質好不好，最明確的特徵並不是句尾有沒有帶問號。你可以對朋友說：「跟我說說實際上你是怎麼想的」或者「幫助我理解你為什麼會有這種感覺」。這些話裡都不帶問號，但都有著滿滿的好奇心，足以傳達想理解對方的真心。決定問題是否優質的最重要因素，是問題背後的**真正意圖**：你是不是真的想要學到東西，而且以開放的態度去學習？

有的時候，如果我們只是順口對對方提問，得到的結果用我朋友兼同事蘇珊的話來說，叫「用問題扼殺別人」。除非我們要在審訊或交叉詰問上作證，不然提問時，最好的問題裡應該要表達出我們自身的觀點、感受與想法，畢竟，學習是一種雙向的過程，我那些在行動設計顧問公司的朋友與老師們說，

學習「結合倡導與探問」,這是一種炫麗的說法,骨子裡講的就是我們都需要分享與提問。

華倫·伯格用另一句話來講這件事,他說這叫「問題三明治」(question sandwich)。一開始你要先講明你提問的意圖,然後提出問題,然後說你為什麼很好奇。我們來回想一下桃莉,就是那個緊盯著直屬部屬羅斯並說「你為什麼這樣做?」的主管。假設她說:「嘿,我注意到你的做法跟別人不一樣,我很吃驚。你能告訴我你為什麼那麼做嗎?我會這樣問,是因為或許你可以幫助我們都找到一個更好的辦法。」想一想,這樣提問的結果會有多不一樣。伯格提出的概念以及上述所有方法之所以有用,是因為把提出好問題與分享自己的想法和意圖結合在一起。

還有另一種方法也能讓你不會變成用問題扼殺別人:在提出問題之後,要真的好好面對別人講出來的話。這是我們下一章要談的:「透過傾聽來學習」。

重點摘要

重要問題:提出哪些問題最能善用被徵詢者的智慧

1. **小心糟糕的問題**,包括:
   - **不得體的問題**:用字遣詞終結了探問,阻斷了學習
   - **鬼鬼祟祟的問題**:用來影響、說服與操弄他人,目的是自利
   - **攻擊性的問題**:傷害、冒犯對方或激起對方的防衛心

2. 徵求坦誠的意見分享，要提出**高品質問題**；這類問題的用意是幫助你從對方身上學到一些東西。高品質問題的用處包括：
   - 探索對方的理解之梯，看透他們內心的思維過程
   - 傾聽對方內心頭條，找到他們對於某個主題的結論或立場
   - 深入挖掘，探知內心頭條底下還有哪些內容
   - 看到他所看到的，知道他們使用的資訊與經驗從何而來
   - 徵求深思熟慮的回饋與想法
   - 找到自己想法中的漏洞

互動練習

5A 回顧過去，想一想某一次與你設想中不同的交流互動。把對話中一些重要的片段寫下來（或是，如果你剛好有錄音，把其中部分寫出來變成文字）。數一數你提了多少斷然的主張、又問了多少高品質問題。斷言與高品質問題的比例是多少？

現在，想一想本章提到的問題策略，有沒有哪一個可以創造不同的局面，改善你的交流互動結果。是哪些呢？以及為什麼？

5B 展望未來，從本章提到的問題策略中，挑出一個你現在的題庫中沒有的。試著在未來的交流互動中用上。看看你能從中學到什麼，這對於你和他人之間的連結又有什麼影響。

第 6 章

透過傾聽來學習

如何聽出別人真正想跟你說的話

想像一下這個場景：你是醫院裡的醫生，兩個警察帶著一名手腕需要縫合的好鬥囚犯過來，他用牙膏條的尖角劃傷自己的手腕好幾次了，你不知道他犯了什麼罪，但他現在的行為指向此人殘酷又暴力。他用種族歧視的言語叫罵，威脅恫嚇一位護理師；等到他坐下來讓你處理傷口，他如連珠炮一般咒罵你、貶低你。這影響你的縫合技術。警察只是站在一旁，什麼事也沒做。你不能把他轟出去，但你再也受不了更多的言語暴力，這時你該怎麼辦？

受人尊重的外科醫師暨作家阿圖・葛文德（Atul Gawande）便是這場困境中的那位醫師。他在 2018 年發表於《紐約客》（New Yorker）雜誌裡的一篇文章[1]中提到，此人的惡行讓他很反感，他曾一度質疑是不是所有人都值得別人關心，但這又是醫生行醫的基本原則。之後，他想起曾學過一件和腦部運作有關的事。人在說話時，他們表達的內容不只是想法而已，更多的是希望別人聽到的東西——他們的情緒。

於是他決定不要把耳朵關起來充耳不聞,反而要好好聽一下。葛文德想聽的不是他講的話,而是他的情緒。他聽到的東西,讓他對這名患者說出這句話:

「你看來真的很生氣,你好像覺得自己不受尊重。」

這個時候,男人不再咒罵了,他的語調變了,開始跟外科醫生講起在「裡面」是怎麼一回事,過去兩年他在單人禁閉室又是怎麼過的。「要看到他人性的那一面(這樣才能治療他),我們只需要給予一點點的開放與好奇心。」葛文德這樣反思。[2] 當兩個人都放鬆下來,葛文德才得以照料他。

葛文德的故事十分切題,闡述了本章的基本要旨:**我們怎麼傾聽很重要**。我們在互動中展現出的傾聽品質,大大影響分享的內容,以及對方如何看待自身和自身在對話中的貢獻。如果我們希望問出值得對方回答的問題,就要熟練我所說的**透過傾聽來學習**。

「透過傾聽來學習」指的是:

刻意打開自己,接受對方分享的全部,以便理解他們訊息與經驗中的重點。

麻煩的現實狀況是,多數人從沒學過如何傾聽。一項調查發現,96%的人自認是好的傾聽者,[3] 但研究也顯示,我們能記住別人說過的話不到一半,一般人在傾聽的時候效率僅有25%。[4] 研究還指出,實際上,我們很不善於傾聽最親密的人,表現比聽完全陌生的人講話還糟。[5]

我們學習如何閱讀、寫作、表達與捍衛自己的意見,但沒有學傾聽。更糟的是,我們學到的是把發言和智慧與企圖心連

在一起，但安靜不講話就代表愚笨或心不在焉。但是，就像蘇珊・坎恩在《安靜，就是力量》裡鏗鏘有力地論述，指出最安靜的人通常有最敏銳的觀察心得可分享。[6]

我們無法好好傳授傾聽的技能，或許是因為整個社會把「傾聽」和「聽」劃上等號，因此假設傾聽是一種天生就會做的事，比方說看或嘗。但是，任何藝評家或侍酒師都會告訴你，被動的感官認知（聽、看、嘗）和主動、有技巧的認知（傾聽、觀察和分辨法國與義大利單寧酸的差異），天差地遠。

我很幸運，在成長過程中有一個小型美國次社會訓練了我的耳朵，這一群人堪稱傾聽界的侍酒師：虔誠的貴格教徒。貴格教派的兩條基本信念是；每個人都是平等的，同樣都能親近神，以及上帝可能在任何時候透過人發聲。貴格教派認為，身邊的每個人都有可能是神的智慧來源，也因此，傾聽不僅是必要之舉，更是神聖之舉。貴格教徒的目標是「仔細傾聽，看看是不是神在說話。」[7] 傾聽他人與向他人學習是貴格教派集體生活與領導方式的核心，他們發展出一套實務做法與傳統，可以把任何人變成傾聽專家。

我自己在這方面有親身經歷，我每年夏天都參加貴格教派主辦的營隊邵霍拉（Shohola），[8] 去了將近十年。營隊有一個「週思」（Weekly Thought）儀式，安排讓我們三百位男孩（這群人不以有耐性或有能力為他人騰出空間聞名）安靜下來，心懷敬意聽營主和輔導員講四十五分鐘他們覺得該傳達的話。

星期天早上十點，我們會在樹林裡找一塊空地，在仍有濕氣的地上大致圍坐成圓形。整理幾分鐘後，會有一個人站

起來，走到圓圈的中心，開始講他的心裡話，至於我們其他人，就……好好傾聽。我還記得我的朋友胡安講到他在赤貧中成長，冬天時為了擋風，他的家人必須把膠帶黏在他的外套上。也就是這份家人的愛與信念，讓他堅毅不撓取得大學學位，踏上成功之路。胡安的勇敢告白感動許多人，紛紛在他之後站起來發言，講起自己的故事，分享深刻烙印在心裡的經驗和時刻。

對於大部分人來說，受到別人這樣的凝神傾聽，是想都沒想過的事。這種事聽起來甚至有一點嚇人。然而，之所以會有人站到圓圈中央、而且很樂於講出自己的故事，是因為其他人的諦聽營造出安全的空間。

請把這一章想成屬於你的「透過傾聽來學習」夏令營，這裡面充滿了入門策略套件組，能讓你從對話中學到很多，更勝過往。強化的傾聽技巧會讓更多人對你更坦誠相告更多事，同樣更勝以往。你會像葛文德一樣，學會在別人講話時聽到言詞之下的訊息。你也會像貴格教徒一樣，精熟於騰出空間的藝術，讓對方願意掏心掏肺。

三種特意傾聽的頻道

透過傾聽來學習，要從設定特定的意圖開始。為了證明或說服而傾聽，或者為了改正或建議而傾聽，和成為一個好傾聽者的傾聽不一樣。卡爾・羅傑斯（Carl Rogers）是人本心理學開山祖師，也是有史以來最好的傾聽者之一，他主張，真正的傾聽是要「和對方一起想，而不是為了對方去想或者去想關於

對方的事」，我們若要讓對方好好表達他們真正的想法、感受或相信的東西，就要把我們的自我放在一旁。[9] 全神貫注對待對方的價值，在現代社會中常被忽略，《你都沒在聽》（You're Not Listening）的作者凱特・墨菲（Kate Murphy）就指出：「我們被鼓勵要傾聽自己的心、傾聽自己的內在聲音，傾聽自己的直覺，但很少被鼓勵要好好地、特意地去傾聽別人。」[10]

當我們刻意提醒自己傾聽的意圖是什麼，就更可能配合這份意圖去思考與行動。這部分很容易忘記，但就算只是花個五秒鐘提醒自己是為了什麼而傾聽，都有很大的效果。這奠下高效傾聽的基礎，讓之後的策略有發展基石。

打下地基後，也就該準備把你過去傾聽的溝通範圍擴大三倍。任職於摩立特時，我有幸和大衛・肯特密切合作，他是家庭動態與人際溝通領域的佼佼者。肯特可以做到看著人們互動（可能是婚姻觸礁的夫妻，也可能是功能不彰的領導團隊）、幾乎馬上就可以偵測出檯面下發生什麼事。他怎麼做到的？他的其中一項祕招就是：你要透過三個頻道同時傾聽：內容、情緒和行動。[11] 且讓我們分別來看（圖 6-1）。

我們最熟悉的傾聽，或許要算是傾聽對方告訴我們的內容，這些是相關的事實以及他們的主張。這裡面包含了實在的資訊，還有他們的信念、理由和結論。假設一位部屬米卡來找你，想討論她碰上的一個客戶問題，對方對於她提的每套方案看來都很不滿意。傾聽內容可以聽到實際發生的細節、米卡對客戶提了哪些方案、他們之間通過多少次電話以及客戶對方案的哪些部分不滿意。

第二條頻道是傾聽情緒，就像葛文德對他的病患所做的。

▌圖 6-1　　　　　　　傾聽的頻道

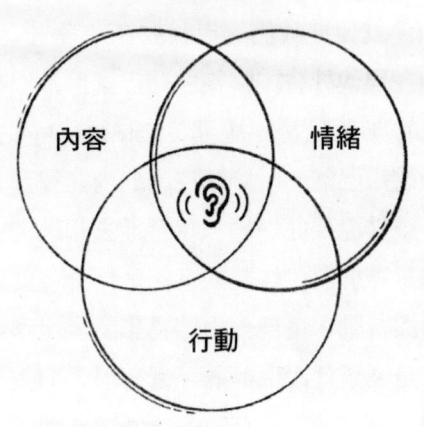

內容　　情緒

行動

透過這個頻道，我們傾聽以了解對方傳達了哪些感受，包括這些感受背後有哪些需求與渴望。我們（包括我本人）這些受過訓練也經過社會化的人，會把非常理性的思考和知覺形式放在前面，要花一點工夫才能學會如何掌握情緒訊息。有時候，我會深陷在傾聽事實當中，忘了也要把注意力分給情緒資訊，然而，經驗告訴我，這個管道非常豐富，常常也是到底發生什麼事的重點。

舉例來說，我們在聆聽米卡講話時如果也調到情緒頻道，可能會注意到她的語調很沮喪，或者她的肩膀垮了、眉頭深鎖，指向她對自己很失望，因為幫不了她很在乎的客戶。米可可能會、也可能不會名講出這些情緒，但就算沒有說出口，她也表現出來了，透過情緒頻道傾聽，讓我們得以從她的語調和她的身體語言當中認知到。

最後，好的傾聽也需要去聽對方所講內容中有什麼行動。

和我們對談的人，實際上是要透過和我們的溝通去做什麼？他們想要叫我們做什麼？舉例來說，就算你沒要求，米卡也列出很多可反駁客戶意見的證據，這可能表示她想要徵求你的協助，說服她的客戶說她是對的。在傾聽行動時，你要知道她打算面對客戶時堅持立場（而不是妥協或轉向），還有，她也試著要你做她的後盾。

學習如何同時透過這三個頻道傾聽，一開始可能是一大挑戰，但如果我們想要真正理解對方在跟我們說什麼，這非常重要。想像你第一次聽一首歌。只會聽表面的笨拙耳朵聽到的是混在一起的聲音，如果你把歌曲的每個部分分開（可能先聽歌詞，然後聽鼓聲，然後聽吉他，諸如此類），就可以開始訓練耳朵聽的更微妙。你可以長期訓練與練習，直到聽力變的很發達，讓你一下子就可以聽到不同的聲音。忽然之間，這首歌的豐富性在你面前開啟。用過這種方法學傾聽的人都可以告訴你，這就像是開啟一道門直通音樂家心裡。

講到要傾聽人，要同時傾聽三個頻道也需要練習。得過獎的記者珍妮‧安德森（Jenny Anderson）和我分享，她說一聽再聽是非常重要的事。當受訪者說了聽起來很重要的事情，安德森有時候會暫停對話，問問看對方能不能再說一遍，讓她可以更凝神傾聽，理解他們要告訴她的所有面向。只要有可能，她甚至會把採訪錄下來，之後，她會反覆地聽，她很震驚的是，每一次她再聽，都會聽出新東西和重要的資訊。這和我錄下會議與閱讀會議紀錄的經驗一致，我每次重讀，都會看到我之前遺漏的東西。安德森是專業的發問者與傾聽者，如果連她都必須一聽再聽才能聽出所有傳達的訊息，想想看，我們大部

分東西都只聽一次,這要漏掉多少內容!(作者注:如今有愈來愈多會議透過視訊進行,這是一個很意外的機會,讓人可以比過去更輕鬆錄下對話〔當然,前提是經過對方同意〕,然後反覆聆聽重要時刻。)

現在我們已經知道要聽什麼,就讓我們來聊聊如何透過傾聽來學習。

AI 如何幫助你透過三個頻道傾聽

現代,你很容易就錄下任何電話或視訊會議,然後使用 AI 文字稿應用程式寫出還不錯的對話文字稿。(當然,你要先徵求許可才能錄音!)拿到文字稿之後,請你最喜歡的 AI 聊天機器人檢視一下,然後回答以下三個問題:

1. 關於內容頻道:(對方)在會議中傳達了哪些關鍵重點或訊息?
2. 關於情緒頻道:對方在我們的對話中可能感受到哪些情緒?
3. 關於行動頻道:對方在整個對話中採取了哪些行動?

我試過之後,得到的豐富回饋讓我萬分著迷;等到 AI 更有能力直接聽取對話並精密評估語調之後,品質只會更好。然而,這不是指要讓 AI 替你傾聽,反之,這對你來說是一個機會,可以理解另一對「耳朵」(在這裡,是一個全無利害關係的 AI 聊天機器人)的認知,來和你自己的心得比較。AI 的答案或許不完美,但可以給你另一種觀點,去比對你聽到的傾聽三角。

透過傾聽來學習的 7 大實用做法

接下來要介紹的七大實用做法，你可以馬上拿來試試看；但可能不是一下子全部都試，可以用一到兩個星期的時間來學。這些都不需要精密複雜的技巧，你會很驚訝地發現，好好練習之後，你在傾聽上的表現會好很多，而且可以多學很多。

1. 關於心不在焉和分心

我有一次和一位潛在投資人面對面開會，我走進他裝潢豪華的辦公室，裡面有一間書房，鋪上了厚實的編織地毯，燈飾很豪華，架上放了很多書。我們在奢華的皮椅上坐了下來，兩人面對面。他一坐下來就拿出手機，開始看手機然後打字。我以為他在處理緊急事務，所以我等。大約過了一分鐘，他說：「你說吧，我可以一邊做事一邊聽你說。」我開始講一些我希望能勾起他興趣的新進站，但他在整場對話中一直低頭看手機並打字，從來沒有抬起頭來看我一眼。我有點結結巴巴，講出的內容比我平常少很多，然後告辭，去找別人投資。

這聽起來或許是很極端的例子；然而，如果我不承認自己是個容易分心的人，特別是，我也會在視訊會議當中切來切去，除了螢幕畫面之外也時不時看著進來的電子郵件與文字訊息，對了，還有可能會去看看社交媒體，那我就是在說謊。這些事看起來無傷，當下甚至可以說還有點生產力，但是這些事會不停地奪走我們的注意力和記憶力。請想一想，多少次你在對話當中感覺到自己口袋裡的手機在震動，接下來五分鐘，你

惦記的就是到底誰傳訊息給你。研究顯示，光是把手機放在附近，就足以減弱你傾聽和處理資訊的認知能力。[12] 此外，當我們做這些事導致分心時，對方可以感受到我們心不在焉。想像一下，當小孩回來要跟爸媽講今天學校過得怎樣，結果小孩得到的結論是爸媽一直低頭在看手機裡跳出來的訊息，那會怎樣。

另一項更難、但重要性絲毫不減的功課，是學著把自己內心的分心事情減到最少。奧斯卡‧崔波利（Oscar Trimboli）在《如何傾聽》（How to Listen，書名暫譯）書裡寫道，人講話的平均速度是每分鐘 125 個詞，但聽的時候速度可以達每分鐘 400 個詞。[13] 我知道這件事之後，也就恍然大悟了：如果說，別人說話時我每分鐘還有 275 個詞（400 減去 125）的傾聽容量沒有被占滿，難怪我會分心，想要填補空白！這件事用數字說明了所有人憑經驗就知道的事：要叫腦子慢下來很難，大腦總是拼命往前衝，永遠都在想、想、想，在心裡回應我們聽到的東西。

但是，如果你不全神貫注，那麼，想要理解對方說的話就好比隨手翻閱托爾斯泰（Tolstoy）的作品一樣：你大概什麼都沒讀到！所以，請把電話放下來，把筆記型電腦收起來（如果是在視訊會議當中，請把其他視窗關起來並把電子郵件的通知關掉），然後不要一直看表。開視訊會議時，如果我覺得想要查一下電子郵件，最近我的招數是坐著時把手墊在屁股下面。這樣一來，每次我想要同時開始做別的事時，就會提醒自己要專注在和我交談的人身上，百分之百去傾聽對方。

最後，你愈是訓練自己傾聽內容、情緒和行動，外部讓人

分心的事物就愈沒有空間趁隙而入，你也會愈容易身在當下。

　　心理學家與佛學老師塔拉・布萊克說，恐懼和批判是兩種讓你內心分心、妨礙你好好傾聽的兩種主要反應。批判講的不只是評估對方是好是壞，還涉及到我們在理解之梯上快速往上衝，聽我們聽到的每件事都貼上負面的（錯！可怕！粗魯！）或是正面的（聰明！太刺激了！）標籤，然後自動決定我們有什麼感覺。放下批判代表抗拒去做評估、貼標籤或是在對方跟你講話的同時就去分類這個人或他們講的話；這是一個陷阱，而且非常誘人。我們可以之後再做所有想做的批判，但在接收的當下，重點是要盡其所能留在理解之梯低處，用開放的態度去傾聽就好。[14]

　　傳奇音樂製作人里克・魯賓（Rick Rubin）主張，把自己對他人的批判放到一旁，對真正的傾聽來說非常重要。當他坐下來聽他真正想要理解的音樂時，他會竭盡全力減少外部令人分心的事物（他會躲進安靜的房間或者車裡），把腦中浮現的批判念頭「關掉」。魯賓說，只有把批判放一邊，他才可以「真正和音樂在一起」。魯賓做了一輩子的冥想者，他指出，雖然我們無法真正讓自己完全跳脫因為批判而造成的分心，然而，當這些東西出現時，我們可以選擇不和它交流。魯賓做超覺冥想（transcendental meditation，另譯超覺靜坐）時，他一注意到冒出批判性的想法，就會把注意力帶回他的梵咒（mantra）。進行深度傾聽時，他會把音樂當成自己的梵咒，每當他意識到有別的想法浮現，就會一再地要自己回到對音樂的關注上。[15]

　　除了批判之外，我們也會因為恐懼而分心：恐懼被排斥，恐懼顯得不重要了，恐懼遭到批判，恐懼無法心想事成。對方

講出來的話或許觸動了我們內心的不安全感，忽然間，我們只想得到要捍衛自己，或是覺得自己很糟糕。當批判性的想法出現，應付的訣竅是不要去阻止這些內在的經驗，而是養成習慣注意到這些事，然後再把注意力重新對方身上就好了。

2. 閉上嘴巴

我會在坐下來時把手墊在屁股下，我的導師黛安娜・史密斯在開重要會議時使用的方法則與我不同。她會用一本筆記本做紀錄，最上面會用大寫字母寫下幾個字來調醒自己：

「STHU！！！」

這個詞是「Shut the He ____ Up」的字頭縮寫詞，意為「你給我（消音髒話）閉上嘴」，她用此來提醒自己不要打斷對方，此外，也要自己在沒人開口時安靜坐著等。很多人習慣性地害怕沉默，總是想盡辦法要補白（至少在西方各種文化中是如此）。沉默很尷尬，沉默沒有建樹，我們覺得自己總要講點什麼……什麼都好！這種無法閉上嘴等待的態度，阻礙了很多很有益的分享。最出色的傾聽者都知道，當我們讓沉默施展魔法，通常都會出現最有意思的分享。

沉默或許讓人覺得無措，卻是一片沃土，讓雙方可以在這裡暫停、反思並重整想法。我曾經採訪作家暨運動人士帕克・巴默爾（Parker Palmer）聊他的書，他很強調一個重點：「要尊重沉默並營造沉默的空間，就像我們必須尊重彼此並為彼此營造空間一樣。」巴默爾指出，不管在任何群體或關係

裡，沉默本身都是很寶貴的一份子，如果給予足夠的時間，將能創造重大貢獻。

我們來看沉默在一種不同的關係中如何發揮效果：親子。

夢妮卡的兒子傑拉德今年十三歲，他在中學的棒球校隊裡擔任游擊手，過去三季一直都是最有價值球員（MVP）。他有很多好朋友，成績也好，大致說來是個幸福快樂的小孩，但最近事有變化。夢妮卡注意到傑拉德話少了，而且不太理人。他會待在家，不再跟朋友一起出去玩了。上星期，一位老師來家裡看看狀況，因為她覺得傑拉德在學校裡心神恍惚。夢妮卡決定先不要太擔心，先看看到底怎麼了再說；她找了一段安安靜的時刻，也就是她從家裡載傑拉德去練習棒球時兩人都在車裡之時。

「傑拉德，你最近覺得怎麼樣？」她問。「我很好。」他答。夢妮卡心裡知道兒子一點都不好，因此她堅持問下去。「說實話吧，傑拉德，你現在都不像你了。我真的很關心你，你什麼都可以跟我講，不管是好事、壞事、爛事都可。我只是想知道你怎麼了。」她說話時盡她所能營造出讓他覺得很安心、想講話的氣氛。

但……他不發一語。

幾秒鐘後，夢妮卡覺得有必要說點什麼，但她抗拒了這股衝動。他們繼續開在高路公路上，幾分鐘過去了。夢妮卡正要打破沉默，跟傑拉德說她非常愛他，此時傑拉德終於開口了：「人生不再像以前那麼有趣了。」這不是任何為人父母者想要聽到的話，但此時夢妮卡已經有了起點，可以去了解到底怎麼了，她鬆了一口氣。（我們等一下就會來繼續講夢妮卡和

傑拉德的事！）

一個人沉默，不代表他們無話可說；因為無話可說而沉默這種事很罕有！通常，他們需要一點時間思考一下怎麼講，或是正在鼓起勇氣準備講出他們真實的想法或感受。我們都受到制約，覺得沉默讓人不自在，所以會很快就跳出來補白。但是，如果我們向股衝動投降，不僅阻斷了沉默很可能醞釀出的分享，還顯露出我們在對方思考時沒有耐心或好奇心等他們。

教育界人士早就明白沉默的價值。1970年代，教育研究人員瑪莉‧芭德‧羅薇（Mary Budd Rowe）觀察到，只要老師提問後多等個三秒鐘再講話，學生就會展現出更高的創意和學習，於是她提出了等待時間（wait time）一詞。經過多年，教育界人士與學者終於斷定，這段沉默時間對於學習之所以這麼重要，原因之一是老師和學生都因此得以思考，處理他們的想法、感受和反應，讓沉默之後的分享與學習更豐富。[16] 理解了等待時間的好處之後，幫助了老師抵禦自己的衝動，不再問了學生問題之後馬上就想自己回答、或者點第一個舉手的學生發言。

你可以自己試試看：下一次當你在和團隊對話、或者提問之後沒有馬上得到答案的時候，在腦子裡先數到十再開口。我已經養成了這個習慣，而，通常過了七、八秒之後，就會有人開口講出很寶貴的意見。

3. 注意你的面部表情

請記住，對方也在傾聽你：你的反應、你講出口或沒講出

口的話，都會深深決定他們要講的話以及如何把話說出來。傅崇豪（Chong-Hao Fu）執行長是世界級的發問專家，他也訓練自己的面部表情要能反應出能量，這是他希望在重要的學習互動中傳達的東西：溫暖、開放、不批判。他知道，不這麼做的話，別人會判定處境不安全，因此不跟他分享。他控制外部肢體語言的辦法，是密切關注自己的內在狀態，把重點放在放慢呼吸與放鬆身體。

兒童與家庭心理學專家佛瑞德・穆希（Fred Muench）對我說，小孩會不會繼續和父母分享，最重要的預測因子之一就是父母有何反應。當父母強化難過、生氣或其他情緒，就會大幅降低小孩未來坦白分享的可能性。

講回之前提到的傑拉德，當他講出自己一直很低潮，如果夢妮卡的反應是開始大喊大叫說：「喔，天啊，不，傑拉德，不！你是有憂鬱症嗎？憂鬱症是現代的流行病！」無論是用詞還是肢體語言，過度的情緒反應正是讓對方嚇到以至於閉口不言的好方法，如果這個對方是你的孩子，效果會更明顯。

但夢妮卡沒有放任情緒高漲，她反而一派冷靜，試著更深入挖掘：「生活本來就很艱難。那你最近在哪些方面最辛苦？」

傑拉德停了一下然後說：「棒球。」

棒球？夢妮卡有點意外。多年來，棒球一直是傑拉德的強項，是他的生活重心，其他事情不順利的時候，這還是他的亮點。要叫夢妮卡猜是什麼是讓傑拉德難過的話，她會最後才猜到棒球。她停了一分鐘不講話，想看看傑拉德會不會多講了一點。

最後，傑拉德接話了：「我也不是說我覺得棒球不像以前一樣有趣了，而且，我也不覺得我比以前差。我所有的朋友都在講明年我們上高中以後要怎樣打校隊，但是我明年上高中以後不想再打棒球了。然而，目前的教練希望我打，高中那邊的教練也是，他已經來找我講了。還有我的朋友們。我覺得自己會讓大家失望，大家都希望我繼續打，但我不確定我還想打。」

夢妮卡很震驚，但她很努力保持冷靜、沒有太大反應；傑拉德要願意繼續講下去，她才可以追問更多問題。她需要知道更多、更多訊息，才可以給傑拉德他最需要的協助。但是，問題已不如她一開始擔心的那樣可怕。

4. 換句話說與做測試

如果你可以掌握以上三點，你在傾聽方面的表現會好過99%的人。但是，真正要做到透過傾聽來學習，你要把這些安靜、接收的策略和比較主動的回應互相平衡，讓你得以測試、釐清與擴充能接收的訊息。

後續追蹤問題是其中一種可供我們自由運用的傾聽工具，力道最強但少有人。組織心理學家理查・戴維斯（Richard Davis）指出，我們一開始問的問題得到的答案通常沒那麼好，但多數人反正就接受了自己聽到的東西，然後問下一個問題（或是結束對話）；但他主張，「要理解別人，關鍵就在後續追蹤問題裡。」[17]

最強效的追蹤方法，就是最簡單的方法：**換句話說與做測**

試。要做到這一點,你要用你自己的話向對方講出你認為你聽到的內容,然後查核你聽的對不對。比方說:

- 「聽起來,你現在最擔心的是如何在照料年邁父母同時又要陪在幼兒身邊這兩件事當中找到平衡。是這樣嗎?還是還有別的?」
- 「我聽到你說現在你的工作量讓你覺得受不了了,你覺得沒有資源可用你用來完成這些工作,讓你很挫折,這樣對嗎?」

這樣的回應不只能向對方證明你很注意在聽他們講什麼,也讓他們有機會驗證或釐清,幫助你確認你聽到的話是對的。換句話說你聽到別說的內容時,重點是你要盡量貼緊他們的原意,不要混入你自己的解讀或評估。

有一件事假不了:你必須深入傾聽,才能試著換句話講出他們跟你講過的話。哈佛商學院的哈娜・柯林斯(Hanne Collins)指出,就是因為這樣,這種做法才比其他的信號更珍貴,比方說點頭、微笑或是傳統的「嗯哼」或「啊」。傾聽的品質會因此更好,講話的人也覺得自己的心聲被聽到了。[18]

2018年時,記者亞曼達・瑞普立在撰寫《修復關係的正向衝突》時跟一位離婚調解人員蓋瑞・傅利曼(Gary Friedman)學到這一招,之後就開始用這項策略。傅利曼教他的客戶和很多其他人使用這個辦法,他稱之為「迴圈」(這是指,回到對方身上,以查核你對他們的理解對不對)。在這之後,瑞普立在她的記者生涯裡就常用這套策略。現在她發現,「有一半的時間,我並沒有聽對,對方也會我說更多。」不管說了什麼,

回過頭和對方分享、查核我們是不是聽對他們說的話，光這麼做就展現了我們很有興趣，可以激發對方講出更多。瑞普立告訴我，現在她到哪裡都套用這項策略，不管是「身為家長、配偶、朋友或和陌生人在一起，全都從善如流。」

5. 拉線頭

另一種不斷問下去的方法，我稱為**拉線頭**。這指的就是要問出可以引得對方更深入分享的問題，例如：

- 「你能不能多說一點你剛剛講過的第一項顧慮？」
- 「真有趣，你再多說一點給我聽吧。」
- 「你能不能再多講一點你剛剛稍微提到的構想？」

這類後續追蹤問題潛力無窮，可以拆解所有類型的有用資訊。這為何效果這麼好？有時候，對方一開始並未明白說出他們的想法或感受中最重要的東西，這可能是因為他們很猶豫所以欲言又止，或許是他們想看看你到底有多在乎他們或是有多堅持要聽他們講。也或許，連他們自己都不完全清楚或能自我覺察，你的問題可以幫助他們把事情想透徹。又或許，無論何時，就算他們的腦中閃過了 900 個詞，嘴裡講出來的就只有 125 個。不管是哪一種，**你都不能假設他們到目前為止講的就是他們心裡想的全部，甚至有可能連最重要的部分都不是。**

無論你運用哪種提示，拉線頭都可以鼓舞對方在對話期間發想出他們之前可能沒想到的概念，這正是出色的傾聽施展的魔法：你表現出來的關注與感性營造出了安全感與歸屬感，

引燃了他們的創意。[19] 我和我的團隊成員珊拉就有過這種經驗。當我用不同的講法問著「還有嗎？」以及「你還有哪些其他想法想要分享？」她提的建議就愈來愈好，最後激發出一個概念，解決了我們一位客戶遭遇的重大困難，這個問題拖很久了。和珊拉做完腦力激盪之後，我坐回我的椅子，很佩服她的天分，也很對於一而再講出各種不同版本的「還有嗎？」帶來的神奇力量深感驚奇。

精神治療師注意到一種他們稱為「門把時刻」（doorknob moment）的現象；門把時刻會在療程的最後出現。當病患要離開時，有時候甚至是已經走出門外，他們開始講出自己最重要的見解。療程即將結束的急迫性，使得患者終於講出很重要但很難啟齒的話。

當會談的時間快要結束、但還有時間講些重要東西時，你可以事先把這段門把時刻挪出來，問對方：

「我們結束之前，你還有什麼想講的嗎？」

我的朋友麥克斯・科圖佛（Max Koltuv）擔任執行長的教練，每次教練課程結束前，他都會問這個問題：「你心裡還有什麼事是我幫得上忙的嗎？」他的客戶總是會講出最有意思且最重要的挑戰，這些話都要到這個時刻才會浮上檯面。比方說，有位客戶可能在整個課程階段都和科圖佛談長期策略問題，但隱藏起一些非常重要的事態，比方說他們的組織因為被控行為不當遭到州政府調查。他們一定知道這件事很重要，但他們需要有人問「還有別的嗎？」來小小推一把，再加上會談即將結束的急迫性，才要講出來。

《你是來帶人，不是幫部屬做事》（The Coaching Habit）的

第 6 章　透過傾聽來學習　177

作者麥可・邦吉・史戴尼爾（Michael Bungay Stanier）說，這種問題叫「AWE」問題，這是「And What Else」的字頭縮寫詞，意謂「還有別的嗎？」[20] 如果你經常問這個問題，從中得出的答案將會讓你深感訝異。

6. 退一步，進兩步

問對方還有沒有什麼話想說的反面，就是要**尊重他們的分享也有限度**，就算你還沒有如數找到你希望知道的訊息，也要停手。

今年稍早，我試著找我的女兒伊登談，我注意到她有某種行為模式，讓我很擔心。伊登看來很沮喪，她說：「爸，我不想談。」我回答：「我只是很好奇，我也關心你。」我得到的回答是：「爸爸——我不。不。不想談這件事！！！」我因此退縮了；伊登的內容、情緒和行動都很一致：她要我退回去。她已經畫出界線，我得尊重。我只能說：「好，就這樣，但如果你想說，我會聽。」

每個人都有權設下界線，健全的人際關係便是以合宜尊重彼此的界線為基礎。有時候，尊重對方的界線代表此時不可以再多問，反之，你要打住對話。有時候，這甚至代表要響亮地說出：「我覺得我們可能還可以多談一點，但我尊重你的界線。以後，如果你想要多講一點，我隨時都會在，也隨時想聽你說。」體認並尊重對方的界線，非常有助於讓他們感到安全，未來願意在你面前示弱，因為他們知道你不會違背他們的意願把他們逼得太過頭。

果不其然，大約一個星期之後，我去伊登的房間跟她混一下，她正在用筆記型電腦做功課，而我在讀書。某個時候，她抬起頭來，突如其來說了一句：「好了，我準備好要談了。」從這裡開始，我們進行一場很有意義的對話，談到她經歷了什麼事以及她想要以及不想要別人幫哪些忙。同樣也很清楚的是，伊登只想花五分鐘談這件事，這又是她豎起的另一條界線。然而，靠著尊重彼此的界線並讓她知道我永遠都會在她身邊，這扇門始終敞開，長期總是會有更多的分享與支持。

7. 查核

　　關於真正的傾聽，留到最後才講、但重要性絲毫不減的是，要知道對方對於和你之間的交流互動有什麼樣的體驗，這一點很重要。如果他們覺得被壓抑、被阻礙甚至被推拖，以後就不太可能信任你、坦白和你分享。反之，如果他們覺得互動順暢，有助於你理解他們欣賞你的哪一部分，你未來可以在這方面多做一點。在互動交流尾聲時你可以做一件事，這種方法最少人用但效果絕佳：**查核你們剛才的交流互動**。可以問的問題包括：

- 「我們剛剛談這件事時，你覺得怎樣談對你來說很好、怎樣談不好？」
- 「如果有的話，有什麼事可以讓你以後談這一類對話時會覺得比較好、比較容易一點？」
- 「這場對話有沒有用？多有用？」

很多時候，坦白就我們剛剛和對方的互動交流表示意見，會讓人覺得與文化格格不入。在某些文化裡，在事後對當時不在場的人閒聊到這件事，還比較能接受，但絕對不可當著本人的面說！人們會在離開之後才說：「哇，我覺得他完全誤解我了。」或者「他跟我在一起時好像很沮喪。」或者「顯然，她只希望我附和她的觀點，根本沒有實際討論的空間。」

一旦發生這種事，有了誤解也無法處理，不管任何關係，都會醞釀出距離與憤恨。更重要的是，如果我們對別人造成負面衝擊但自己卻不知道（特別是，意圖和打算不見得永遠都可以相契合），對方很可能判定以後還是不要講話比較安全、比較自在。但是，相反的，如果我們能知道對方和我們在一起時有什麼體驗，就可以在問題有機會惡化之前先處理。最後這一步很容易就被忽略或是急就章了事，但確實值得我們去注意與關心。帶著微笑關上大門，跟砰的一聲甩門、讓整間房子都在震動，導致對方以後不太可能再邀請我們，兩者之間可是天差地遠。

和我們一起參加「不講回自己身上的傾聽派對」

最後要來講一件不可做的事。我第一次聽到「不講回自己身上的傾聽」（No B.S. listening）概念（我聽到的是用詞稍有不同的版本），出自作家暨種族平權教育家黛比・爾文之口。[21] 在這裡，B.S. 是「back-to-self」的縮寫，意為「講回自己身上」。當對方和我們分享時，有多少次我們的回應都只是嚷嚷著：「真是太有趣了，因為我也有類似的經驗……我來講給你聽！」我

們分享自己對於對方剛剛說的話心有戚戚焉是好事，但當我們這麼做時（不管是大聲講出來還是在心裡想），就隨即把焦點從他們身上移開，放到我們自己身上。換言之，我們做的是一種 B.S.（講回自己身上）的傾聽！

講回自己身上的傾聽會讓對方覺得被輕忽，也會讓他們不再分享，這表示我們再也無法從他們身上學到別的。當然，很多時候把連結拉回自己身上是適當且有益之舉；如果我們無窮無盡一直丟出追蹤問題，會使得對話非常奇怪。我要請你注意的是，你有多快就把對話從對方的身上拉走，並請你思考一下，你做的是不是「講回自己身上的傾聽」。如果是，有一個好方法可以確保你至少可以問出三個追蹤問題（不管有沒有換句話說並做測試、拉線頭或是不是其他自然而然觸動你好奇心的追蹤問題），才把對話的重點從別人身上拉走。

這麼說吧，「不講回自己身上的傾聽」代表要跟著對方的節奏，不要拉回自己身上。黛比・爾文講了一句有點挑釁、但永遠都深得我心的話：我們來開一場「不講回自己身上的派對」如何？這場派對的基本規則，就是任何人都不得表現出「講回自己身上的傾聽」。

換句話說，每當有人在說什麼事時，賓客永遠都要至少先問三個問題，才能把對話轉回自己身上或是其他主題上。試想，如果我們在生活中都當成自己在參加一場「不講回自己身上的派對」，這個世界會有多麼的不一樣！我們可以從對方身上學到的東西會增加多少？我們能把距離拉近多少？我們是不是也可以用更多的理解取代錯誤的概念了？

第 6 章　透過傾聽來學習　181

重點摘要

重要問題：你如何才能聽到別人真正想要對你說的話？

1. 設定傾聽的**意圖**，不要試著改正、提建議或說服。
2. 學著一次透過三**個頻道**傾聽。
    - **內容**：他們講出來的事實與他們宣稱的主張
    - **情緒**：語言之前潛藏的感受、需求與渴望
    - **行動**：激勵他們分享的企圖與目標
3. **關於心不在焉和分心**：關掉手機，關掉電子郵件，把全副的注意力放在眼前人身上。把你心裡的批判、恐懼和當下的反應放在一邊（你可以等一下再回來處理！）。
4. **閉上嘴巴**：抗拒想要補白的衝動，讓沉默為你展現魔法。
5. **注意你的面部表情**：觀察你的反應，對方分享時盡量表現出想請對方多說一點的樣子。
6. **換句話說與做測試**：要確認你聽到的是對的，請向對方重述你認為他們講了什麼，測試你的理解對不對。
7. **再問一次**：用不同的話問「還有別的嗎？」以確保溝通的大門敞開，通常，最好、最意外的見解會在對話將結束時出現。
8. **退一步，進兩步**：尊重對方的分享也有限度，並讓他們知道如果他們覺得準備好要多講一點時，你隨時都想聽。
9. **查核**：這是讓你更深入看到對方對於和你的互動有何體驗的好機會，並能讓任何其他的誤解在此時浮出檯面。

互動練習

6A 練習透過內容、情緒與行動等三個頻道傾聽。去聽你最愛的電視節目或電影的片段,連聽三次:第一次聽內容,再來聽情緒,再來聽行動。比較你聽到的東西有何不同。

6B 跟朋友說你正在磨練你的傾聽技巧,請他們跟你說個故事,讓你練習提出追蹤問題。然後重述故事給朋友聽,測試你是不是理解他們說的話。請一直做,直到對方說:「正是如此!」或「你懂了。」為止。

6C 和朋友、同事或家人一起練習「不講回自己身上的傾聽」,或者,更好的做法是辦一場「不講回自己身上」的午餐會或派對,每個人都要先問三個追蹤問題,才能把注意力從對方所說的事情上挪開。

第 7 章

反思與重新連結

如何將對話轉化為行動

想從他人身上學習,最難的不是問問題,甚至也不是傾聽答案,而是決定我們聽到之後要怎麼做。

持續幾年的疫情,後來變成帶動我的組織快速成長的催化劑。封城和日常生活的中斷,使得全美各地的學校急著尋求指引。重新設計教育正是我們的使命,因此我們快速成長以因應這股需求,從原本三十五人的規模擴大到超過百位員工,這都是疫情那些年緊張掙扎中遠端運作之下的成績。

任何組織規模快速擴大成三倍,絕對少不了成長的痛苦,我們也不例外。整個組織裡處處都有小破口,但整體來說,我們維持得很好。每個人都感受到緊張,我們最大專案團隊的感覺最深刻,他們接下一群新客戶,要處理的都是我們之前沒遇過的強烈需求。

我、共同執行長薩摩哈以及資深團隊裡的其他人,開始聽到一些些低聲的抱怨和顧慮,有一些是典型的人力資源問題,比方說沒有釐清職務內容,也沒有針對表現提出回饋。

有些比較嚴重，導致有人質疑專案的某些部分是否仍契合我們的使命。也有些人對於未來要怎麼走下去表達了一般性的疑慮，提出諸如「你確定我們已經準備好迎接這樣的成長了嗎？」等問題。

我們試過幾個解決方案，樂觀地以為事情會好轉，但過了幾個月之後顯然沒有，我們很有可能失去一年前才剛剛請來的出色人才。我們超級有才華且認真負責的團隊，正和學校社群一起合作，把所有的心血汗水傾注到工作裡。他們很多人大有進展，但很常覺得進了兩步卻退了一步，他們的挫折感也讓我們內部面臨更嚴重的挑戰。

最後，我們得出結論：如果我們不一起面對面把事情談開，直接聽一聽每個人怎麼講，絕對無法解決問題。因此，薩摩哈請專案團隊去芝加哥進行兩天的規劃與團隊重建工作。

這個將近二十人的團隊，在一間大會議室裡圍成一圈。由於新冠肺炎（COVID-19）疫情相關的旅遊限制，有些人之前同在一個實體空間裡的經驗寥寥無幾，即便如此，會議室裡仍瀰漫著確確實實的愛與連結感。然而，還是有人緊皺眉頭或抱著雙臂，指向過去幾個月來壓力真是大到不得了。大家用紙杯喝著咖啡，在筆記本上畫著寫著，和旁邊的人聊聊，不確定這一天可以帶來什麼結果。

薩摩哈和團隊裡的另一位資深領導者拉凡達（Lavada）一起，熱烈歡迎團隊過來。有一件事你要知道：我的共同執行長是一位老練的企業高階主管與領導者，但也是知名的爵士吉他手。他一上台，只要彈奏幾個音符，就可以決定室內的情緒調性。他在專業場合也同樣善於此道，用他的言語、聲音和風度

營造氣氛。「這是一個很有挑戰性的年頭,我很清楚,」他對團隊說,「但我們會一起找到往前走的路。」他的微笑,加上渾厚溫暖的聲音,立刻傳達了安全感。他也一開始就講得很清楚,大家的工作都很安穩。

接著拉凡達請大家逐一回答兩個問題:「去年一年,有什麼事情是我可以做得更好的事?我身邊的人可以把哪些事做得更好?」她和薩摩哈假定,這兩個問題會是情緒破冰機,讓彼此連結更加緊密,並為規劃工作注入活力;這是這兩天會議的重頭戲。

但是,這打開了防洪閘門。成員並未如我們所想地快快講出幾個項目,整個會議室裡好像每個人都在深呼吸,然後吐出一年來的怨氣。成員花了很多時間講出悲傷與遺憾的故事,偶爾還因為落淚停了下來,訴說他們在哪些地方很掙扎、他們需要什麼卻始終拿不到,以及他們很多時候覺得工作方向好像愈走愈偏。

薩摩哈和拉凡達本來在這個部分安排了三個小時,但到第一天快結束時,大家仍在繼續說,到最後,第二天的會議中有四分之三的時間都在回答這兩個問題。重要資訊與主題浮現出來後,讓我們知道整個組織接下來應該怎麼走。然而,也正是這一天半的傾聽大會,讓很多成員分享了痛苦的職場挑戰;會出現這樣的情況,直接或間接的始作俑者就是,嗯……我們。

會議結束時,大家都更清楚組織需要有哪些變革,也對未來懷抱無窮希望。之後,這個案子很快就真的往好的方向轉變。到頭來,我們想盡辦法留住了九成以上的人,也繼續在專案的許多部分都看到很亮麗的成績。然而,會中所有回饋意見

帶出另一個比較私人的問題：為什麼我們花了這麼久的時間才有動作，以及下次我們要怎樣把事情做對？

我跟薩摩哈有很需要反思的地方。我們要為員工做兩件事：通盤理解他們講出來的每件事，讓他們知道我們後續會怎麼做。

當對方回覆你的問題，給予你坦誠、經過深思熟慮的答案，接下來你就要為他們做兩件事：反思你聽到的訊息，然後詮釋訊息並決定你要怎麼做。接著，重新連結回到他們身上。這一套行動非常重要，這麼做，才會讓你得到的答案有意義，並且得出可據以行動的洞見，以強化你的工作和人際關係。同樣重要的是，這也是讓你長期不斷學習的方法。我們詮釋對方講出來的資訊、並對和我們分享資訊的人說出自己的反思，就能保證我們聽到的是對的，強化雙方的理解，增進彼此開放的溝通。

在拒絕對方之前，先想一想

對方告訴你的事情不見得全部都有用，如果你急著展開行動，有些資訊反而有反作用，甚至會造成傷害。能賦予提問力量的，**是你必須決定要怎麼運用你聽到的東西**。他們講的話就像牙膏一樣，講出來之後，就不能再擠回軟管裡了。雖然話這麼說沒錯，但你也未必要用從別人的軟管裡擠出的牙膏，你甚至可以扔了它，這時你要怎麼決定？

我們都需要找到方法去蕪存菁：處理我們得到的參考意見，然後想想看要拿來怎麼辦（如果有要用的話）。我們每個

人都有威力強大的分類工具，那就是反思。我們需要坐下來好好想一想對方講了什麼，分辨這對我們來說有何意義，並在適當時運用資訊，讓情況變得更好。

反思是一種找出要改變什麼以及要如何改變的工具，是最有價值的運用時間方法。你不需要成為連續多天在山頂盤坐的僧侶也可以反思，然而，在這個匆忙的現代社會裡，反思確實感覺像是一門失傳的藝術。接下來我要提綱挈領提出一套可供你使用的流程，叫做篩選並轉思（sift and turn）。

首先，先篩選

最好的學習契機，通常出現在情緒高張的時刻，比方說回饋意見對話、爭論和白熱化的討論時。在這些時候，我們很容易在自己的理解之梯上趕著往上爬，帶著過度簡化的心得離去：他們太過以自我為中心，我是一個很可怕的人，這個工作爛死了，諸如此類。但這個世界很少這麼簡單，因此，你從聽到的內容當中篩選，辨別哪些是值得想一想的重要資訊、哪些可以丟掉。這個過程也有助於防止反芻，這是指你不由自主地不斷把事情想過來、想過去，造成一種無止盡的思考迴圈，或害你原地踏步浪費時間。

《徹底坦率》的作者金·史考特熱切信奉要開放心胸，好好面對，嗯……坦白的回饋意見，但就連他也敦促我要把以下這段警語寫出來。我們聊天時，她正在準備製作一集 podcast 節目，廣徵各種人們收到荒謬回饋的時刻：有些是怪誕的意見，有時候甚至是因為對方本身的偏見、焦慮與挑戰而冒出來

的冒犯性言論。各式各樣的故事紛紛湧入，史考特遺憾地對我說：「外面是一個充滿痛苦的世界，一個充滿胡言亂語的世界。」她對我講起她自己得到無比荒謬回饋意見的故事，主角是一位科技業的老闆，多年前此人叫她上班時穿緊一點的褲子。（彷彿這件事還不夠糟似的，他做的事還不只這樣；他還派人去替她買條新褲子，然後把褲子連同帳單一起給了史考特！）史考特對自己的時尚穿搭沒什麼信心，還真的穿了那條褲子，一直到她發現褲子會勒住她的肚子，而且主管提的意見其實是包裝成建議的沙文主義想法。最後她辭職了。史考特在《公平工作》（Just Work，簡體中文版譯名）裡完整講述了這個故事。

史考特的經歷真是糟透了，然而，我們每個人都可能有過得到某種「荒謬」回饋意見的經驗。從別人給你的資訊中篩檢，並不代表你不理性，如果你屬於代表性不足群體、因而更容易收到一些受到偏見影響的建議，更是這樣。史考特以一個科技業女性的身分表示：「有很多人寫了徵求回饋意見時要打開心胸，不要有防衛心，但我們心生防衛是有理由的⋯⋯如果照單全收，你會被廢話淹死。」

開始篩選之前，先考慮把你從他人口中聽到的記錄下來。記憶退化很快，所以最好當場快速記下。記下交流互動細節可以讓你釐清事實，並防止你事後亂猜或馬上就解讀你聽到的話。有一種很好用的表格形式很適合在事後記錄交流狀況，就是我們在第 1 章介紹過的兩欄式論述格式。

記錄下來之後，你可以想一想有什麼寶貴的意見值得你深思。讓人難過的是，有時候我們從對方講的話當中擠不出來任

何好東西。如果你覺得對方給你的資訊有錯誤、不公平或者可以歸類為「荒謬」，你可能只想把這些東西過濾掉，繼續過自己的生活。但這麼做之前，你可以先和一些你知道會坦誠以告並幫助你查核自己想法的人先聊聊（理想上是跟你自己以及對方觀點不同的人）。如果這些朋友做了該做的查核，確認了對方講的都是垃圾話，他們也可以幫助你找到接下來最好的行動步驟（比方說，可能是：去找一下人力資源部的人！）。

然而，如果你聽到的話中確實有一些很有價值的資訊，那要怎麼做？那就該開始運用三個轉思，從對方說出來的話當中得出一些意義。

現在，翻過來想……然後再轉過去思考

古代猶太拉比本・巴格－巴格（Ben Bag-Bag）講過一句名言我很喜歡，直指反思以賦予意義的力量核心：「翻過來再轉過去，一切盡在其中（Turn it and turn it, for everything is in it.）。」[1] 這位拉比講的是神聖的宗教文本，但同樣也是適用於「生活文本」，也就是我們聽到的別人對我們講的話。如果你可以像閱讀珍愛的經文那樣認真仔細判讀他人，把他們講的話翻過來轉過去（以下用「轉思」指稱），就會發現他們的話中蘊含的價值。

這三個**轉思**[2] 是一套架構嚴謹的問題組，幫助你反思別人講給你聽的話，從他們分享的資訊中找出最重要洞見。以下我用特定順序呈現這三個轉思，但是你可以根據情況，以你認為最適當的順序來運用：

- 第一次轉思：依據情況，挑戰自己建構的故事。
- 第二次轉思：調整並採取你的下一步。
- 第三次轉思：處理自己背負的包袱，以及有沒有更深刻的因素需要探索。

要這樣翻來轉去思考，我們需要使用本書核心架構：理解之梯（圖 7-1）。

我們在第 3 章討論過，不管何時，當我們進入情況池，就會在理解之梯往上爬以發展出自己的故事，這自然而然把我們帶往下一步（我們會行動、會反應、會決定），而且一切都契合我們建構的故事。但是，無論情況為何，我們講給自己聽的故事絕非偶然，這是我們的包袱，是我們這一輩子累積出來的假想、人生經歷、身分認同、價值觀、偏見和處事方式（行事作風）。

人隨身背負著我們的包袱，碰上任何情況，就會拿出這些包袱幫助自己過濾，好知道該選擇把注意力放在情況的哪些面向、要如何詮釋自己挑選的資訊，以及得出什麼結論。換句話說，我們既有的包袱會形塑我們在任何情況下所說的故事，而這又會決定我們的下一步怎麼做。

問題在於，我們的包袱通常讓我們建構出確認過去最根深蒂固想法的故事，所以我們會卡在確認迴圈裡，使得我們的行動又回過頭來確認過去講的故事，除非我們將反思當成工具，阻斷循環，不然會沒完沒了。有反思，就有機會打破確認迴圈的自我封閉循環，學到新東西。

圖 7-1

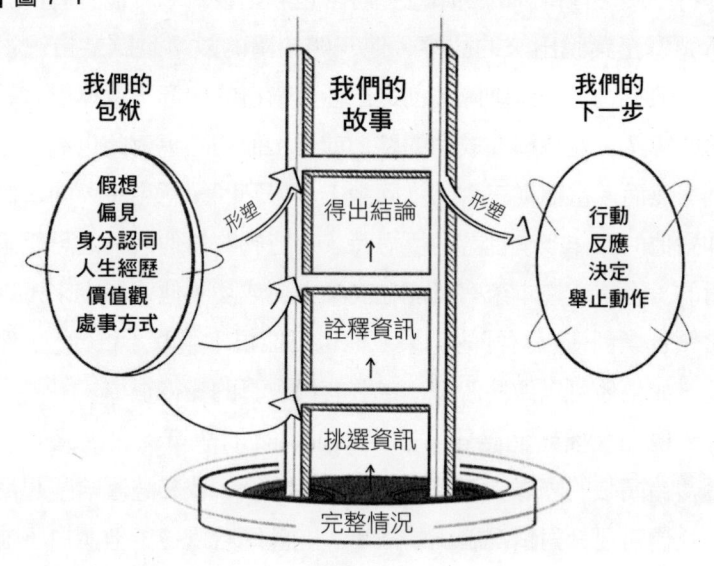

我們的包袱：假想、偏見、身分認同、人生經歷、價值觀、處事方式

我們的故事：得出結論 ← 詮釋資訊 ← 挑選資訊

完整情況

形塑 → 我們的下一步：行動、反應、決定、舉止動作

▶ 第一次轉思：挑戰自己建構的故事

在這個轉思上，你要問自己一個簡單問題：

我從別人口中聽到的話，會如何形塑我根據情況所建構的故事？

當你坐下來好好想這個問題，就有機會微調、挑戰或修正你的故事。這麼做會涉及重新思考你本人在故事中扮演的角色、他人的角色以及你為自己設定的任務。你或許會發現自己沒有想到情況的其他面向，或者可以得出不同的結論。

還記得我們在第 2 章裡講到的吉姆・卡特勒嗎？他親近的朋友與同事說，他們認為他缺乏領導企業所需的商業魄力。當

卡特勒反思他得到的回饋意見時，也開始重新思考他對於自己所領導企業說出來的故事。他一開始講的故事是認為自己很棒：他打造了一流團隊，創造出極具價值的內容，賣掉很有意義的專案，並持續在成功的路上前行，他的同事對此也都很認同。然而，當他從三六〇度回饋工具得到回饋意見時，同事們卻對他的工作多有批評。反思時，卡特勒明白他們講的可能是對的：企業或許本來有可能在商業上更成功。他或許本來可以帶領企業創造出更好的結果。他也可能根本不算「很棒」，然而，如果他可以做些改變，或許有機會真的變得很棒。

現在我要轉個話題，講回 Transcend 的故事：之前講到那個情緒高張的團隊去了芝加哥暢談，之後，我和薩摩哈一起反思我們自己針對情況講出的故事。在薩摩哈這邊，他明白了他在經營企業時一直在講的故事：我們聘來的人員很有能力、很老練，不需要大量的管理架構也能表現出最好的一面。他曾在職涯早期於大企業建置這類管理系統，並落實執行，但他常覺得這些經常讓他處於要「照管」資淺員工的局面。

與此同時，在 Transcend，我們有餘裕聘用資深人員，組織的使命對他們來說是極大的動力。在這樣的環境裡，系統的重要性不如讓人員有空間去做好他們本來就有動機好好做的事。他反思從異地會議裡得到的回饋意見，他發現自己講的績效管理系統故事大錯特錯：就算老將的鬥志高昂，也需要明確的目標、監督進度的系統以及更明確的職務定義，用以引導他們的工作，幫助他們發揮最佳潛力。

我們也理解到，由於這個時間點學校需求殷切，我們兩人一起建構出一個故事：我們必須竭盡全力以因應需求，如果這

表示組織的成長速度快過我們原本的規劃，那也沒辦法。我們假設，憑藉我們強勁的使命導向文化與傑出的團隊，打造管理架構、讓大型組織得以維持強健體質的任務，可以往後拖一拖。現在我們看到了員工背負著我們過度自信、但最終無以為繼的故事所造成的負擔。

▶ 第二次轉思：調整並採取你的下一步

當你做完第一次轉思之後，開始修正故事，通常連帶開啟各種可能性，讓你可以踏出嶄新的步伐，這也正是第二次轉思的本質。

當你在做第二次轉思時，請自問：

根據我聽到的資訊（以及這對我的故事造成的影響），我可以採取哪些行動步驟？

當你提出這個問題並坐下來好好想一想，就會找到強而有力的見解，看看你可以開始、停止或繼續做哪些事，以回應你聽到的訊息。它有可能是可以去做或去改變的行動，也有可能是做出新的決定或動向。

當卡特勒要根據他聽到的回饋意見修正自己的故事時，自然而然就問了那他該怎麼辦？這指引他在自己的部門裡加聘兩位高階主管，而他們也創造出可觀的新收入。部門裡有了這兩人，大大解決人們對於營收成長能有多快的疑慮。這也讓卡特勒能去做他最擅長的設定願景、激勵與培養人才努力達成願景，以及參與實質工作等等，同時也確保在商業面獲得繁榮興盛。

當我和薩摩哈根據我們從團隊成員口中聽到的話，修改我們的故事，承認我們的基礎設施投資不足，實務上我們要採取哪些行動就顯而易見。我們開啟一系列專案，更深入投資就職、培訓、溝通架構、規劃、人才管理以及知識管理（讓大家可以找到其他人的工作成果，不用重頭再做一次）。我們也建構了目標設定與績效監督系統，並且開始常態使用。最後，我們投資更詳細的策略規劃流程，以考量眼前的許多新機會，並更審慎決定團隊可以接下哪些案子並交出優質的成績單。

▶ 第三次轉思：處理自己背負的包袱

來到最後一次轉思，你要做的是重新檢視身分認同與人生經歷核心中最深處的假設、偏見與價值觀。反思個人的包袱會帶來什麼可能性，讓你下一次能夠更高效地爬上階梯。在此我們可以自問：

我要如何把我聽到的意見連回到我的包袱？這可能反映我內心深處哪些世界觀、偏見和行事作風？

這是最深入、通常也最情緒性的反思層面，很多重要的學習也都出現在這裡，因為如果你不跟著改變，很可能每次都用老包袱來面對新情況，也因此才有那句話：「身在哪裡，心就在哪裡」（Wherever you go, there you are）。[3] 質疑自己根深蒂固的世界觀與行事風格很痛苦，畢竟，就是這些造就了今日的你，要丟掉這些包袱會讓人覺得很可怕。但你也必須在這個地方面對在你生命過程中已經內化成你的一部分、不太順眼的偏誤和偏見，開始努力痛苦地把這些包袱都拋掉。有時候，當我正視我的包袱時會很尷尬萬分，因為我發現這些「包袱」都沒

有彰顯我在生活中倡導的理想與價值觀;然而,如果願意檢視自己的包袱,由於這麼做蘊藏著一股最強大的力量,可以幫助我們深刻且持續成長、演進,這將會是威力最強的轉思。

卡特勒來到這一轉時,認真地檢視他的超能力到底在哪裡。他發現,成為一個成長快速事業單位的執行長可能不是他最高、最適合的天命,把時間花在這裡也不是他最想要的人生。這並不容易,因為他要克服自我裡面覺得他「應該」要這麼做的部分。更深刻的見解給了他自由,讓他自問到底認為自己獨有的超能力在哪裡。慢慢地,他把在摩立特與其他地方的業務性領導位置交給其他人,轉向其他職能性與顧問性的領導職,並且做得風生水起,也更快樂,持續發揮極大的影響力。現在他過著豐盈的人生,他的價值觀、工作與影響力全都相輔相成。

當薩摩哈更深入檢視他的包袱,他自問為何會急著推開早期警訊,罔顧專案已經來到危機點。這個問題帶他回頭去看自己的成長歷程:他生長於一個過度保護小孩的移民家庭。他在南加州海邊長大,但從來不能去海裡游泳,因為那「太危險了」。他媽媽處處都看到不太可能發生的危機,堅持薩摩哈要服從她的警告。薩摩哈反而生出一種補償心理,假設任何警告不過就是某個人誇大災難的說法,這變成了他一輩子的習慣。這種樂觀傾向讓薩摩哈在生活中以及過去擔任領導職時如魚得水,也讓他可以鼓舞別人在面對不確定與挑戰時往前衝。但是,現在他看到當中的缺點了。

這番洞見幫助薩摩哈理解為何問題已經在悶燒了,但他卻花了這麼久的時間才有行動。此外,這也讓我們理解到在我們

身為共同執行長的關係中經常出現的動態。撫養我長大成人的人暗暗信奉的箴言是「只有偏執狂才能活下來」，我非但不抗拒爸爸傳遞給我的訊息，還內化成自己的一部分。因此，當我帶著疑慮去找薩摩哈、而他自信滿滿地不當一回事時，有時候（但不見得一定都是），我的焦慮感嚴重到不行其實是對的。檢視過我們之間的動態以及我們身上各個部分的內在源頭之後，我和薩摩哈現在找到更平衡的方法對彼此提出疑慮，一起更悉心檢視，並利用數據和其他人提供的意見讓我們知道自己處在什麼位置。

▶ 用來反思的工具

　　以我來講，我通常在安靜的時刻、身在辦事的空檔時反思，比方說去散步或淋浴時、洗碗時，或者和我太太以及信任的好友花時間暢談時。我很容易就想用外部刺激如 podcast、新聞、電話來填滿所有空餘的時間，但這會阻礙用來反思的開放時空。如果我真的挪出時間刻意坐下來，細想三個轉思所列出的反思問題，就比較可能吸收別人告訴我的訊息，並轉化成有意義的洞見和行動。

　　如果你覺得要在腦中進行這三種轉思很困難，可以考慮這麼做：

　　寫日誌：寫下來可以幫助很多人整理思緒，並讓反思的過程更具體。你不需要用想的去做這三種轉思，你可以全都寫下來。

　　對話：好奇心是一種團隊運動，和別人一起反思會很有幫助，特別是，我們建構的故事與確認迴圈會困住我們，讓人很

難改變自己的思路。一個有批判精神的朋友可以溫柔地幫助我們看清楚，我們的故事只是其中一種理解現實的可能。你可以跟朋友講清楚你真正的需求，讓你的朋友更願意給予批判性意見。（還記得第 4 章的安全性循環嗎？請顯露出韌性。）

教練、治療：和需要付費諮詢的專業人士合作，可以讓你在進行轉思時更有安全感、更有條理並獲得長期的支持。

無論你怎麼做，掌握結論會很有幫助：寫下來，大聲說出來，對朋友說說。這些方法可以幫助我們鞏固結論、記住結論，並要自己負起責任根據結論展開行動。你可以找範本看看如何在自己的生活中做這三種轉思，參見：www.AskApproach.com。

完成反思，現在你要重新連結

完成反思之後，就該和慷慨大方回應你問題的人**重新連結**，封閉溝通迴圈。你有沒有做到這一點、做得好不好，將會決定你們之間未來的關係。提問可以強化關係，但前提是兩人都覺得從交流中得到收穫。你不希望你們之間的對話是「講過就算了」。**你怎樣回應，將會決定你們打開的大門是否繼續開啟，以維繫長期的分享與學習。**

你問的問題可能是身為主管的你要如何改進，可能是請對方提出想法看如何改善客戶面臨的挑戰或增進個人的人際關係，或者只希望有人告訴你改正跑步姿勢的訣竅，無論問題是什麼，我敢保證，由於這番互動，你的朋友、家人或同事自己也會生出一些問題，比方說：*我講的這些話會造成任何影響*

嗎？對方有好好把我講的話聽進去嗎？接下來呢？如果他們講出來的話讓他們覺得暴露出脆弱的一面，很可能就會出現布芮尼·布朗所說的「示弱性宿醉」（vulnerability hangover）[4]，覺得自己講太多了，還有很可能為了自己講出來的話而覺得尷尬，或者擔心不知道你會怎麼樣拿去用。所以，不要讓對方在交流互動結束之後內心懸著、反應不適，不知道接下來該怎麼辦！

從感恩開始

　　感恩會讓局面大不同，就算你思考對方提供的意見後決定不會有所行動亦然，或者該說在這種時候效果尤好。表達感恩可以很簡單，如誠心說一句謝謝，這樣就很能讓對方知道你很重視他們提供的意見了，如果他們之前並不確定自己該不該分享，此舉格外有用。我們在前一章提過的傅崇豪，他就訓練自己把別人的回饋想成禮物，無論意見聽起來有多刺耳，他也都會報以感謝。在心裡用這種方式思考，把回饋意見當成對方的慨然相助，讓我們走上學習與變得更好的旅程；就算對話有時候讓我們五味雜陳，道謝也可以幫助我們以正面的態度回應。

　　道謝不只是禮貌而已。研究顯示，表達感激會對道謝的人以及被道謝的人帶來正面效果，包括提高歡愉、樂觀、熱情的程度，也會降低壓力和焦慮。這讓我們覺得與對方更接近、更緊密相連，實際上也提高了每個人想要幫助與支持對方的心情。[5]

　　感謝對方提供的建議或資訊，合情合理，但如果你把重

點放在他們的天賦上,你表達的謝意效果會更好。北卡羅來納大學教堂山分校(UNC Chapel Hill)教授莎拉・奧格蘿(Sara Algoe)與同事做的研究顯示,表達感謝的焦點如果放在對方的正面特質上,比方說他們的勇氣、智慧或創意,效果最好。[6] 舉例來說,「我很感謝你非凡的體貼和人本關懷,這全都顯現在你分享的回饋和建議裡。」

讓他人看到他們分享的內容造成哪些影響

感恩通常只是一個起點,對方比較想知道的,是你如何運用他們分享出來的內容,而且可能希望、甚至期望看到一些行動承諾。簡言之,**要讓他人看到所分享的內容造成哪些影響**。

上一章提過大衛・肯特的傾聽架構(內容、情緒和行動),在這裡也用來表達對方講的話對於你造成哪些影響:

在**內容**頻道顯現影響,代表你要摘要你聽到的內容、你學到哪些之前不知道的事情(如果有的話)以及你的重要心得。這有助於讓對方看到你真的有聽到他們說什麼,他們講出來的東西影響了你的思路或教了你一些新東西。

切換到**情緒**頻道,你可以分享他們對你造成的情緒衝擊,同時也對於他們的經驗表達同理。但在這裡要小心:你不會希望把自己的情緒反應變成他們的負擔或是因此去責怪對方。舉例來說,你說你因為他們給你的回饋意見而感覺很糟,或者你被惹毛了、今天接下來的時間都無法專注,講出這些話毫無幫助。表達他們講的事情擾動了你、造成負面或痛苦的情緒,這沒有問題(比方說:「聽到你這樣講真的讓我很痛苦,但我很

高興你講出來了……」），只要你別讓你的反應變成對方的責任就好。分享他們造成的情緒衝擊，重點是要讓對方知道他們在某些方面觸動了你，對於他們這麼做，你的回報就是讓對方看到自己脆弱的那一面。

最後，來到行動頻道，你可以讓他們知道，你正在根據自己學到的東西謀劃或承諾去做些事。這種事前主動的態度可以緩和大家常有的疑慮：他們試著分享一些事，但什麼也沒改變。如果這就是結果，基本上一定會阻礙他們，未來再也不想開誠布公跟你說什麼。就像老話說的：坐而言不如起而行，講到要從別人身上學東西，這句話絕對成立。

我還在 TFA 擔任學習長時，我們有時候會和外部組織結盟，為老師提供額外的支持並培養專業。有一年，我們嘗試和之前從未合作過的組織共事，早期的數據顯示，老師們對該組織方案的評價很低，完全不如他們得到的任何其他支援。我把數據送給對方的總裁尼克，並安排會議。潛意識裡，我認為這是尼克唯一的機會，他必須說服我不要動手取消我們的契約，讓老師們改從其他組織獲得更好的支持。我很懷疑他做不做得到。

開會當天，我走進尼克的辦公室，幾乎確定我們之間的關係就這樣了，然而一小時後，當我離開時卻滿懷熱情，想要再繼續合作。

他如何逆轉局面？尼克透過內容、情緒和行動頻道說服我，老師們的回饋意見對他造成了實質的衝擊。

我們坐下來時，他馬上就讓我知道並同意了調查數據的內容。「顯然我們給的東西不夠，」他說，「你們的老師不覺得

我們的人有提供支援，我們的教材也無法滿足他們最重要的需求。他們想要更務實的支援，我們給的東西太過理論了。我明確看到他們為何沒有得到需要的東西。」

接著，他分享調查數據在情緒面對他造成的衝擊。「聽到這種事真是讓我很崩潰。我知道當老師很辛苦，時間被別人平白浪費掉會讓人覺得很受辱。知道你們的老師給我們的評價是所有支持方案當中最低的，真是殺了我算了。我很自豪我們打造出一套不同的方案，但面對這個結果，什麼都沒有了。」

最後，他承諾要採取大動作：「我會這樣做：我今天下午會和首席培訓師坐下來談，徹底檢討數據。我們馬上會有一系列的人事變動，你們的老師能得到我們最好的培訓師。我也會親自和他們一起審查教材，確認實用性。下個月我每個星期都會去看上課情形，然後打電話給你討論我觀察到的現象。」

尼克的回應讓我心裡再無疑惑，相信他不只從我和他分享的數據裡學到並認真想過一些東西，而且也善用了我坐下來和他交談的時間。我也因此相信，如果未來還有問題，跟他聊聊會很值得。我離開時並沒有中斷這份關係，反而覺得連結更緊密，也樂觀認為我們的對話會有實質效果。更重要的是，尼克確實根據我們的對話得出想法，也做了一些事。在很短的期間內，情況好轉了，他的方案也在所有培訓供應商中獲得最高評價。

當你不打算採取行動

如果你反思後判定你得到的資訊完全無用，或者你認同你

聽見的東西、但有其他因素阻礙你有所行動,那該怎麼辦?

在這些時候,分享你的反思過程、再加上你坦白的結論,是重新連結的好方法。表面上來看,這會讓人覺得很尷尬,你可能也很抗拒對方的後續追問,但事實上,這是深化你與對方之間連結的大好機會,甚至可以知道一些你不認為會看到的事。你可以說:「我仔細想過你的建議,我想讓你徹底了解為什麼我不打算做你建議的事,你或許可以幫我看看我有沒有漏掉什麼,我直接講出來,或許也可讓我們兩人激發出新想法。」然後你一五一十講完你的反思過程,接著,對……問問看對方有何反應!

人在提建議時不會預期對方一定會完全同意或有什麼直接的行動,但他們會期待聽的人有慎重考慮自己的建議,以及自己或許可能發揮一些影響力。這樣一來,他們才不會白費時間。這也正是你要**重新連結**的理由;你要和對方做事後追蹤,就算你要講的是「我因為這些理由所以不去做」也沒關係。

雪倫・埃爾・瑪拉(Shereen El Mallah)是維吉尼亞大學的發展心理學家暨研究人員,專攻青年參與式行動研究(Youth Participatory Action Research,簡稱YPAR),這個詞很花俏,白話來說就是協助年輕人成為研究人員,著手研究對他們來說很重要的議題。社群實驗室學校(Community Lab School)是一個與她合作的學校網絡,建置了一套涵蓋全系統的流程,用於追蹤請學生提供意見時他們分享的內容,她從中看見重新連結的深遠影響。不管何時,當這些學校向學生徵求回饋與意見時,所有的資訊都會歸屬於以下三類中的其中一類:(1)在路

上:我們可以也將會立刻據此行動;(2)在雷達上:雖然無法立刻做什麼來處理問題或疑慮(比方說有預算限制、時間限制等等),但我們已經有了(較)長期的計畫來改正問題;或者(3)不在掌控當中;我們聽到了回饋意見,但因為某個原因,我們什麼都不能做。

分成這三類,幫助學校在學生提出意見之後可以追蹤後續,這麼做的效果很可觀。學生更投入、更樂於提供回饋意見給學校,他們分享的資訊也遠比沒有這套環環相扣回饋流程的學校豐富。這套做法給了學生很大的力量,他們後來承擔起責任,和同學分享各類別的處理情況。埃爾‧瑪拉如今要求所有和她合作的學校要事先承諾會打造責任制管道,連回到之前提供意見的學生身上。如果每家企業都這樣處理客戶建議,那會如何?如果用這種方式去因應員工的回饋意見,那會如何?如果每位政治領袖(或宗教領袖)這樣對待自己的選民或信徒,又會如何?

公開以身作則,示範反思過程

重新連結以分享你的反思過程非常重要,也能帶來很大收穫,如果對方分享的內容能造成實質的效果,更是這樣。在芝加哥大會談之後,我和薩摩哈決定要公開示範,在整個組織的面前以身作則。我們已經開始推動一些重要變革以強化管理系統,看起來,情況正在往好的方向轉。雖然對個人來說是一大挑戰,但我們還是想要讓大家看看回饋意見如何讓身為領導者的我們成長,也想樹立三個轉思的典範,鼓勵整個組織這樣進

行反思。

這些看起來都是好主意,但到我們真正必須動手做那天就走樣了。

新冠肺炎疫情造成中斷三年之後,這是我們第一次重辦組織的年度靜思會。我們請學習長珍妮·亨利·伍德幫忙,讓我們在大家面前公開反思。她請我們坐在台上,要我們完整訴說當我們在反思從去年一年的挑戰中學到的東西時所做的三個轉思,而且要在每個人面前大聲說。

忽然之間,我們「上了梁山」,麥克風就在手裡,對著大家一五一十講述我們的故事、我們的行動步驟和我們的包袱。我們揭露自己的領導選擇讓很多人覺得很痛苦(但還好可復原)的結果,而薩摩哈之後告訴我,他覺得這個過程很有宣洩作用,甚至讓他很享受。

那我呢?在這麼多人面前用這種方式打開自己從頭講到尾,說實話,這一度讓我很不自在。我一直在冒汗,有時候還講得結結巴巴。我不太敢看那一群人的臉,我想這是因為我擔心自己會看到的畫面:批判、失望,可能還有震驚。但是,我不能讓這些感覺阻礙我分享心裡話,我必須坦誠相告我學到的東西。

薩摩哈講到他的童年,我則談起我那股從未停歇、想要創造愈來愈大影響力的動力,在我們完成這最後一個轉思之後,珍妮感謝團隊聽講。就在這短暫的沉默時刻,我盯著我的雙手,想著我們該不會犯下大錯了吧?他們可能對我們全無信心了。

接著,我聽到一聲掌聲,很快地掌聲此起彼落。只有到了這時候,我才抬起頭看著團隊。大家站起來鼓掌,熱烈情緒持

續了快一分鐘。我鬆了一口氣，心中的感激與歸屬感也滿到溢出來。

這麼做不會害死你……

有些人會覺得**反思與重新連結**可能是「問法」五步驟裡最具挑戰性的，本章會提供一套架構和工具，但這就和公開演說一樣，你要多練習，才會相信自己有能力面對與修正故事。此外，你也必須檢視你自己內心深處的信念，並克服強大的制約力量，面對示弱風險。風險可能確實存在，尤其是在組織或社會權力位階比較低的人，當他們要拂逆上位者的心意講話與做事時，要面對的壓力特別大。但是，這麼做通常都可以帶來很多收穫，包括更深刻的見解、強而有力的行動、更深入坦承的關係等等，遠遠高過風險。

我和薩摩哈的公開告白就如我所想的，非常讓人不安，但我們都撐過來了，把事情好好講完。事實上，這麼做造成了極大影響，團隊成員要求我們把這變成年度領導階層靜思營的特色。我想下一次我會更輕鬆一點，因為現在我已經體驗過，針對別人告訴我們的資訊好好反思並與他們重新連結，能帶來發自內心、深刻無比的滿足感。

完成三個轉思之後，團隊成員明顯深受感動，他們跑過來跟我們講話，說他們從沒看過組織的領導者這麼公開剖白。有些人過來講到那天他們看著我們在會議室裡的舉動，這種經驗讓他們確認自己為對的組織效命；對於願意這麼公開且深刻分享自身錯誤的領導者，他們會更有信心，而不是相反。我從他

們的反應當中理解，我們犯了哪些錯固然重要，但更重要的是讓團隊知道我們不僅傾聽他們的回饋意見，還真的從中學習，藉此讓我們以及組織都變得更強大。他們也學到同樣重要的心得：他們知道自己的力量強大，而且他們的心聲也很重要。

重點摘要

重要問題：你如何將談話轉化為行動？

1. 在對方把話講出來之後，是你要決定怎麼面對你聽到的話。要反思，你得要先篩選，然後翻來覆去轉思這些資訊。
2. 第一步是**篩選**，先去蕪存菁。你要決定哪些話值得你更深刻反思，哪些不用。和你信賴的朋友聊一聊，可以幫助你找到看待資訊的觀點。
3. 接著用三個轉思徹底反思你聽到的訊息：
   - **挑戰自己建構的故事**：你聽到的回饋意見如何影響你一直以來對情況所建構出來的故事？
   - **調整並採取你的下一步**：根據你聽到的回饋（以及對你的故事造成的影響），你要採取哪些行動步驟？
   - **處理自己背負的包袱**：你聽到的回饋和你的包袱有什麼關聯？這可能揭露你哪些更深入的世界觀、偏見、假設和行事作風？
4. 完成反思之後，就**重新連結**。
   - 先向對方表達謝意，同時讚賞從他們所說的話中可以

得出的正面特質。
   ○ 讓他們知道他們分享的意見如何影響你……你又打算做些什麼。
   ○ 如果你不打算因為他們講的話去做些什麼，請說明原因並請他們表達意見。
5. 考慮把寫日誌、教練指導、心理治療、或與信任的思考夥伴對談等反思實作方法，納入你的反思當中。

互動練習

7A 親自做一遍三個轉思。想一想別人對你說過的有意義回饋意見，自問：

- 第一次轉思，反思你的**故事**：我聽到的回饋意見，如何影響我一直以來針對這個情況或這個人說給自己聽的故事？
- 第二次轉思，反思你的**行動步驟**：根據我聽到的回饋（以及對我的故事造成的影響），我要採取哪些行動步驟？
- 第三次轉思，反思你的**包袱**：我聽到的回饋和我的包袱有什麼關聯？這可能揭露了我哪些更深入的世界觀、偏見、假設和行事作風？

找一個思考夥伴，他能夠傾聽你進行這些轉思，並溫柔地充當給予批評意見的朋友，引出你的反思，並且幫忙刺激你思考。

7B 現在,重新連結。去找最初為你提供回饋意見、讓你進行反思的人。讓他們知道他們講的話對你有何影響。你感謝什麼?你有什麼心得?你會怎麼運用這些意見?

Part 3

將提問融入領導與生活

　　第 3 部揭示如何將「問法」變成真正的超能力,加持自身、團隊和組織、年輕世代,甚至可以用來療癒分崩離析的社會。

　　我們要靠練習,才能把「問法」納入生活,用得如行雲流水般自在,第 8 章會提出你需要的輔助架構與策略,讓你可以精通此道,或是任何新技能。

　　你會在第 9 章看到,提問帶來的力量會強化團隊與組織的效能,包括你可以做哪些事來讓整個職場都更加好問,而且不管你在職涯發展的哪個階段都能做到。

　　那麼,下一代的領袖呢?第 10 章會幫助你協助生活與社群中的年輕人,讓他們成為出色的提問者,也會提出一些方法把他們天生的好奇心火花化成一生受用的創意引擎。

　　最後,我們會在後記來看看,不管每個人一開始看起來有多不同、或多難相處,如果我們在進行交流時用全新的好奇心來看待能從每個人身上學到的,一次進行一場對話,這個世界能怎樣變得更好。

第 8 章

讓提問成為你的超能力

成為世界級的提問高手

我在摩立特工作時,開始看出阿吉里斯的方法很有威力,我備受激勵,想要利用這些方法替我自己以及每個人培養技能。讀這些實務做法是一回事,但真正要磨練成器、可以在最有需要的時候拿出來用,又是另一回事。你要怎樣才能把一套好構想變成實用的扎實技能寶庫?

因此我請教阿吉里斯,他認為一般人要花多久時間才能精通他的方法。他的回答很簡單:「和把網球技巧練到還不錯所需的時間差不多。」

碰巧,我還知道一點要怎樣把網球打到還不錯,畢竟,我國中之後就一直是業餘網球選手;但就算條件俱足,我的網球也就只是打到還不錯而已!

我後來明白,把網球(或者,其實該說任何技巧都一樣)愈練愈好的過程,和我們學習精通「問法」的過程很類似。在這一章,我們就要來看看這個過程;在這一路上,我們會得出你可以運用的穩健策略,讓你愈來愈好,直到你把提問變成你

的超能力。

「你們都不稱職!」(但這不要緊!)

　　培養任何超能力,都要從體認自己欠缺能力並釐清個人現狀開始。我還在摩立特工作時,公司的執行長馬克·富勒(Mark Fuller)惡名昭彰,他每年都會向即將進入公司的新顧問群發表演說,標題是「你們都很聰明且衝勁十足,但你們完全不稱職(incompetent)。」當新人聽到執行長說他們毫不稱職,簡直嚇壞了。畢竟,這些人可是畢業自全世界最頂尖的大學與商學院,成績一等一,過去成績也十分亮眼。他們拚盡全力,不只要把自己的工作做到好,更要證明自己很傑出。「不稱職」是他們最後才會聽到的評語,這也可能是他們內心深處最怕從別人口中聽到的評語。

　　如今,他們的執行長(此人可是他們新工作領域中最有權力的人)居然說他們「不稱職」。當然,從字面上來說,富勒只是要說這些新人還沒學到身為管理顧問該具備的產業技能,這樣說來,這句話是對的:他們沒能力勝任管理顧問一職。富勒在凸顯這一點時,提醒他們,沒錯,他們都是很有能力的人,但他們沒能力做好新工作,而他將這一點講成很正常的事。畢竟,他才剛剛以高薪聘用這一群「不稱職」的人,這樣看起來,不稱職也不是多糟糕的事。而且,為什麼他們應該很擅長做之前從沒做過的事?在這種情形下,完全可以理解為何他們欠缺能力;甚至說,若沒有不稱職,可能還有點怪異。

　　當我們不知道如何做某件事,在這件事的表現上便是無

能。社會上對於「無能」一詞帶有貶抑，這是對某個人或我們人格特質中某種長期缺陷的嚴厲批評。但事實是，我們在很多事上都很無能，坦白承認沒什麼好丟臉的。羞恥感是習得的，這表示我們也可以學著拋下。說到底，小時候並沒有人期待我們會自動知道要怎麼做我們嘗試去做的每件事。大家都理解，不懂該怎麼做一件事正是學習過程的起點。遺憾的是，當我們漸漸長大成人，很多人接受了我們再也不能當一名新手的概念；沒什麼比這個想法更阻礙持續成長與學習。

舉例來說，就算我無能成為長笛手，也不代表我就是個無能的人，這只是說我沒有投入時間與心力去學習如何吹奏長笛。反之，我是很能幹的駕駛，這並不是因為我天生知道怎麼開車，而是我花了時間學習這項技能。同樣的，說到真的要從別人身上學習，很多人都顯得非常無能，這並不是因為我們很差或很自私，而是因為我們（還）沒有投入培養「問法」的相關技能。

問題是：我們要如何從無能變身成能幹？

精熟螺旋

要因應這個問題，我們得運用一套簡單但有力的培養能力架構：精熟螺旋（mastery spiral）。[1]（作者注：這套架構，還有，更重要的，不斷推進以完成整個過程的種種策略，都可以套用到任何你想要精熟的複雜能力上，因此，請抱緊這些東西，不管你是想要學好唱約爾德調〔yodeling〕、打匹克球〔pickleball〕、編織、吹奏低音號或任何你想要學的目標，都

用得上。)

在本章中,我們會以螺旋為核心進行講述;一開始先講最頂端,你可能在這裡就開始感受到碰上「問法」的某些面向:覺得被卡住了。我們常會在嘗試新東西時覺得卡住了,但又不知道理由何在;我們甚至不理解問題就在於我們少了某些技能。有鑑於此,我們可以把這個階段稱為無意識的無能(unconscious incompetence)。等我們開始覺察到自己的能力有落差,就會看到自己做錯了什麼,從而意識到自身的無能(conscious incompetence),學習也就從這裡開始。隨著我們找到新技能並嘗試著去學去做,通常都會有點動搖不安,做的時候也要專心致志,但我們開始掌握到當中的訣竅了;這稱為有意識的能幹(conscious competence),因為我們需要非常專注才做得到。最後,當我們練習夠了、也得到夠多的回饋,開始真正把這個能力內化成自己的一部分,某個時候變得自然而然,連想都不用想就能做到了,換言之,我們已經達到了無意識的能幹(unconscious competence)。之後,我們開始把技能應用在更有挑戰性的環境中,很可能又發現自己卡住了⋯⋯直到我們再度在螺旋上往上爬升。瞧,就是這樣,我們會一再地走完這些階段,進入挑戰性更高的環境,然後培養出我們的超能力(圖 8-1)!

學習開車的過程,是解釋精熟螺旋是怎麼一回事的絕佳範例。小時候,我們會想像自己會在駕駛座上快速奔馳,跟其他車子競速。接著,當我們開始拿學習駕照,才知道要做到安全且快速地駕車,需要做很多不同的動作,而且要同時做:查看後照鏡、學習踩踏板、學習打燈、學習處理彎道,凡此

圖 8-1　　　　　　精熟螺旋

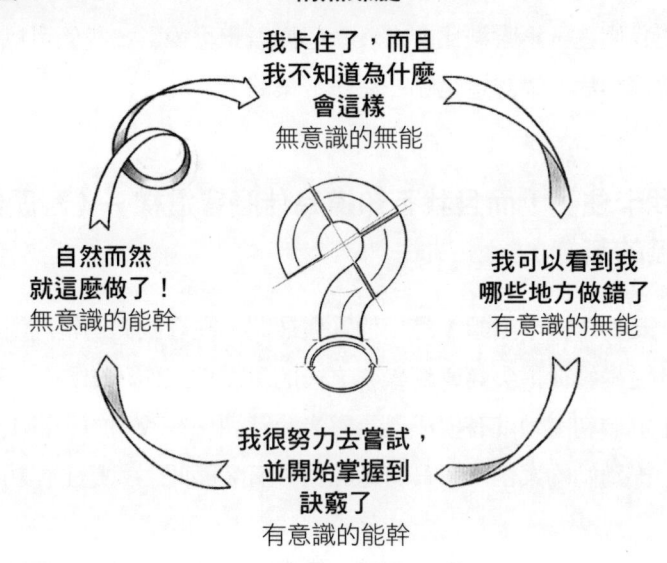

- 我卡住了，而且我不知道為什麼會這樣
  無意識的無能
- 我可以看到我哪些地方做錯了
  有意識的無能
- 我很努力去嘗試，並開始掌握到訣竅了
  有意識的能幹
- 自然而然就這麼做了！
  無意識的能幹

種種。一開始，根本哪一件事都做不好，更別說要同時做。接著，我們開始學會技巧，但要成功做好每項任務，還是需要特意地專心去做（偶爾會有嚇出一把冷汗的大人對你大吼：「開車要看後照鏡！」）。但到頭來，經過一次又一次的重複之後，我們的技術來到一種境界，完全不用想也可以做好所有的事；我們可以安全地駕駛，同時間還可以輕鬆地和旁人講話，我們來到無意識的能幹這個程度了！

如果想知道這要如何套用到精熟「問法」，我要先為你介紹一位商業顧問艾莉莎；在我替管理顧問人員舉辦的工作坊上，她講到了一個麻煩困局。我要先說清楚，你不須為了要熟悉這些內容去參加工作坊，但工作坊是一個很符合理想的學習

環境,是看到各個階段實際上是什麼樣子的好方法。你可以想像成我們在一場大型比賽之後一起觀看賽程錄影,我們可以多次暫停影片,講評這是哪一個學習策略。

「我卡住了,而且我不知道為什麼會這樣」(經歷無意識的無能)

艾莉莎三十出頭,是一位管理顧問,駐守我們的紐約辦事處。這是她從頂尖商學院畢業之後的第二份工作,如果接下來幾年很順利,她就有望成為合夥人。艾莉莎在我們的一日工作坊中提到她的案例,學員有她和另外五名顧問,我是工作坊導師。

艾莉莎有一位客戶布萊恩,他是一家製造與銷售工業產品公司裡的製造部資深副總,他的公司此刻正掙扎求生。布萊恩的執行長找來艾莉莎的團隊,兩個月來已經針對公司與所屬產業完成了密集的研究。現在,她已經準備好就未來應該怎麼做提出正式建議:精簡成本以挽救企業;布萊恩手下管理六座超大工廠,必須關閉其中兩座。

艾莉莎的主管要求她要先和布萊恩一對一預審建議,之後才安排團隊和執行長見面。把他拉過來很重要,這樣的話,他才不會在正式簡報時提出反對意見。艾莉莎對於這次會面甚感焦慮,她擔心,當她說出團隊的建議是要大幅縮減布萊恩的部門,他的反應會很糟糕。

她是對的:布萊恩馬上採取防衛姿態,提出一連串的反對意見。艾莉莎甚為不耐,把每條反對意見當成保齡球道上的球

瓶，逐一駁倒。最後，布萊恩說他需要多點時間審視團隊的分析，戛然叫停會議。艾莉莎走出會議室時心一沉，覺得布萊恩會對執行長展開政治操作，中傷她的建議。她覺得，未來和布萊恩的任何對話很可能都會撞牆，因為他不會妥協。

艾莉莎覺得卡住了。布萊恩的反應讓她很挫折，她不知道如何繼續推進。她很快就要和執行長開會了，時間正一分一秒過去。

我們就是要學員在工作坊裡提出這種情況。艾莉莎事先做了準備，用兩欄式的格式記錄了她和布萊恩的對話。艾莉莎的記錄寫得很詳盡，描寫了她無法說服布萊恩之後他如何駁斥她的建議。艾莉莎在右方欄裡重述他們對話的關鍵部分，彷彿在寫一幕戲的劇本一樣。在左方欄，她寫出她面對布萊恩的反應時無法言明的挫折感。現在一切都用兩欄式的格式白紙黑字寫出來，她有資料可以用了。

「我可以看到我做錯了什麼」（邁向有意識的無能）

當艾莉莎把她的案例拿出來給工作坊裡的同事看，很明顯她非常惱怒。她覺得她和布萊恩互動時一直撞牆，無法讓他理解根據她的分析，關廠是顯而易見的結論。布萊恩絕對不會接受她的建議；此外，她覺得和他之間的關係十分緊張，讓她筋疲力竭。她進顧問這一行是為了幫助客戶，但現在卻和布萊恩起了爭執。他的年紀大到可以當她爸爸了，她不喜歡處在一個可能必須和他爭辯的立場，甚至，更糟糕的是，她可能得越級報告，告知執行長她不認同布萊恩。這些事都不會讓人好

受，她卡住了，而且，她對卡住的原因毫無頭緒。

我們開始討論她的案子，我鼓勵艾莉莎和這群人檢視一下艾莉莎的行動步驟（也就是我們在她這個案子右方欄中看到的行為），看看她有沒有做了什麼、反過來助長她面對的挑戰。我們做的第一件事，是細數艾莉莎面對布萊恩時她講的話與提出的問題兩者之間的比例。很快的，艾莉莎和團隊得出結論，她只有表述，沒問半個問題。當艾莉莎（她是一個非常數據導向的人）從白紙黑字上看到她根本沒問客戶半個問題，她很震驚。

我們先在這裡暫停一下：看到自己沒有提出任何問題，是艾莉莎第一次從無意識的無能轉移到有意識的無能。她還是卡住了，但現在她至少知道自己做錯了什麼事。

現在艾莉莎更清楚自己的失誤了，讓我們更深入挖掘：是什麼原因阻止她提出更多問題？

艾莉莎反思這一點時她說：「我沒有問他任何問題，可能是因為我覺得我來是要告訴他我有什麼發現，我不需要問他問題。有需要嗎？」從這裡開始，艾莉莎的同事很熱切地面對這個問題，開始腦力激盪，想出她本來可以問他哪些問題。

有一個人溫柔地提出建議，指她應該先問布萊恩問題，然後才得出結論；這是很重要的一步，他或許有些資訊可用於強化最終的計畫。這群人指出，就算布萊恩沒別的建議，如果能先理解布萊恩的想法，艾莉莎可以提出更有吸引力的立論來支持她最初的建議，很可能會說服他。最後，艾莉莎沒問布萊恩任何問題，很可能讓他覺得她根本不在乎他怎麼想，或者不看重他在公司三十年的資歷，這些都不是讓客戶願意投入的好

做法,更別想要和布萊恩建立良好關係了。

艾莉莎坐下來思考團隊提出的回饋意見。顯然,這不是她這一天、甚至不是這個星期最感舒服的時刻,但我們孕育出一種擁抱學習的文化,就算會讓人不舒服也無妨。她善用了這個機會並說:「你們說的都對。我沒對布萊恩提問,因此遺漏很多東西,我真希望時光能夠倒流回到那時。」

接下來是檢視她的故事,尋找線索看看她為什麼沒有問布萊恩任何問題。當時她的故事是這樣的:當她走進會議室和布萊恩開會,她相信她已經完成分析,得出了正確的結論。布萊恩提的任何反對意見都是錯的,或者更糟,都是為了捍衛自我。她不考慮他有可能讓她看到她漏掉的東西,她相信,在這場對話中,她的任務是以相當的肯定和信心來傳達建議,布萊恩會讓步,她就可以繼續把團隊得出的結論傳達給執行長,布萊恩也不會成為阻礙。

艾莉莎拼湊出她的故事時,可以非常清楚看出她的行動步驟非常契合她的故事:如果她的核心任務是要讓布萊恩認同她,可以理解她為何這麼強硬主張自己的觀點,快快逼退他的顧慮,而且不問他任何問題。

工作坊裡的同事們讓她看到不問問題會導致的許多後果,她已經親身體驗最糟糕的那一種:布萊恩在他的辦公室裡對抗她,很可能在執行長面前再來一次。

當艾莉沙看著自己的故事、自己的行動步驟與面對的結果一一浮現(我們真的在活動掛圖板上把這些畫出來),讓她很意外的是,她一方面覺得很懊惱,但同時也開了竅。

讓我們在這裡再度暫停。

覺得既尷尬又得到啟發的時刻，可能就像胃絞在一起一樣痛苦，但非常重要；這是一種從無意識的無能轉變到有意識的無能會出現的情緒經驗。這種體悟可能讓人極不自在，甚至難以承受，但這也是一個帶來實質可能性的時刻，這是你第一次看到自己怎麼會卡住，你只需要培養出新的能力就好。在要學習的新能力中，第一就是要能撐過不適感，不要被這種感覺嚇跑了。這總會過去，你會向前邁進，迎接習得技能的興奮感。

培養出有意識的無能之策略

◆ **要做的事是，找到或重製你自己的比賽影片**：想知道你要怎樣才能做到更好，你需要針對自己的實際行動收集可觀察數據，這可能代表要檢視你發送的電子郵件或簡訊，或者觀看你在互動當中的表現（能這樣更好）。最出色的運動員會看自己的實戰比賽錄影，那你為何不看？如今，尤其考量到很多會議都是透過視訊召開，錄影很容易，請別人同意後按下錄影鍵通常也不是大不了的事。不管你是錄下來還是寫成文字檔，都有機會做到偉大的運動員永遠都在做的事：檢視自己的實際行動。（如果你沒辦法拿到自己做事時的錄影畫面，可以善用兩欄式論述範例再現「比賽影片」。就算你的記憶力不完美，大部分時候也都夠用了，可以讓你從中學習。）

◆ **要做的事是，檢視你的行動……並且找朋友或同事和你一起**：檢視你採取（或是沒採取）哪些行動步驟，而這些

又對你的交流互動結果造成什麼影響。特別注意你有沒有遵循「問法」的每個步驟、做得好不好。接下來自問你內心建構出來的故事是什麼，這又如何影響你採取的行動步驟。要檢視自己的無能，有很多實際上的限制，正因如此，專業運動員不只是觀看比賽影片，也會和教練與隊友一起看。請你的朋友同事幫助你，看看你還需要做些什麼才能更好。

- **要做的事是，不要讓不自在感阻礙你**：如果你覺得尷尬、難過，甚至很丟臉，請記住這是正常的事。請把這些看成一種康復中的現象，這是代表你踏上成長之路的明確信號。嘗試著放下自我批判，改為提醒自己這正是學習過程的一部分。

「我很努力去嘗試，並開始掌握到訣竅了」（養成有意識的能幹）

接下來的階段十分重要，我們要開始培養新技能了。這一段路是讓你從有意識的無能走向有意識的能幹。培養有意識的能幹時，要從培養新技能開始，而你也需要專心致志並付出大量的心力才能實際拿出來用。

培養有意識的能幹時，第一件要做的事是學習理解這些技能。你可以透過閱讀、觀看影片、參加工作坊或明白地請專家教你。對你說，好消息是，這本書你已經讀到這裡，也已針對「問法」做了相當研究。

一旦你心裡有譜，知道自己要做什麼，就得轉化成實際行動。這麼說吧，不管你看了多少 YouTube 影片，你都無法熟練地騎單車；你必須真正坐上椅墊、踩動踏板。和別人互動交流也是這樣。學騎腳踏車時，有輔助輪（或滑步車）可以幫你開始學。講到人際交流互動，和輔助輪最相近的就是**角色扮演**。很多人第一次想到角色扮演時都覺得很焦慮、很彆扭，但不要因此卻步，我保證，這非常值得一試。

　　艾莉莎準備好要開始角色扮演，有一位同事演布萊恩，艾莉莎則以「問法」的第一個步驟為起點：關於布萊恩和他可能可以貢獻的知識，她要**選擇抱持好奇心**。在團隊的協助下，她挑了幾個出於好奇心的問題，好好思考：

- 布萊恩根據一些資料得出結論，其中有哪些是我可能不知道的訊息？
- 我本身的行為對布萊恩的反應可能造成哪些影響？

　　現在艾莉莎真的更感好奇了，她已經準備好和扮演布萊恩的角色進行一場對話。為了幫助她做好準備，她和同事們腦力激盪出一些讓她**營造心理安全感**的方法。她可以讓布萊恩明白，不管他的觀點是不是契合她的建議，她都真心想知道。她也可以承認他的見解對於邁向未來非常重要。

　　接著，他們想出一些艾莉莎可以對布萊恩提出的**高品質問題**：

- 「布萊恩，你能不能多說一點之前你考慮關閉工廠的事？你要權衡哪些考量？你擔心哪些風險？」

- 「銷售會出現怎樣的波動？這對於你認為所有工廠都要繼續開門的想法有何影響？」
- 「我們的方法可能遺漏或忽略什麼？」
- 「我想多聽聽公司對不同社群的承諾，這背後有什麼故事嗎？」

艾莉莎選了一位同事扮演布萊恩。起初，艾莉莎心不甘情不願，不想開始。和我合作過的人當中，有許多在進行第一次角色扮演時也出現這種「撞牆現象」。這種刻意促成的、人為的角色扮演怎麼可能有用？他們會這樣想。但艾莉莎收起保留態度，開始做角色扮演。

隨著布幕拉開上演角色扮演，艾莉莎對扮演布萊恩的人先提出幾個新問題，他則以溫暖的語調回答，並和她分享相當多的資訊，超過她和布萊恩本人開會那整整一個小時的收穫。艾莉莎心想，到目前為止還不錯，我抓到竅門了。

但是，扮演布萊恩的人接著對她丟出變化球，他不再如艾莉莎預期那樣公開且直接回答問題，事實上，他開始抗拒，他說：「我就是覺得你的建議沒道理，我不可能同意。」

等等，這可不是艾莉莎預期問了布萊恩更多問題後會得到的東西！她慌了，一開始她認為布萊恩是雷打不動、阻礙的感覺又跑出來了。事實上，她又回到之前的模式，用挑釁的語調對他說，他錯了。

「時間到。」我喊停，讓我們可以簡短彙整一下剛剛發生了什麼事。

讓我們在這裡暫停一下。培養有意識的能幹並非簡單的

事。學騎車時有時候你會從單車上摔下來，就像艾莉莎這樣。正因如此，在利害關係不大的環境下（例如在工作坊中或和信任的朋友一起）做角色扮演很有用：如果你很驚慌或忘了要做什麼，你只需要回到單車上再試一次就可以了。

現在，回到我們正在做的事上：

我給艾莉莎一個機會休息一下，並請別人頂替她的角色上來演她（請對方把自己當成她）。她鬆了一口氣，請同事葛瑞格上場。他很簡單地對布萊恩說：「我很認真考慮你的疑慮，請多跟我談一談你在我們的建議中看到的問題……」

這個簡單的要求改變了一切，布萊恩開始打開心胸。

艾莉莎跳了出來說：「好，好……讓我也再試一次。」她試了，情況也開始好轉。她甚至開始實踐一項**透過傾聽來學習**的策略：換句話說與進行測試，她問布萊恩：「我聽到你說……我的理解正確嗎？」

我們再度暫停角色扮演，先來**反思**。艾莉莎說，她看到自己可以有哪些不同的做法：提問、真正的傾聽、問後續追蹤問題、根據她聽到的話調整她的內在故事；扮演布萊恩的人也分享與一開始時相比，他的感受有何不同。他說他覺得自己的想法比較有被聽進去、也比較受重視，而且，看起來艾莉莎真的很想理解他的想法。這些都讓他想要多講一點。

在這個培養技能的第一階段，你要刻意學習一套新流程，並且做足每個步驟，你可能會覺得做來不太靈活、有點彆扭或需要全神貫注，不要急。在這個初期的演練階段，艾莉莎開始體驗到有意識的能幹，證據是她現在具備了有用的技能，這讓她能和布萊恩用不同的方式互動，她可以從中向他學到更

多,並且和他建立更緊密的連結。但這些都不是自然而然做到,她需要專注,放慢她的直覺反應,深呼吸,而且要非常注意用詞遣字。雖然有時候她覺得自己又回到舊行為模式,但她確實正在養成一套新技能。

培養有意識的能幹之策略

- **要做的事是,細分任務:** 做足「問法」裡的每個步驟,一次一個就好。當你在做時花時間好好學習,並努力實踐每項技巧。

- **要做的事是,預先準備:** 在當下要想到該提的適當問題,一向都不容易,你還在培養你的能耐時更是這樣,因此,先擬好一些你可以開始問的問題會有幫助。事先先寫好,你甚至可以跟對方說你寫下一些你想在對話當中釐清的問題。

- **要做的事是,適時減速:** 你不用時時刻刻反應敏捷、馬上就想出答案或要問的問題,你絕對可以在對話當中說:「等一下,這件事太重要了,不能匆匆帶過。我們先停一下,花點時間想一想你講的話。」這個時候,你可以提醒自己查核一下是不是正確地聽懂了對方講的話,或是提出一些後續追蹤的問題。

- **要做的事是,在利害關係比較小的情況下練習:** 從比較輕鬆、比較自在而且就算沒辦法一直做對也沒有關係的情況開始,非常重要。自告奮勇的角色扮演在最安全、利害關

係最小的情況下進行，但你也可以和友善的同事與友人合作，在實際情況中應用你的技能。請讓他們知道你在做這件事，並請他們告訴你他們有什麼感覺。

- **要做的事是，尋找角色典範**：練習找出並觀察生活中已經擅長你正在練習的技能的人。如有可能，請對方告訴你他們是怎麼辦到的！然而，你不需要僅從你認識的人當中去找角色典範，也可以是名人、歷史人物或虛構人物。（以我來說，這個典範是一直都抱有好奇心的電視節目角色泰德·拉索〔Ted Lasso〕！）

- **不可做的事是，很訝異這麼做會讓你覺得很彆扭**：如果不彆扭，代表你很可能並沒有卯足勁敦促自己培養新能力。新的思維引發的新行為，自然會讓人覺得彆扭。請更關注你的新方法帶來哪些結果；當你累積出成績有了收穫，就會比較容易接受一開始很彆扭的感覺。如果你失敗了，這很正常，請讚揚自己有動手嘗試！

「自然而然就這麼做了！」（培養無意識的能幹）

只有一天的工作坊做不到這種地步，但當艾莉莎終於練到無意識的能幹時，就可以卸下輔助輪，也不用再去想行動步驟了。她的新技能會變得習慣又自然，難以啟齒的對話再也不這麼難，而且，隨著時間過去，會愈來愈輕鬆。終生不斷學習的新聞記者亞當·高普尼克（Adam Gopnik）在《真正的工作》（The Real Work，暫譯）裡寫道，透過練習，「獨立的步驟會變成一

套序列,接著,序列會看起來像魔法一樣。」²

艾莉莎跟我們每個人一樣,不會一夕之間就來到這個境界。她需要刻意地練習選擇抱持好奇心、營造心理安全感、提出高品質問題、透過傾聽來學習,以及反思和重新連結。她需要一再、一再試作,並且針對她做的這些嘗試收集回饋意見。這表示,她要錄下自己講的話並在事後好好傾聽。或者,她可以用兩欄式格式書寫,之後和同儕一起回顧。或者,她可以和教練合作,由對方觀察她或者針對過去和即將發生的交流互動,再跟她一起反思。她也或許可以問問看朋友或同事,以了解他們對於她所做的嘗試有何看法。

不管什麼事,要精熟到自然而然的關鍵是:刻意重複練習與回饋循環。光是練習還不夠,我們得把練習和他人的回饋結合起來,才能不斷修正路線,精修我們所做的嘗試。

我的朋友湯姆・聖希萊爾(Tom St. Hilaire)是一位家庭財務顧問,他的成敗繫於能否理解客戶最重要的目標是什麼、當前狀況如何,以及客戶對他的建議實際上有何想法。聖希萊爾整個職涯都全心投入強化個人的提問與傾聽技巧,這時他已是貨真價實的專家。

他何以能做得這麼出色?多年來,聖希萊爾會和夥伴海莉一起去和客戶開會,這讓他得以把每一場會議當成機會以練習提問與傾聽,以及針對他要怎麼樣才能做到更好獲得回饋意見。每場會議會後,聖希萊爾會和海莉一起簡要彙整,完整講一下他們各自聽到什麼。海莉會指出他在哪邊聽的不對,可能是漏了什麼,或是透過他的假設視角錯誤解讀了某個說法。有時候,聖希萊爾和海莉會對於他們聽到了什麼有歧見,這讓他

有機會推動彼此思考。而且,每一次的小幅修正,不管多麼微小,都讓聖希萊爾有機會在下一次更好一點,並微調他的新技能。更重要的或許是,這提醒他不管他傾聽過千百個家庭並為他們提供建議,仍要謙卑並保有好奇心。

聖希萊爾到今天還是這樣做,總是和海莉一起去開會。想一下,如果我們也能像聖希萊爾這樣刻意磨練自己的技能,我們能變得多好,又能把自己的能力提升到什麼地步。

培養出無意識的能幹之策略

- **要做的事是,一次精熟一項技能**:舉例來說,傾聽時,練習一次僅從內容、情緒和行動當中擇一傾聽。或者,你可以提出釐清困惑的問題,比方說「你能不能多講一點當你說……時是什麼意思?」在交流時僅聚焦在這項技能上,一直到這成為習慣、自然無比為止。一旦你練成,花點時間享受一下你練出來的新肌肉,並拍拍自己獎勵一下,然後往前進到下一項技能。
- **要做的事是,練習、練習、再練習**:你愈是勤加練習某項技能,就會覺得愈自然。當你能自在地在某個情況下運用之後,換個不同的情況再拿出來用用看。
- **要做的事是,每次練習時都徵求回饋**:只要有可能,都問問看,比方說:「嘿,我很努力希望在這件事上做得更好,因此,如果能知道某些資訊的話對我會很有幫助;請問一下,當我問妳這些追蹤問題時,你覺得怎麼樣?」

> ◆ **不可做的事是,不再成長**:聖希萊爾這樣做已經幾十年了,但他還繼續練習並每次都請夥伴提供回饋意見,而且也繼續從中受惠,我們也可以!

螺旋向上升級

當你來到無意識的能幹這個境界,你會覺得這是很自然的事,恭喜!那,現在呢?你已經完成學習了,對嗎?

嗯,對也不對;這可是精熟螺旋。當你的人生出現變化,你接下更大的挑戰與責任,就需要擴充你的提問技能以因應新的需求。我喜歡把升級想成是一系列向上迴旋的循環,就好像 DNA 的股一樣;在每個新層次上,你會在新面向進入無意識的無能。當你碰到時你就會知道,因為忽然之間你又會感受到被卡住的痛苦。回到我們的開車範例,當你第一次駛離家附近的寧靜街道,在尖峰時間上了高速公路,那個時刻會讓你大為驚訝(圖 8-2)。

對艾莉莎來說,這個時刻就是當她晉升為助理合夥人,開始和一家新客戶公司裡的執行長惠特妮合作之時。忽然之間,艾莉莎不只要負責建構並提出團隊的分析,她還要帶動公司與惠特妮之間的關係成長茁壯,並且推銷新的顧問專案。

上任後幾個月,艾莉莎毫無進展。艾莉莎自己都真心相信這些專案能幫助惠特妮的業務,但惠特妮一而再、再而三拒絕考慮採購新的顧問專案。艾莉莎又覺得卡住了,她已經被擠到能幹的邊緣了,但她不知道自己做錯什麼。

圖 8-2

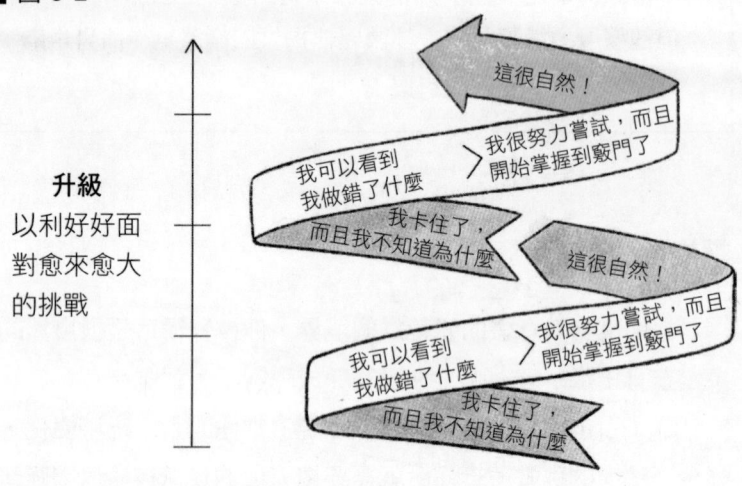

升級
以利好好面
對愈來愈大
的挑戰

這很自然！
我很努力嘗試，而且開始掌握到竅門了
我可以看到我做錯了什麼
我卡住了，而且我不知道為什麼
這很自然！
我很努力嘗試，而且開始掌握到竅門了
我可以看到我做錯了什麼
我卡住了，而且我不知道為什麼

　　因此，她想起過去幫過她忙的辦法。將近一年之後，她又寫了一份兩欄式論述，拿到我們的後續追蹤工作坊來。在這個工作坊裡，同事很快就幫忙艾莉莎看出來她做錯了什麼。她一直要把自己的想法推給惠特妮，卻沒有先花時間理解惠特妮的世界：她對公司的期望，她最深沉的恐懼，她對於業務的觀點，她和公司董事會之間錯縱複雜的關係，甚至是她個人的事業抱負。如果艾莉莎什麼都不知道，又怎麼有可能深化她和惠特妮及其公司的關係呢？更別說要幫上他們的忙了。

　　艾莉莎一開始的反應防衛心很重：「但是，我們開會時間只有十五分鐘，差不多只能談到目前專案的戰術性工作，我哪有可能知道這些事？」

　　那，艾莉莎有請惠特妮花多點時間相談嗎？

　　我鼓勵艾莉莎試著做某種「實驗」。如果她在會議結束時

說：「嘿，惠特妮，我想跟你聊點不同的事。我知道我對你的公司有何想法，但我很想更清楚感受一下你的觀點。你有興趣找一天跟我吃中飯嗎？」那會怎麼樣？通常，在這個層次做個行動步驟的實驗，就已經足夠讓我們理解這些新行動能帶來益處。

艾莉莎還沒有準備好做到這樣，因此我們檢視她的內心故事。艾莉莎相信，惠特妮除了分析之外，絕對不想再多和她談什麼。由於她的先入為主，她覺得任何比較高層次的問題講出來都讓人覺得不真心，邀對方一起吃午飯最後只會落得尷尬的拒絕。

我們這群人一起做腦力激盪，尋找惠特妮的故事有沒有其他的可能性，好讓艾莉莎比較容易跨入新的行動步驟。團隊裡一位成員講出一個可能的惠特妮的故事，吸引了艾莉莎的注意力：身為執行長很寂寞，很難找到可以信任的人分享你最坦白的想法，如果可以找到一位真正願意傾聽的外部顧問，將會非常有幫助，而且能讓人鬆一口氣。我鼓勵艾莉莎試試這個新故事，倒不是因為事實上就是這樣（我們誰也不知道實情是怎樣），而是覺得如果艾莉莎這樣想的話或許能讓她放開一點，願意去做實驗。當艾莉莎考慮這個新觀點時，她很意外她居然馬上就對惠特妮生出更強烈的關心與同理，這是她之前從沒有過的感覺。

艾莉莎答應在角色扮演裡試試看。她深吸一口氣，面對她的夥伴，和這個「惠特妮」進行一場很不一樣的對話，這比較有可能開啟更深入的關係，而且能藉由學習變得更充實。

下一次艾莉莎和惠特妮見面時，艾莉莎心裡想著她只是

在做一次實驗,而且,不管發生什麼事,她都能學到一些東西。嘗試不同故事、看看會發生什麼事的心態,讓艾莉莎不那麼神經緊張了。會議結束時,艾莉莎微笑,運用她從我們的工作坊中學到的用語並稍作變化,邀請惠特妮一起吃午飯。惠特妮一點都不訝異。「當然好啊,跟我的助理說一聲,請她排進我的行事曆。」一個星期後,艾莉莎和惠特妮就去了一家灑滿陽光的咖啡廳共進午餐。他們聊天時,艾莉莎開始理解惠特妮真是分身乏術。她提出的問題讓她看到了惠特妮的真實需求,她也很認真地傾聽。她聽到惠特妮其實比自己想像中更開放、更願意獲得艾莉莎的支持,但她工作過度,而且她也很擔心自己和董事會之間劍拔弩張的關係。結束這次會晤時,艾莉莎更深入了解惠特妮這個人。她覺得很有希望,因為惠特妮也用新的眼光看她,變成一個願意深入傾聽的人,她的建議或許值得考慮。至於結果如何,只有時間以及進一步的對話才能回答了,但無論如何,艾莉莎都很高興能看到現在自己很期待彼此未來的互動。

擴充進入下個層級的策略

◆ **要做的事是,記住螺旋**:當你覺得又受到挑戰、卡住了或是遭遇阻礙,請記住你只是觸及了目前能力的邊緣,而且現在你有機會成長了。與其去想:這傢伙是個渾蛋,試試看新的態度:這種情況已經超過我現有的能力範圍了,對我來說,這是提升與擴大技能的機會。這種態度基本上更

能帶來力量,並鼓勵你採取行動擴大並成長。

- **要做的事是,用新的行動步驟做實驗**:當你要成長、跨入能力的下個階段,根據定義,你的庫藏裡既有的故事與行動步驟,可能不足以因應新情況的挑戰和複雜性,但你可以用提問技巧做實驗,一次用一種。如果你喜歡你得到的結果,試著多做一點。如果不喜歡,考慮不同的策略(或請別人幫忙)。

- **要做的事是,用不同的故事做實驗**:如果你還沒有準備好用不同的行動步驟做實驗,那就先用不同的故事做實驗。如果你認為對方錯了,試試看用以下的故事做實驗:「他們實際上可能正面臨重要的人生時機點,只是我不知道那是什麼。」如果你認為對方在找你麻煩,用以下的故事做實驗:「他們可能不是故意想要傷害我,他們可能也已經來到能力的邊緣。」你不用真心相信你用來做實驗的故事,你只要試試看用不同的行動步驟做實驗,看看會怎麼樣,這就夠了。

- **不可做的事是,獨自解讀你的實驗結果**:當你來到能力的邊緣,很有可能根據舊故事的假設來解讀你的實驗結果。透過別人的眼光來看發生了什麼事,可以幫助你掙脫。

長期下來,學習循環本身會成為第二天性。所有的彆扭、意外的反應甚至不太順利的實驗都變成了具體的信號,透露的不是失敗,而是當你在循環當中不斷求進步時必要的掙扎。如果你能堅持,你就會在幾個星期、幾個月內看到實質差異。

但有一件事你要馬上去做,現在就做:把人生想像成一系

列迷人的實驗，當中最有挑戰性的人與情況並不是為了阻礙你，而是門戶入口，你可以藉此收集資訊、測試假說與深化你對世界的理解，你的超能力將會不斷成長。

重點摘要

重要問題：要怎樣才能成為世界級的提問高手

1. 要精熟任何新技能，你必須要以精熟螺旋為核心來努力，並且不斷向上提升：
   - **從無意識的無能走向有意識的無能：**和某個朋友或一群人一起徹底解析近期讓你備感挑戰的交流互動，找找看你本來可以在哪些方面運用「問法」的幾個面向。
   - **創造有意識的能幹：**分解步驟，一次徹底做完一種。當你一個接著一個落實時，請專心去做。
   - **養成無意識的能幹：**在真實世界裡運用你的新技能，因應挑戰性愈來愈強的情況。要練習每個步驟並徵求回饋。
2. 預期這些事會很彆扭、挫折、不安和猝不及防，這都是學習過程的一部分！
3. 一次嘗試一種新技能，不要一次全部都試。
4. 和可靠的學習夥伴一起練習新技能，強化你精熟的力道與速度。
5. 先在利害關係不大的情況與環境下和朋友、家人或親近的同事一起做，然後逐漸提升到更有挑戰性的情況。
6. 學習任何新技能都需要持續的練習與回饋。

> 7. 當你遭遇下一階段的挑戰時,試著用新的行動步驟(如果有必要的話,也可以用新的故事)做實驗,就算你不確定有沒有用也沒關係。嘗試去做並和可信賴的同儕一起反思發生了什麼事,你就能學到很多。

互動練習

8A 試著使用提問評估(Ask Assessment)反思你的整體能力,看看你在提出問題以及你在「問法」每個步驟的技巧表現如何。你可以在網路上找到相關資料,請上 www.AskApproach.com。

8B 想一想專業上或個人面某個讓你覺得確實卡住的情況,試著透過能力的觀點來檢視情況:有沒有任何「問法」的技巧是你還無法落實的?考慮以下各個步驟:

- 選擇抱持好奇心
- 營造心理安全感
- 提出高品質問題
- 透過傾聽來學習
- 反思與重新連結

8C 現在,在當中挑一項技能,刻意培養你在這方面的能力。嘗試以下的策略,可以單項,也可以多項:

- 你還沒有嘗試去做之前,你會怎麼說或怎麼做?寫下來。

- 找一位可靠的朋友或同事和你一起進行角色扮演。
- 在利害關係較小的情況下運用,並且請身邊的人提供回饋意見。
- 在更廣泛(很可能也更有挑戰性)的情況下練習,持續徵求回饋意見。

第 9 章

讓提問成為組織的超能力

開啟團隊的集體才能

誰不愛好吃的餅乾呢？我知道我就很愛，特別是拿來浸牛奶。

嗯，有一天，一位很愛好吃餅乾的男士拆開了一包新的奧利奧（Oreo），結果發現裡面只有碎屑，餅乾都破了。他在當地的商店又買了一包，發現問題還是一樣。

這個故事的結局可以是這位先生做了一個冰淇淋聖代，上面灑了一些碎餅乾屑，就這樣；但此人是億滋國際公司（奧利奧的母公司）的新進董事，因此他直接去找高層。他警示整個董事會以及當時的執行長愛琳・羅森菲爾德注意品質問題。

羅森菲爾德很訝異。如果連自家公司的董事也發現了品質控管有問題，那麼，碎在包裝裡的奧利奧很可能早已經遍布全美、甚至全世界了。怎麼會發生這種事？每家奧利奧工廠都設計了相關系統，正是為了抓出並修正這類問題。為什麼她現在才發現有問題？羅森菲爾德判定，如果要找出包裝系統到底出了什麼事，最好的辦法就是問前線人員：工廠裡的員工。

結果是,包裝餅乾的工廠最近安裝了一部很炫的新機器,與過去的機器相比,現在可以包裝的餅乾數量多了六倍。但是,顯然新機器也有點問題,餅乾都碎了。

線上員工非常有可能已經注意到出問題了,但就算是,他們也沒有把自己的顧慮大聲講出來。或者,其實他們有講,但是領班沒有上報給該知道此事的人。誰希望變成報告壞消息的烏鴉嘴或是拖慢進度的人?尤其是,目前的市場需求可是超火熱。上層管理階層對問題毫無所悉,而且是很長一段時間都這樣。還好,這問題沒有健康或安全上的疑慮,但也讓億滋國際花了幾個月的時間修正問題,並付出高昂的成本。

如果公司能在還來得及之前就先善用前線員工的知識,就可以省下大把的時間、金錢和麻煩了。這次的經驗讓羅森菲爾德思考:要怎麼改變組織,才能善用自家的集體才能?一個在策略與決策上以提問和學習為核心的組織,會是什麼模樣?

這本書到目前為止,我們探索的提問主要都發生在個人與個人之間。然而,身為億滋國際執行長的羅森菲爾德想到的,是我們每個人都應該面對自己工作的組織好好想一想的問題。**無論你領導的是一家公司還是一個五人小組,甚至你只是團隊中的一員,你都有立場對你的組織更深入探問**,而你也會馬上就看到這麼做的好處。

組織也要提問

在今日世界裡,很多人都是藉由組織這個工具來做最重要的事和決策。我們透過組織創新、因應諸如市場中斷與氣候變

遷這類總體挑戰,並分配救助與教育等寶貴的社會資源。人可以透過徵詢身邊的人來學習,藉以做出更好的決策、更有創意與更深入理解我們對身邊的人造成了哪些影響,同樣的,組織也可以善用身邊人的集體才能,包括顧客、夥伴和員工。

為什麼如今牽涉的利害關係這麼大?

組織層級上的提問如今涉及的利害關係極大。不論是哪一個產業,都是在前所未見的高度不確定下運作。愈來愈多的研究顯示,在這樣的背景條件下,「問法」的很多面向具備相當強的預測能力,可以預見組織的表現。成員覺得安心、敢於承認錯誤、表達不確定與坦誠溝通的團隊,持續表現較佳、學習速度較快而且更有創意,超越心理安全感較低的團隊。[1] 組織環境裡的好奇心愈強烈,關乎著更豐富的資訊交流、更有創意以及更能降低衝突。[2] 更能從成員身上學習的組織,在不確定的環境下適應力愈強;[3] 在一個科技快速發展、文化不斷變化且環境極不穩定的世界裡,適應力是關鍵技能。我自己打造與領導組織的經驗,讓我一次又一次發現員工和客戶真正知道、感受與信任的,才能創造出更好的結果,而且通常都能在極短的時間內達成。

個體的總和與集體才能

從定義上來說,組織就是一群朝向共同目標努力邁進的個人的總和。不同組織的目標大不相同,有些是要做智慧型手

機，有些是要治療癌症或教育兒童，但所有組織的共同特徵就是集體性。不管在哪裡，出現一群人時，就有可能蘊藏集體才能（collective genius）。[4] 當一群人齊心協力，並分享自己的想法、知識、經驗和腦力，就得出了集體才能，釋放出超越任何單一個人擁有的認知力與創意能力。善用並放大集體才能，可以達到一加一加一等於無限大的效果。對我來說，少有什麼社會現象比集體才能更酷、更讓人興奮，尤其是，在最好的情況下，許多傳統型的組織裡一加一加一也不過只等於二。組織內個體競爭的老舊模式，阻礙了這種突破與成功必要的集體分享與學習。

從這方面來說，集體才能並非僅是個體總和或組織的被動副產品。世界級的人際溝通專家暨哈佛談判專案中心（Harvard Negotiation Project）共同創辦人布魯斯・派頓（Bruce Patton）向我解釋，這是有效人際學習的產物。換言之，有些組織能善用集體才能並從中受惠，有些不能，**其中的關鍵差異在於組織成員能持續向彼此學習到什麼地步**；派頓指出，要持續學習，通常都需要有可能很難以啟齒的對話。我在本書一直主張，要向身邊的人學習，最好的辦法就是開口問，這個道理在組織層面與人際層面同樣適用。那麼，組織要如何善用自家的集體才能？如同個人一般，組織要把提問變成自身的超能力。

不管是公開上市還是私人股權，不管是大公司還是小企業，懂得「問」的組織會在做決策時持續善用重要利害關係人的才能，其中最重要的就是終端使用者和員工。懂得「問」的組織把集體才能納入組織的骨子裡，以及聘用和訓練等人力資源實務中。他們會把徵詢員工和團隊的實際做法變成儀式制

度,他們會透過年度學習循環與意義建構活動來操作提問,最後,他們的領導者會以身作則展現好奇、謙虛、提問與傾聽,從上而下定調。

善用終端使用者的才能

艾蜜莉·魏思(Emily Weiss)無意破壞美容業,但當她創立的直銷美容用品葛洛希爾(Glossier)在 2014 年橫空出世,就產生這樣的效果;她養出一批死忠客戶,僅僅不到十年,公司估值已達十億美元。這個品牌能夠獲得巨大的成功,打從一開始就要歸功於其顧客;魏思認定,顧客是豐富且無人善用的寶貴資訊來源。「我問過全世界千百位女性,」魏思忖思道,「我發現美容品牌與顧客之間有很明顯的斷裂。品牌不跟人溝通;品牌高高在上對女人頤指氣使⋯⋯而不是進行對話,這讓很多女性對品牌敬而遠之。」葛洛希爾連第一個產品原型都還沒做出來,就直接和未來的顧客合作共創願景,這種關係定義了公司從產品開發、行銷到客戶服務的取向。[5]

葛洛希爾匯集終端使用者集體才能的方法之一,是整合客戶服務到公司裡的每個部門,而不是藏在某個衛星辦公室,或是像許多組織一樣外包給第三方供應商。這麼做,公司就可以不斷問顧客問題:哪些產品好用?哪些不好用?你還想看我們推出哪些產品?我們要怎麼做才能提供更好的服務?公司甚至還為最忠實的客戶設置一個 Slack 頻道(Slack channel;譯注:Slack 為一套專供企業用的即時通應用程式,便於團體溝通),為產品提供詳細的回饋意見;這是一種有助於建立連結的輕

鬆、自在數位空間，和我們第 4 章的「營造心理安全感」有異曲同工之處。多數組織都忙著讓大家填寫最基本的調查問卷（問卷的精準度在最好的情況下都是時好時壞），葛洛希爾擁有一群互動性一直都很強而且很熱情的客戶群，他們很樂於分享對於品牌的持續成功來說非常寶貴的資訊。

找到方法和終端使用者互動、把源源不絕的優質學習帶進組織的，不只葛洛希爾一家，有愈來愈多大型企業，諸如 Google、英特爾（Intel）和三星（Samsung）等等，也為了達成這個目標而聘用企業人種學家、心理學家和社會學家以及其他受過溝通與量化研究專門訓練的人才。希瑟兒・索柏瓦拉（Sheethal Shobowale）是 Google 的資深使用者體驗研究人員，也是最能靠著提問從 Google 終端使用者身上學習的專家，我曾和她聊過。索柏瓦拉和她團隊裡的其他使用者體驗研究人員採用了本書探討的許多做法，為客戶營造心理安全感，讓對方願意開誠布公分享。他們提的問題意在挖掘出和終端使用者的需求與體驗相關的最有用資訊，深入傾聽，然後把他們學到的東西轉換成可付諸行動的洞見。這套流程持續地提供各種資訊，指出只有使用者才真正看得到的產品面向，因為，就像索柏瓦拉說的：「當你盯著同樣的東西看很久，你就會忘記對於第一次使用這項產品的人來說，他們的觀點和你有多不同。」

Google 花了很多時間和資源在提問上，才取得豐富的知識，如果只靠使用者主動提供回饋意見，這些很可能都不會有人講出來。此外，顧客很重視能參與設計流程，通常很熱切地分享自己的想法與經驗。索柏瓦拉強調流程中有著讓彼此更豐富的特質：終端使用者分享的資訊對專案經理、產品設計師與

工程師來說很寶貴，他們可以消化數據之後做出更好的產品與更加地使用者體驗。索柏瓦拉常常在他們的產品開發會議上聽到團隊引用她和使用者訪談時的對話內容。

對終端使用者提問的策略

◆ **要做的事是，把知悉與理解終端客戶變成優先要務**：對待客戶時要把他們當成深思熟慮、深奧複雜的人，他們有出色的想法，也有各式各樣的需求、渴望與希望，對你來說，得到這些資訊會很有價值。在他們的日常生活背景之下檢視他們。把這些變成相關員工職責中的優先事項。找到可以從他們身上學習的問題並聚焦在這些問題上。如果你做到了，不要做一次就停止。

◆ **要做的事是，創造各種方法讓終端使用者告訴你他們的想法、感受與需求**。不要仰賴他們主動提出建議或意見，請去問他們！

◆ **要做的事是，和熟客培養出持續的關係**：請他們進入你的團隊和社群。不只要營造出安全感，還要讓他們覺得給你批評指教和瘋狂想法是很值得的事。

◆ **不可做的事是，忘了感謝他們**：回過頭讓終端使用者知道他們的回饋意見形成哪些影響。

發掘前線的智慧

在我的經驗裡,不管任何組織,裡面的員工就是最寶貴、最重要的想法、知識和資訊來源,尤其是最貼近前線的人。老師、護理師、工廠員工、客服代表、銷售人員、零售員工、收銀員和卡車司機等等都是很好的範例,這些人很貼近實際的「行動」,可以取得組織裡更高層大致上看不到的資訊。

雖然大家已經普遍認同「攻克前線」是任何組織都要做的事,但少有企業成功地把理論轉化成有效的實踐。納入前線員工的相關作為通常太表面,或者讓員工覺得很不實際,他們不相信自己投入的時間精力會對決策造成任何影響。很多企業都有做某些版本的「提出高品質問題」,但是把「問法」的其他步驟全拋在腦後。

我承認剛進 TFA 時,我要透過一套五年期大型擴大方案領導所轄的教師培訓與提供持續支援領域,當時我也犯了這個錯誤。我和來自企業界的其他人之所以被招募進來這個組織,原因之一是我們過去有為大型組織提供諮商或經營過大型組織的經驗,擴大規模正是 TFA 希望的發展目標。我們憑著熱情接下這項挑戰,信心滿滿地開始把各式各樣企業界數據導向的管理技巧套用在這個教育機構裡:我們執行目標、指標、問責系統、儀表板、以理性控制幅度(rational spans of control)來設計組織,凡此種種。

我們這麼做時,所有和成長相關的數據完全如預期中節節上升,但一項除外。有好幾季,我們的滿意度調查顯示老師與員工的士氣正慢慢下滑。即便我們把組織的規模擴大三倍,技

術性的品質指標也很穩定,但我們打擊了人心。我和我的團隊太忙著擴大規模與拿出成績,忽略了這些變動對前線人員有何影響。

我們開始理解,不管我們在總部會議室裡想出多麼激昂的構想,也不能只是從上而下套用。要放眼整個組織做出更好的決策,我們需要一些只有最前線的人才能得到的資訊,比方說,我們設定的績效指標無意中對教書的老師和學習的學生造成什麼影響。在此同時,我們對於老師和員工的「提問」,僅限於調查、焦點團體和訪談,老師質疑這些收集數據的工具是不是真的能帶動有用的變革,因此沒當一回事。也就因為這樣,我們缺乏深入的洞見看透他們真正所思、所知、所感,甚至連他們想要什麼都不知道。這番發現讓我們幡然醒悟,從而**選擇抱持好奇心**,而且程度上遠遠超越過去。

接下來,我們需要不同而且更好的方法向實地工作的同事學習。我們調查了設計思考(design thinking)與行動研究(action research)領域,發展出一套納入前線人員的決策新方法。這套倡議行動稱為「協作創新」(Collaborative Innovation),我們知道,要做的第一件事就是營造心理安全感,讓大家願意分享,不要被在他們認知中所謂的「總部高層」嚇到了。因此,我們把老師和他們的督學分成很多小組,聚會討論。我們分享是哪些挑戰與困境導致我們必須在組織層級做出各種的變革,然後提出高品質問題,用意是要讓他們最好的想法浮出檯面,打造一套可以平衡組織整體資訊需求與各地區獨特在地現實的管理系統。我們讓他們知道什麼都可以討論,所有的想法都很重要,要講出來。我們使用設計標準協定(design protocol）讓大家把最好、最瘋狂的想法講出來，然後請員工排好這些想法的先後次序，甚至做出一套原型產品以說明新的管理系統如何運作。我們很努力**透過傾聽來學習**他們的最佳想法。

雖然當時我尚未發展出「問法」，但你可能注意到協作創新和「問法」的五步驟很相像，差別在於前者還套用了組織設計理論。這套方法可以在一對一的對話中揭露新的資訊並導引出新的解決方案，在範疇更大的組織裡也同樣有用。除了我們原始的績效指標以外，老師與督學也加入他們自己的個人願景宣言，這才是導引他們努力向前的指南針。這麼做，把在地掌控權還給了老師，他們的願景宣言裡包含的目標可以讓他們充滿活力，也契合他們個別教室與社群的獨特需求。讓他們投身教育的熱情又回來了，現在他們努力要完成的目標，支持他們在工作上展現最好的自己。這個共同創造的過程不僅善用了組織的集體才能，還開啟了員工身上豐沛的活力和抱負。

這次的經驗教會我，領導者的工作不是提出解決方案，而是要真心對於隱藏在組織利害關係人心裡的經驗與知識感到好奇，並打造出開啟集體才能的文化與系統。老師以及提供支援的員工，比我們更知道要如何因應挑戰，我們管理階層要做的，就是和他們培養出非常不一樣的關係，以得到這些洞見。

對員工提問的策略

- **要做的事是,降低權力動態的影響**:盡可能承認你遭遇困境或難題,需要他們合作一起面對問題。講出你看到的價值,並放進他們的觀點裡。

- **要做的事是,讓他們事先知道決策如何拍板定案**:也要講清楚他們在制定或影響決策過程中扮演什麼角色。理想上,盡可能貼近前線做決策。

- **要做的事是,盡可能告訴他們所有的數據,讓他們參與面對挑戰**:在此同時,加入只有他們才看得到的額外資訊,請他們幫忙你修正你對問題的理解。

- **要做的事是,賦予他們發展出新解決方案的權力**:你可以提出「我們該如何……」這類問題,在評估或剔除任何想法之前盡可能提出最多有創意的概念。要求他們根據相關性設定解決方案的先後順序,並請他們分享理由。

- **要做的事是,持續回報員工,讓他們知道組織決策時參考了哪些自己的想法與回饋意見**:如果你不會因為他們的意見或回饋去做什麼或是無法馬上回應,要讓他們知道原因以及你接下來計畫怎麼做。

- **不可做的事是,覺得你要想出所有答案**:你反而可以帶著最棘手的問題去找最接近實務行動的人,也就是那些最前線的員工。

把提問變成你的人才管理實務

會發問的組織如果希望學習能真正生根,就需要也會發問的員工。要把提問技能納入你的人才管理實務中的某些重要面向,比方說聘用、訓練方案以及回饋儀式。

摩立特集團是我大學畢業之後第一個專業上的家,我在工作面試時,整套流程的最後一步驟,是針對我被要求完成的任務表現接受批評指教(我事先並不知情)。這讓我措手不及,因為我去過的任何其他組織面試流程裡都沒有這種事,通常,他們要不就錄取我,要不就告訴我,我被刷掉了。

事後我才知道,批評指教的回饋意見是一種測驗,每個過關斬將來到最後階段的應徵者都要面對,用意是要看應徵者對於批評有何反應。他們會跳起來捍衛自己,列出各種原因說明為何回饋意見是錯的嗎?他們會默默承受,點點頭然後就這樣嗎?還是,他們會對回饋意見展現更深入的好奇心,甚至提出一些問題?我得到回饋意見時可能有點困惑,但我想必顯露出相當程度的好奇心與想要學習的開放態度,因為隔天他們就告訴我我錄取了!

到今天為止,我在摩立特認識的人當中,有些人是我見過最具好奇心、最愛問且最以成長為導向的人,某種程度上來說都要感謝有這一環。他們不會只仰賴一開始的能力,反而會透過頻繁的訓練進一步發展自我。舉例來說,摩立特每位顧問都要接受一整天當時稱為「提供與接受回饋」的訓練。隨著職位愈來愈高,這項訓練的時間會愈來愈長、強度會愈來愈大,要在好幾年裡分成好幾天完成。摩立特砸下大筆投資,在組織裡

許多層級以及每個當地辦事處做教育訓練,用這套教材來教導員工並幫助他們拿出來實際應用。公司裡最資深的員工還會有專家教練,確認他們在公司裡以及面對客戶時有用上這些技能,以身作則。長期下來,左方欄、理解之梯、在主張(說)與探詢(問)之間求得平衡的概念,成為整個組織裡的共同語言,每個人不僅能在自己心裡謹記這些技能,還可以一起支援彼此。

為了把提問嵌入組織的 DNA 裡,很重要的是建立回饋儀式,鼓勵員工練習並將提問和分享當成優先要務。我用過一套高效的策略叫「二乘二法」(two-by-two method)。Transcend 裡的每個人都要和自己密切合作的人個別對話,在這些會談中,雙方都必須和對方分享兩件對方做得很好的事,以及兩件他們還有改進空間的事,之後把對象換成自己,同樣這麼做。

這套架構把透過集體練習提問、分享與反思變成常態操作,強迫員工講出如果沒有這套架構就講不出口的話。換句話說,這項做法讓員工免於背負徵求批評指教這種古怪提問的重擔。這種做法本身也是一種提出要求(asking),在此同時也把提問變成常態,帶動一種員工彼此間廣泛徵求回饋意見的文化,員工在「二乘二法」裡都一定會分享一些如果沒有相應的制度推動就不會有人講出來的事。我喜歡把這想成是一年幾次大掃除的儀式;有時候,我們需要一些堅持奉行的做法,打開一個開口把一直堆在心靈角落的東西清一清。

> **把提問納入人才管理實務的策略**
>
> - **要做的事是，聘用有好奇心、願意傾聽和會反思等特質的人**：一定要追問過去有哪些展現這些特質的範例，想辦法讓應徵者在招募流程中真正地展現在行為上。還有，也要徵詢推薦人，看看應徵者過去在這些技能上的表現如何。
> - **要做的事是，把這些技能納入組織的能力與績效管理模式當中**：這樣一來，才能評估員工在向他人學習這方面表現如何，並在他們表現出色時得到正面的增強。
> - **要做的事是，建立回饋儀式機制，把問問題變成組織倫理中的常態**：每年或每半年就舉辦一次「二成二」會談變成供員工使用的容器，讓他們可以拋下其他時候可能會有的尷尬感互相提問。對組織裡的每個人強調給予和接受回饋的重要性。
> - **要做的事是，訓練員工的提問、傾聽與反思能力**：要直到精熟程度。
> - **不可做的事是，視為有做就好的待辦事項**：投入資源持續強化技能，提供教練與回饋實作，幫助人們把本書中講到的概念化為行動。

引領學習循環

大家常說：「有要衡量的東西才會有管理。」客戶滿意度或及時交付是這樣，學習也是一樣。除非組織把學習指標正式

整合到績效評估裡，不然的話，學習就仍然是「有做很好」的三不管地帶，放在生鏽的櫃子裡堆灰塵，而不是帶動成長的驅動力。此外，我們要衡量什麼，反映的是我們看重什麼。組織若能在績效目標之外又設定學習目標，不僅能提高持續高效學習的機會，也能向員工、顧客和客戶傳達自己的承諾。

在 Transcend，我們會透過年度學習循環來提問，這套實作是整個組織的核心。事實上，在學習長珍妮・亨利・伍德的設計之下，我們有一整套流程專門用於呈現、匯整與分享團隊集體學到的東西。流程一開始要先設定學習議程，伍德會問全組織上下他們正在處理哪些主題，又預計明年會發展出哪些資訊與看法。這一步驟會產生大量的素材，之後我們會排出先後順序，組成一套我們希望來年能夠處理的學習面相關問題。

訂下學習議程（這是一張可據以行動、精準且可驗證的問題），加上一套從各方尋求見解的穩健流程，讓我們得以發展出有系統、可管理的具體尋求答案的標準作業流程（要去訪談誰、要挖掘哪些統計數據、調查中要詢問哪一類的相關主題），但這只是第一步。

一整年裡，伍德和同事會帶動「小桌相談」與「專案暫歇」這類與員工的對話，鼓勵員工分享他們自己看到的（比方說哪些做法有用、他們在哪些面向感到很緊繃），以及他們從中學到什麼。這些對話裡包含大家的個人體驗與觀察，也有我們收集到各個專案狀況的量化數據，伍德和她的團隊隨後把從組織各處收來的千百項讓人驚嘆的資訊綜合成見解，以驗證、挑戰或讓 Transcend 的做事方法變得更加複雜。我們每年會整個組織一起反思所有見解，邀請團隊成員講出他們看到了

哪些代表讓我們變得更好、做得更好的線索。

這套流程導引出的變革絕非表面，會從最根本之處明顯改變我們做的事。舉例來說，最初創辦 Transcend 時，我們相信改變教育最好的辦法是發展出「突破性模式」來設計新學校，之後，各地的學校都起而效尤。當我們把這套方法的立論加入學習議程，情況很快地變得微妙。後來我們明白焦點太狹隘，過度偏重創新的「供給」面；那，又該如何因應相對應的「需求」面、也就是執行我們所推出模式的社群呢？我們開始把焦點放在和社群結盟，以理解他們想要什麼與需要什麼，他們要如何把新的設計納入他們自己的學校裡，並打造出考量這種種因素的模型。讓老師、家庭、還有最重要的學生本人（他們是終極顧客），成為在地設計流程的夥伴，帶來更成功、更永續、更美好的成果。我相信，如果我們僅堅守最初的做法，組織就不太可能發揮這些年來我們看到的影響力。

引領學習循環的策略

- **要做的事是，訂定學習議程**：選擇具體且可回答的問題與目標，配合其他高層次績效目標訂出先後順序。
- **要做的事是，把這些學習目標納入領導者的職責當中**：以凸顯組織把學習視為優先要務，同時要為他們提供可用於學習的時間與資源。
- **要做的事是，提出不同類型的問題**：挪出空間以提出設定好目標的問題，找到你需要的資訊，同時要設定開放式的

學習流程，成為意外數據、構想與回饋意見浮出檯面的管道。
- **要做的事是，創造「學習迴圈」流程**：這指的是正式的架構與儀式，讓團隊可以有系統地向組織內、外部的人收集資訊並賦予意義。考慮設置一個在組織中負責提問與學習的專責團隊。
- **不可做的事是，忘記回報發現到的東西**：要讓組織隨時知道從學習議程中得出了哪些發現與見解（包括目前還覺得模糊不清、不確定的領域），並且請大家回應並琢磨找到的東西。

推動自己成為「首席學習者」

我堅信，組織裡的每個人都有機會展現領導，然而，享有正式權威的人要扮演特別的角色。強調、親自展現與獎勵提問和學習的領導者，會讓組織裡每個人起而效尤的機會大增。

可惜的是，領導者很少做到這一點。我們曾經針對 27,000 人做調查，42% 的受訪者說，他們所屬的組織從未或很少「開放坦白地分享組織面臨的挑戰」，僅 15% 的受訪者說，組織向來會講出要因應哪些挑戰。[6] 如果領導者不願意揭露他們正在傷腦筋的是哪些問題、要解決的又是哪些困難，就不用期待可以善用集體才能。很多高階主管智上都明白在組織裡展現與鼓勵大家抱持好奇心很重要，多年來商學院也已經充分記錄並教導當中的益處，[7] 但很少有人真的把這個概念轉化成自身的

行為或納入組織的工作裡。

我相信,以在組織裡孕育學習文化來說,領導者可以扮演的最有用角色,就是成為「首席學習者」,此人要公開體現何謂好奇、問問題與向他人學習。他們成為表率的同時也是放出訊息,讓大家知道組織裡不僅可以提問和學習,更是非常重要的事;事實上,這就是通往成功之路。

我根據經驗得出的心得是,我愈是親身展現好奇、學習與提問等等行為,就會有愈多人跟著做。我最愛的一句格言是:「如果去年沒有因為自己的言行而感到尷尬,那代表你學得不夠快。」[8] 身為領導者,我試著一次又一次分享與重複這句話,提醒大家公開學習或許很彆扭,但在我們這個組織裡不會讓你惹上麻煩。這是讓我們成長茁壯、做出更好的決策、與彼此以及和我們支持的夥伴建立更有意義且有益處關係的大好機會。

成為首席學習者的策略

- 要做的事是,公開分享你自己的學習與發展目標、需求、困境和挑戰。
- 要做的事是,自己先示弱以孕育開放坦誠的文化:讓人們看到你是一個完整、複雜、有缺點的凡人。根據你可以做到的開放程度,讓別人參與你的過程,比方說,公開講述你遭遇到工作上或個人的挑戰。

- 要做的事是,公開徵求回饋與參考意見:而且不只是徵求,還要積極主動外求。就算你不是在公開場合下得到,也可以公開反思,分享你得到哪些回饋意見以及你如何賦予其意義。
- 要做的事是,感謝與公開肯定為你提供意見的人:讓他們知道你打算根據他們的建議做什麼,理由何在。
- 不可做的事是,期待這種事會讓人覺得很自在:慣例上,領導者的表現必須看起來一副胸有成竹模樣,但提問與學習正好與此背道而馳。如果你覺得彆扭、不自在,甚至感到有點可怕,那你就做對了。

我們每個人都是領導者!而組織就跟領導者一樣,都是進行中的未完成項目。在 Transcend,其中一項核心價值觀是我們所謂的「永遠的測試版」(perpetual beta)。「永遠的測試版」反映出我們認為自己現在以及未來都將是進行中的測試版,代表我們永遠都在問哪種做法有用、哪種沒用,並從我們學到的事物當中學習。重點不是某種程度上我們「抵達」目的或是做到了完美(永遠沒有這種事),而是我們永遠不忘才能蘊藏於何處:就在靠著持續合作才有可能發生的學習當中。

重點摘要

重要問題: 你要如何開啟團隊集體才能?

1. 「問法」也可以在團隊與組織層級發揮作用。好問的組織會更成功。

2. 組織要因應這個速度飛快且不確定性高的世界,並且能繁榮昌盛,必須學習善用利害關係人的集體才能。
3. 如何打造好問的組織:
    - **善用終端使用者的才能**:有系統地徵詢客戶和顧客他們有哪些需求、經驗、意見和構想。
    - **從前線找智慧**:讓員工從頭到尾參與整個策略和決策過程。
    - **將提問納入人才管理實務裡**:聘用具備好奇心的人,投入資源持續培養員工的「問法」技能。
    - **引領學習循環**:訂下學習議程,並配合其他績效指標訂出學習目標的先後次序。
    - **成為首席學習者**:坦白說明你要面對的挑戰與不確定性,公開設定學習的先後順序。展現以身作則的領導。

互動練習

9A 挑出你的組織或團隊正面臨的某個挑戰,現在,想一想:

- 你要採取哪些行動步驟以開啟當中每個人的集體才能?
- 終端使用者、員工以及其他相關人士能提供資訊增進你的理解並和你共創解決方案到什麼程度?
- 如果還有空間開啟更多集體才能,請嘗試使用本章提到的一項或多項策略。

9B 評估組織內和「問法」有關的人才管理實務，思考以下各項你做到什麼程度？

- 在聘用提出好奇的發問者這方面表現如何？
- 在你管理和獎勵績效表現時，納入多少這些技能？
- 制定把提問變成常態的儀式（例如二乘二法）這方面的表現如何？
- 在訓練員工提問、學習與反思這方面的表現如何？

現在，選擇其中一個還有改進空間的面向，制訂計畫，在你的團隊或部門內推動試作。

9C 請推動自己成為首席學習者，試試看：

- 公開分享你的學習與發展目標。
- 親自示範示弱與開誠布公（同時也要考慮到你獨特背景條件中文化與身分認同的複雜現實）。
- 徵求回饋與參考意見……而且要公開做。
- 感謝並公開認可所有為你提供參考意見的人，並和他們分享你學到什麼。

嘗試這些做法之後你有什麼感受？你在哪些方面可以更進一步？要怎麼做？

第 10 章

讓提問成為下一代的超能力

停止壓抑好奇心、釋放孩子的提問力

朗妲・布魯莎德（Rhonda Broussard）是我認識最有好奇心的人之一，她的人生以提問為核心。她最近和各式各樣產業界裡的企業及非營利組織結盟，創立摯愛社群（Beloved Community），教導人們發問並向社群裡的成員學習，以增進社群、職場以及學校裡的平權。她設計工具，幫助組織用來問出更好的問題。在這之前，她創辦並經營聖路易市立完全語言學校（St. Louis Language Immersion School），這是一所根據進步主義創建的免費學校，學生們在這裡學會如何和同儕密切合作，同時精學法文、西班牙或中文。她還在好奇心驅使之下寫了一本書：《一個好問題》（One Good Question），寫下她在人生與職場中所有用來建立連結與轉型的提問方法。布魯莎德如何能成為一個充滿好奇心、有創意的提問高手？

布魯莎德跟所有小孩一樣，天生就有問不完的問題。我的腳吃起來是什麼味道？月亮每天早上去了哪裡？寶寶從哪裡來？大部分小孩愛問的特質在童年時期就會逐漸消退，等他們

進入青春期時就幾乎不再問了，但布魯莎德不一樣，她在整個童年時期都一直保有好奇心，而且一直帶著好奇心長大成人。怎麼會這樣？

　　想知道布魯莎德如何成為一個好問的大人，我們要回到過去，看看她小學三年級的第一天。布魯莎德和一小群其他學生被認定是「資優生」，被選中參加「我想知道為什麼」（Wonder Y's）計畫。「我想知道為什麼」在不同的教室上課，學生會拿到一件特別的 T 恤，上面印著大大的亮黃色「Y」字（譯注：與英文的「why」諧音）橫過胸口，就像是超人的服裝一樣。在「我想知道為什麼」的教室裡，把學校變成了一個探問之地，老師會問學生他們怎麼想、他們對於自己學到的東西賦予什麼樣的意義，而不是給答案。教室裡放滿了各式各樣的書籍、拼圖和藝術用品，他們可以在好奇心的驅使下去運用，可以坐在舒適的閱讀椅上，也可以擠到幾張桌子旁，或是去科學站，全憑他們自己的喜好決定。她的父母與祖母是很鼓勵小孩的家長，因此在家中也應和並強化了她在學校接收到的訊息。綜合起來，這些早期經驗滋養了布魯莎德內在的好奇心，愛上學習和對自己的信心讓她走上了終生提問這條路。

　　可惜的是，布魯莎德的故事是個案，而非通例。比較常看到有的情況是，無論在學校還是在家裡，孩子的體驗都扼殺了他們天生的好奇心和好問心，而不是給他們養分。另一個極端的代表是布魯莎德的叔叔的經驗；她的叔叔只比她大幾個月，而且跟她同在一個家庭裡成長。他們在家中同樣都受到鼓勵，但在學校的經驗可就天差地遠。她的叔叔並未被選入「我想知道為什麼」計畫，一整天在學校裡都是坐在課桌旁，接受

看來無所不知的老師直接灌輸的教導。他得不到探索、質疑或展現自身好奇心的空間,但布魯莎德知道他就像她一樣想要,也一樣會享受探問的空間。布魯莎德看著他掙扎,從很小的時候就感受到學校把他們的學習分開來的做法錯得離譜。

人天生好奇,但不持久

小孩都充滿好奇心,會說話之前,他們是以觀察和行動的方式來提問。他們會一直盯著不熟悉的物品和人看。他們會對身邊的世界做實驗,把所有找得到的東西放進嘴裡。他們會把東西推來推去,他們會把東西拼湊起來,也會拆得分崩離析。等到他們不再吃土、不再爬到危險的樓梯頂邊緣,他們也學到「新方法」追尋永不滿足的知的渴望:**提問**,特別是一類稱為「WH 問題」,亦即什麼(what)、哪裡(where)、為何(why)、何時(when)和如何(how)這類問題。

發展心理學家所做的研究顯示,當小孩知道自己可以問問題時,他們可來勁了。在一項指標性的兒童發問行為研究中,芭芭拉・蒂澤德(Barbara Tizard)和馬丁・休斯(Martin Hughes)把錄音機(這是 1984 年代版的 GoPro)別在學齡前兒童身上,聽他們一整天的對話。[1] 他們發現,平均來說,這些兒童每小時對父母會提出 25 到 50 個問題不等。英國另一項針對母親所做的研究顯示,提問行為通常到四歲時達到高峰,這個年紀的兒童每天平均會問媽媽 390 個問題,換算下來,每 1 分 56 秒就問一個問題![2]

重點是,這類問題大部分目的都在於收集資訊(你為什麼

那麼做？我們何時離開？雲會發出什麼聲音？），而不是其他類型的問題，比方說徵求同意（可以原諒我嗎？）。孩子問的很多問題都不只是尋求事實，而是希望得到更深入的解釋，代表了強大的好奇心在小孩的腦子裡發揮了力量，以及他們相信身邊的人會有答案。[3] 研究心理學家蘇珊・恩格爾（Susan Engel）在《飢渴心靈：童年時期好奇心起源》（The Hungry Mind: The Origins of Curiosity in Childhood，暫譯）裡指出，小孩早期很多的提問，目的都是要透過別人找到和另外一些人有關的資訊。小孩跟大人一樣，都在聽閒話。恩格爾指出，八卦閒話近乎是一種普世現象，這指向了我們「根本上對於其他人的生活很好奇。」[4] 換言之，小孩不只是生來就好奇，他們是生來就擁有大量的連結性好奇心。

但之後，奇怪的事情發生了。就在人們認為小孩應該會愈來愈好奇（當他們開始上學之後）時，他們提出的問題卻開始減少。等到青春期，大部分的孩子根本完全不問了。[5]

這有一部分是發展上的問題。我們在第 3 章講過，我們想要獲得新資訊的衝勁會隨著年紀漸長而降低，這使得我們自然不像小的時候這麼愛問。但發展心理學的解釋只是整件事的其中一部分。比方說，當蒂澤德和休斯研究小孩在學校中對話轉錄的文字稿時，他們發現在家裡每小時會提出 20 到 50 個問題的小孩，到了學校之後每小時只問 2 個問題，發展心理學就無法解釋這一點。[6]

布魯莎德的叔叔的故事，讓整個拼圖完整：多數小孩在學校裡不被鼓勵提問。學生一進到學校，就是要透過受教導來學習，而不是主動去學。這並非偶然，而是原本的設計就這

樣。這套所謂工廠化、或說工業化的教育模式歷史逾百年，即便之後的經濟與社會組織已經發生根本性的變化，這套模式仍延續下去。這套模式在設計上就是要集結大量年輕人，無論是大量湧入的移民，還是來自全國各地農村的人們，訓練他們、讓他們社會化，準備好進入一個工廠導向的經濟體中工作。這套模式獎勵個人成就而非團隊合作，獎勵服從而非創意，獎勵保持安靜而不是大聲把話說出來，而且從來無意培養具備人際好奇心、樂於協作的提問者。還有，遺憾的是，在教育體系以及其他地方，表現與運用好奇心的機會並沒有公平地分配給所有孩子。

在全美國，有很多城市開辦像布魯莎德參加的「資優生」計畫，但都辛辛苦苦面對讓人難過的現實：這會造成受教權的區隔，在美國赤裸裸顯露出廣泛的教育不平權。就算在同一個教室裡，由同一個老師教導，都有可能創造出極不相同的經驗。種族、階級、族裔、身心缺陷以及其他不同面向的差異，都會影響到學生受到的待遇：他們是否得到熱情的鼓勵，引導他們發問與回答；他們面對挑戰時，得到的是大人的耐心對待還是遭受懲罰；最麻煩的是，他們是否得到足夠的安全感和指引，朝向發揮自己全部潛力的目標邁進。

如果我們希望所有孩子都能保持好奇心並繼續問問題，就不能用被動的態度來處裡。不管在家裡還是在學校，都需要有一些具體作為。

教育系統還有很大的改進空間，但很多個別的行政人員與教師已經比過去更能敏銳察覺到我們在這方面正在讓孩子失望，並努力改變。如果你是家長或照護者，我鼓勵你去問問老

師或校長他們做了哪些事以培養充滿好奇心的發問者，你又能如何和他們結盟，一起來幫助你的孩子。

在此同時，透過研究、實作以及我自己為人父母的經驗，我想要分享四項關鍵原則，幫助孩子長大成年後仍是充滿熱情的好問者。

讓天生的好奇心火焰熊熊燒起

我們在第 6 章介紹過教育家暨執行長傅崇豪，他深深的好奇心讓他的生命充滿熱情。他認為，他的這項技能有一部分要歸功於他的雙文化成長過程。他的父母母語都是中文，在傅崇豪還小的時候就從美國到了新加坡，等他大概五歲時再度返回美國。他的童年不管在語言、文化、食物或價值觀上，都是中式兼美式，這讓他站上了獨特的觀察位置。他還記得，小學時到別人家參加過夜派對時曾經偷看別人的冰箱，發現裡面裝的食物和他家的冰箱完全不一樣。這些觀察到差異的時刻，幫助他在很小的時候就理解到每件事、每個人都是某種歷史與某種文化下的產物，也讓他踏上長達一輩子的旅程，去理解人與系統如何變成當下這個樣子。

莫妮卡‧古絲曼（Mónica Guzmán）在《我從沒這麼想過》（I Never Thought of It That Way，暫譯）主張，心理學講的同質性（homophily）、也就是說人會和與自己類似的人在一起的傾向，是人性的根本，但它不利於運用在我書中大力倡導的連結性好奇心。[7] 如果我們想要養育真正對其他人感到好奇的孩子，就要積極主動抗拒自身的這種傾向，刻意讓孩子接觸不同

類型的人、觀點和文化。

舉例來說，森林學校（Forest School）的共同創辦人暨校長、同時也是四寶爸的泰勒·席格潘（Tyler Thigpen），會邀請意識形態、種族、經濟、職業上背景各異的人，到他家和全家人共進晚餐。晚餐前，他和小孩會腦力激盪，想出要問賓客的問題，諸如「你最喜歡工作上的哪一點？」、「哪些事物可以逗你笑？」或「哪些事情會讓你哭出來？」等等。換言之，這些高品質問題的用意，就是要幫助他們在人對人的層面上從晚餐賓客身上多學習、多了解對方。這些問題總是能擦出火花，引燃有趣又充滿知性的對話。此外，這些問題也讓他的孩子們理解，光是對其他人提出好問題，就有可能從中學到許多。

幫助孩子理解他們的現實並非唯一的現實，是很重要的好奇心火花，但並非唯一。你的孩子們可以為自己點燃火花，找到各式各樣可以讓他們好奇的人和事。有時候，好奇心會表現在困惑時刻，或是「等一下，你說什麼？」這類問題上。小孩和我們都一樣，很容易就繼續講別的話或做別的事，匆匆跳過這些小小的好奇心火花。然而，在這些時候，最重要的是要提供一些氧氣，讓火焰燒起來。

幸運的是，孩子給我們很多機會，當他們開始培養出熱情或興趣，會一而再、再而三出現火花。以我兒子雅各為例，好奇心便表現在他對電腦程式設計愈來愈濃厚的興趣上。長期下來，他開始自學程式語言。我和妻子看著他學習的渴望愈來愈強烈，我們便自問要怎麼做幫助火焰燒起來。我們聽說有一個地方叫遞迴中心（Recurse Center），這裡是一個免費且非傳統

讓人學習寫程式的地方，在雅各十三歲時我們就鼓勵他去申請。他自己做申請相關的工作：撰寫小論文、請我們提供回饋意見，然後認真地接受線上面試。當他拿到許可，親身在這個地方待了一個星期「靜修」，他可以說是欣喜若狂。

遞迴中心服膺的教育理念是「自學」（unschooling），認為傳統教室裡嚴格、由上而下的課表是終極的好奇心殺手。雅各靜修期間，沒有必修課也沒有一定要做什麼，他和其他學員會得到相關的資源，邀請他們動手探究，在此同時，也從這群新同學身上與整個遞迴中心社群學習。等到他靜修期終了時，他正式向全世界老老少少呈現他的作品。更神奇的是，這個相對害羞內向的青少年找到了自信，敢於對著身邊的每個人侃侃而談並提出問題。

我最近問雅各，成年人可以做些什麼幫忙培養出好奇的發問者，他想了一下然後說：「給他們空間，讓他們找到自己真心想做的事，然後讓他們去學，並且不要擋路。」

燃起孩子好奇心火焰的策略

- **要做的事是，給小孩刺激**：讓他們接觸到新鮮、讓人困惑或是不同的事物。看著他們的反應，並鼓勵他們堅持探究出現的問題。
- **要做的事是，給小孩玩耍、拼湊敲打和探索的空間與時間**：看看他們最有興趣、最好奇的是什麼事，支持他們不斷探究。

> - **要做的事是,讓他們的好奇心火花燃燒起來**:創造機會,讓他們在展現初步好奇心的領域不斷提問、深入追蹤、進一步探究。
> - **不可做的事是,催促他們跳過困惑、好奇或探索的時刻**:反之,要和他們一起淨心面對。

親自示範你想看到的行為

關於年輕人和學習,我最喜歡的格言之一是美國作家詹姆斯‧鮑德溫(James Baldwin)講過的話;他敏銳地觀察到「小孩從來不善於聽大人的話,但是他們從來不吝於模仿大人。」[8]

心理學家蘇珊‧恩格爾利用威廉斯學院(Williams College)裡的教室做實驗,展現了這番明智洞見。她請她班上的一位大學生麥蒂領導兩群孩子完成一項科學實驗,和第一群孩子合作時,麥蒂要在實驗中途加入一個意外的步驟,跟小孩講說她全部做完了,因為她很好奇想要知道之後到底會怎樣。等到第二群小孩過來,麥蒂也會在中間停下來,但這次不是展現她很好奇,而是要小孩停下來收拾整理。等到這堂課結束時,麥蒂說她馬上就回來,然後就出去了。

恩格爾有興趣的是之後發生的事:等到只剩下學生時,老師在態度上的一點小差異會對學生的行為造成影響嗎?怪事發生了,看到麥蒂表現出一時好奇的孩子,等到老師離開後他們開始用手邊的材料東弄西弄,被指示要收拾乾淨的孩子則安安靜靜站在原地,等老師回來。恩格爾做了很多實驗,得出「老

師要在學生身上培養出好奇心,最強而有力的辦法之一,就是自己先做示範。」⁹的結論,這是其中之一。

這個道理放在家長與照護者身上也適用。如果我們希望孩子培養出連結性好奇心,就要讓他們看到我們真的也很好奇,特別是,對他們感到很好奇。很多孩子從未或很少被問過和他們自己有關的問題。作家暨賓州州立大學教授海瑟・荷勒曼(Heather Holleman)寫道:

我最近問我青春期的女兒,在學校裡有多少人問起過她的生活。人數少到令人吃驚。她告訴我,在一千個學生裡面,可能會有一個人表現出真正對她感興趣。接著,我問我班上的大學生同樣的問題,有一個學生哭訴:「和朋友出去時,他們從來沒問我半個和我自己有關的問題。」整班同學都點頭同意……年輕人渴望找到一個對他們感到好奇的人,透過好問題把他們拉出來、試著建立更深入的連結,但沒有,多數人在生活中都是自己承受、自己糾結。¹⁰

年輕世代受到很多抨擊,說他們比老一輩的更以自我為中心、更自戀,但年輕人是看著身邊的大人學做人做事。我們必須問,現在我們為下一代示範了哪些行為?

我的朋友強納森・史柯尼克(Jonathan Skolnick)是一個很有好奇心、很有創意的思想家,他回想起曾經為他以身作則的大人留下了哪些影響。「一個星期裡,我祖母至少會有兩天在晚餐之前來我家廚房,手上大包小包從超市買來的午餐點心、洗潔劑、哈密瓜,以及她從我祖父工作的慈善商店挑來的衣服,」史柯尼克回憶道,「她還沒有把袋子放在餐檯上,

就會先親親我,問我每次不管何時見到她,她都會問我的問題:Vos machst du?(意為:你怎麼樣?)她的祖母選擇在這些時候講意第緒語(Yiddish)而不是英語,給他的信號是她期待他要好好回答,不要僅止於一般打招呼式的「很好」或是「沒什麼」。她希望聽到真話,她希望聽到細節。她想聽他講他的故事,她會凝神傾聽他的每句話,當他分享時她會問更多問題,就是這些親身的示範,幫助史柯尼克成為如今這個非凡的教育家。

和小孩互動時,問問題與回答問題是好的開始,但我們在以身作則展現好奇心方面可以做更多。就像史柯尼克的祖母一樣,我們可以創造這些展現重要技巧的令人懷念時刻,甚至變成一種儀式,用一生來回應迴響。以下有幾個很容易就可以落實的好奇心儀式範例:

「**Google**」你的社群:每個社群都有豐富的知識和經驗,但除非我們去問,不然的話,通常難以發現。幾年前,我兒子雅各對程式設計還沒那麼有興趣,他比較著迷的是磁性。有一天,他問我,為什麼把鐵釘用電線包起來然後電線通電後馬上就會產生磁力?嗯,我哪知道!於是我說:「雅各,這是好問題,但我不知道。我們來想想看可以問誰。」我們想起來,街尾有一位鄰居羅伯是物理老師。因此,我們穿上外套,慢慢走到街尾敲羅伯家的門。我們帶了釘子、電線和電池,請羅伯教我們。羅伯只花了幾分鐘就給了雅各他一直找的答案。我希望雅各從這件事當中學到一些心得:我們想找的答案,常常在身邊的某個人身上,我們只要開口問就可以了。不是每個人都跟鄰居這麼熟,可以安心敲開對方的門,但是我們可以向外去

找讓我們覺得可以安心發問的某些社群，可能是社團、運動隊伍、信仰團體或是大家族。

同理心對話：艾蜜莉是我寫作本書的協力研究與寫作助手，小時候，只要她放學後抱怨朋友讓她覺得很沮喪或同學說了什麼難聽的話，她媽媽會認為這正是拓展艾蜜莉理解範疇的好機會。她媽媽會先認同艾蜜莉在情況中感受到的難過情緒，之後她會問一些問題，例如：「你覺得她為什麼會這麼做？她可能在想什麼？她有沒有可能也正在面對一些很艱難的事情？」他們會一起深談艾蜜莉對另一個人所做的任何假設，並提問看看她可能漏了哪些資訊。這些時候，艾蜜莉通常都會希望媽媽跟自己站在同一邊，但等到她更大一點，她開始理解，媽媽跟她深談這些問題時，是在灌輸她一種心理習慣，讓她在解讀特定互動時考量到對方可能會有什麼感覺或體驗。

玫瑰、尖刺、花莖與其他：我們家每個星期五晚上都會一起吃安息日晚餐。等到大家都吃飽，我們就會進行一個叫「玫瑰、尖刺、花莖、蓓蕾和星星」的儀式。這套儀式源出於童子軍，但長期下來有一些改變。每個詞都是一個問題的提示，**玫瑰**提示你要分享這個星期有什麼好事，可能是贏了什麼或是度過一段美好時光；**尖刺**，是要講出難受或痛苦的事；**星星**，是你做了什麼讓你自豪的事；**蓓蕾**，是你的期望或是你的新目標。我自己最愛的提示是**花莖**，這是請當事人講出他們上星期學到了什麼或是他們有了哪些成長。分享花莖可以讓孩子有機會反思自己的學習，心理學家稱為後設認知（metacognition），還可讓孩子看到大人的世界裡也有同樣的經驗。有時候，學習會伴隨著驚訝、彆扭與不自在一同出現。（如果這件事聽起來

太複雜、太難做,或許可以用一、兩個提示作為開頭,或是讓大家自由挑選。)

如果我們相信鮑德溫講的話(他說小孩會模仿大人),那麼,講出我們從他人身上學習的過程,或許是把這種習慣灌注到小孩身上的最強效工具;不管我們知不知道,孩子永遠都在看著我們。

親身示範提問與學習的策略

- **要做的事是,當你不知道答案時坦誠相告**:甚至把這個時刻當成契機並大力擁抱,展現你樂於善用學習機會。
- **要做的事是,明確地講出你如何善用「問法」的各種實作方法**:和年輕人相處時這麼做,幫助他們看到你如何一步步完成這些步驟。
- **要做的事是,分享你的反思**:講出你使用的流程以及你從中學到什麼。
- **不可做的事情是,掩飾你知識中的落差**:也不要覺得你得要知道所有答案。

教孩子這些技能組合

小孩雖然天生好奇,但不代表他們就自然而然具備所有能從別人身上學習的技能,特別是,社會和學校都不鼓勵孩子培

養這類能力，他們更需要學習與練習的機會。還好，有很多站在最尖端的教育人士與計畫，會在各式各樣的脈絡與多元背景之下協助孩子，培養出扎實的提問與向他人學習的技能。我在這裡要強調兩套方法，專門用來教導年輕人如何對別人提問、從而找到他們真正想知道的訊息：

雪倫・埃爾・瑪拉（就是我們在第7章裡提到的專攻青年參與式行動研究心理學家）幫助年輕人成為研究人員，由他們來研究對他們來說很重要的議題。在傳統研究中，年輕人得到的待遇和兒童一樣，由照理說很客觀中立的研究人員從外部觀察，完成研究。但青年參與式行動研究不同，這是把年輕人放在研究負責人的位置。用這種方法做研究，不僅得出了更強力（也更務實）的見解，也在年輕人之間營造出一股更大的作用力。他們負責研究流程，在此同時也以如何從他人身上學習為核心，培養出扎實的技巧。

埃爾・瑪拉一開始教學生理解問題發揮作用的機制，要他們思考是哪些因素分別了好問題和不那麼好的問題；多數學生從來沒碰過有人要他們去思考這個問題。她教學生如何提出和問題有關的問題，應用老派的什麼、誰、哪裡、何時和如何等「WH問題」，來評估問題本身的品質。多數人很熟悉「什麼」類的問題，比方說，這個問題在問什麼？那麼，其他的「WH問題」呢？是誰在發問？這個問題是特定的人才能問的嗎？這個問題是在什麼樣的背景脈絡下提出來的（哪裡與何時）？為什麼會問這個問題？問題背後的動機是什麼？最後是，這個問題要怎麼問？問這個問題時，發問者是語帶批判還是不帶預設、假設？是善意還是惡意的提問？

透過這套架構，學生不只學到要怎樣提出高品質問題，也知道如何幫身邊的人更進步。他們在這方面營造出一種催化作用，就問題的品質為老師與同儕提供回饋意見，也公開分享某個問題對自己有何影響。埃爾・瑪拉對我說，這項練習的目標不是要讓小孩敢於大聲嚷出差勁的問題，而是教他們一套流程，藉此讓他們「解構問題，深入看到問題可能導致人與人之間搭不上線的根本原因是什麼」，讓他們可以學會如何更深入地和身邊的人建立連結。

　　教學生提問的技巧，也代表要教他們如何深入傾聽。在這方面，我們可以從紐約大學人類連結科學主任（Science of Human Connection）暨傾聽專案（Listening Project）創辦人、同時也是發展心理學教授的妮歐布・韋伊（Niobe Way），和她的同事兼前學生、斯沃斯莫爾學院（Swarthmore College）黑人研究學系（Black Studies Department）主任喬瑟夫・尼爾森（Joseph Nelson）身上學到很多。傾聽專案的目標，是要培養年輕人與教師學習所謂「轉化訪談」（transformative interviewing），從而在多元化的社群內、外滋養出好奇心與連結。轉化訪談憑據的原則，很多在本書中也有提到。他們認為這是一種運用「人際關係中的智慧」（relational intelligence）的方法，牽涉到要去學習一套明確的實作方法（例如使用開放式問題、對比問題、逐步推展後續追蹤問題），學會帶著好奇心去傾聽，讓訪談者可以從對方回答問題的答案當中學到一些新東西。這轉化了訪談者對受訪者以及受訪者對自己的認知。聽起來很耗神，但根據韋伊在全世界中等學校與大專院校應用這套方法的經驗來說，年輕人比年長者更能學會這套方法，因為前者還保有他們天生的

好奇心。針對傾聽專案的影響所做的初期研究指出，參與專案的學生展現出更好的傾聽技巧、更高度的人際好奇心、同理心、與同儕和成人之間的連結緊密度，以及更強烈的共通人性。[11]

教授相關技能組合的策略

- 要做的事是，明確講出、做出與解釋相關的行動：這樣的話，年輕人才知道要怎麼做。
- 要做的事是，讓他們有機會練習：讓他們演練技能，並在他們不知所措時支持他們。
- 要做的事是，提出明確且具體的回饋意見：好讓他們能不斷琢磨精煉自己的方法。
- 不可做的事是，給他們太多的協助或指導、確認他們永遠也不會搞砸：這樣一來，他們也無法從錯誤中學習。

幫助孩子感受到立即的好處

從行為觀點來看，要加強學習新行為，最好的方法就是給予立即的正面增強。在教育領域裡，一直都有人激烈辯證用所謂「外部報酬」（extrinsic reward）來強化學習的價值與限制，我個人認同研究說某些形式的外部報酬在學習過程中確實有一席之地，但就像人生裡的其他事物一樣，也都有其限制。[12]

我的朋友卡珊卓·史威特（Cassandra Sweet）和我分享一個很棒的範例，講到她父親如何找到方法證明連結性好奇心既是內部獎勵，也是外部獎勵。卡珊卓的父母米吉與約翰·史威特夫婦（Midge and John Sweet）住在亞特蘭大市，是天不怕地不怕的進步派運動人士。在她成長過程中，他們會帶著她參加所有會議與活動，秉持的原則就是要全心投入並從每個人身上學習。他們並不會因為生了小孩就不去做他們認為很要緊的事，還有，更重要的是，他們相信讓卡珊卓接觸到他們的朋友與同伴，對她有好的影響。在此同時，卡珊卓的父親理解，身為滿屋子大人裡唯一的小孩，很快就會讓她覺得沒意思，因此，每次會議他都會分派她一件任務：在他們離開之前，她必須跟他講一講當天晚上她新認識的三個人，以及她從他們每個人身上學到的三件有趣的事。一旦她達成目標，就會得到獎品：可以去和外面的其他小孩玩耍！這個遊戲鼓勵卡珊卓花一個晚上問問題，而她從別人身上學到的事也讓她萬分著迷。

當孩子發問時，我們可以給他們一種很明顯的內在獎勵：給他們明確坦誠的答案，讓他們充分滿足好奇心。雖然顯而易見，但不一定能輕鬆做到。大家都說，小孩會問出最讓人倒抽一口冷氣的問題。但不管怎麼樣，你要有能力冷靜、從容回答他們的問題，就算他們問到敏感或禁忌主題時也不例外，這會大大鼓勵他們未來繼續問下去。

我們要把自己變成「可以被問的成人」。「可以被問的成人」運動（Askable Adult Campaign）旨在訓練成人幫助年輕人，讓年輕人順利從生命的難題中走出一條路，他們定義的「可以被問的成人」，是「對小孩與年輕人來說可親且容易相處、可

以讓他們講出心中任何事的成人」。[13] 多數小孩都希望有人幫忙他們處理寂寞、毒品與酒精、霸凌、壓力與焦慮等問題，他們也說，希望有更多讓他們可以吐露心事的大人。如果小孩擔心我們的誤解、打發、憤怒，還有，最麻煩的，批判，就會把他們應該講出來的以及他們想要問的問題憋在心裡。藉由證明我們能讓人安心，以及問出他們想問的問題其實沒有想像中那麼尷尬，我們這就提高了提問可帶來的獎賞，並降低預期中的懲罰。這能和小孩與青少年建立起安全溫馨的關係，讓他們在其中公開講出他們的問題與挑戰，本身就是一種獎品。

讚美是另一種強效增強因子。多數學校會把讚美小孩的重點放在答對問題了，而不是想出寶貴的問題。因此，當我們讚美小孩提問時，就是幫忙抵制壓抑好奇心的力道。要提出這類讚美，最好的方法就是當孩子找到他們要找的答案或達成想要的目標之後，讓他們回過頭去注意過程中提出問題、幫助自己向前邁進的那個時間點。[14]

父母、照護者和教育界人士也要大力倡導，督促學校在實務上展現獎勵提問與向他人學習等行為。舉例來說，在泰勒·席格潘的森林學校裡，每個學生畢業之前都要至少找到一個人證明自己已具備同理心，而且背書的人要感受到準畢業生真的很了解、很懂「我這個人」。席格潘對我解釋，他說他的學生跟多數的大人一樣，通常都會拿出證據證明他們做了什麼，比方說他們帶著助人的意圖做了哪些事，以及他們自認在某個時間點確實成為了好的傾聽者。然而，這些都還不能滿足要求。學生必須從他們生活中的人身上收集證據，問問題以揭露他們對其他人實際上造成了哪些影響。在整個過程中，學生

必須拿出好奇心、要示弱、要有韌性，偶爾，還要演練如何接受可能很難聽的回饋意見並據此反思。

另一個強大的範例來自於一所由奧利・傅利曼（Orly Friedman）經營的紅橋學校（Red Bridge）。大部分的學校用年齡把學生分群，六歲就念一年級，七歲就升上二年級，依此類推。有些比較進步的學校抗拒這種以年齡為基準的線性序列，改由讓學生根據他們對於教材的精熟度升級。紅橋學校更進一步：學生在學校裡的分群與升級，根據的是他們是否展現出已經做好自主準備，有能力帶動自主學習。舉例來說，要完成自主一級，學生要證明他們有能力提出用於釐清的問題。要完成自主二級，學生要證明他們覺得卡住時有能力向成人提問，到了自主三級，他們要證明自己可以在需要幫忙時向同儕求助。職場上有多少成人真的可以自在地請同儕協助？在紅橋學校，已經在設計教育時把要怎麼學習做到這一點考慮進去了。

幫助年輕人體驗到發問益處的策略

- **要做的事是，在他們發問、傾聽與學習時給予讚美和正面增強**：最自然的增強，是幫助他們真正找到他們想要學習的東西。
- **要做的事是，幫助他們看到與反思努力提問和成就之間的關係。**
- **要做的事是，把提問變成有趣的事**：無論是透過像卡珊卓的爸爸跟她玩的遊戲，還是你自己發明都可以，把提問變

> 得好玩,而不是一件苦差事。
> ◆ **不可做的事是,傷害孩子與生俱來的提問與學習好奇心:**
>   不要堆疊太多外部獎勵。

一代又一代提問的無窮潛力

　　最近,我兒子雅各在餐桌上拿起一把叉子,檢視了一會兒然後說:「你知道要怎麼做這把叉子嗎?」我說:「好問題,你覺得呢?」我太太笑了,她問:「你的新興趣是金屬製品嗎?」雅各講了一句話,讓我知道我們應該做對了什麼:「我對什麼都有興趣。」

　　如果我們給下一代從別人身上學習的超能力,從抱持好奇心、到問問題、再一路到反思,我認為,我說我們或許就此給地球上的人類最大的生存機會,此話一點都不誇張。或許,更重要的是,孩子可以擁有相關的工具建立深刻的人際關係與社群,即便面對重大變化與挑戰,人生也可以過得充實滿足又有意義。

重點摘要

重要問題:我們該怎麼做,才能不再扼殺孩子的好奇心並讓他們自由發問?

1. 小孩天生好奇,但之後他們問的問題會逐漸減少。

2. 要滋養孩子們的求知渴望，並賦予他們力量向身邊的人學習：

- **讓孩子天生的好奇心火焰燃燒起來**：讓他們接觸到各式各樣的人、觀點和經驗，讓他們有時間和空間探索他們覺得有吸引力的事物。
- **以身作則展現你想看到的行為**：表現出你自己的好奇心。問和他們自身有關的問題，並仔細傾聽。親身示範示弱，當你不知道答案時要誠實以告。
- **教導孩子提問的技巧**：要講出你的實作方法是什麼並加以解釋。讓他們有機會練習，並對他們付出的努力提供回饋意見。
- **幫助孩子體驗到提問立刻可以帶來的好處**：獎勵他們的好奇心。當他們對你發問，盡你可能給他們坦誠、深思熟慮後的回應。當他們有了新發現，幫助他們回頭檢視一開始提出的問題。

互動練習

10A 詹姆斯·鮑德溫說，小孩會重複他們在大人身上看到的行為。因此，若要養成自覺以體察到你如何對待年輕人，回想一下你從小開始的經驗會很有幫助：

- 你最常發問的對象是誰（如果有的話）？當你問問題時，身旁的大人如何回應？你生命中有哪些「可以被問的成

人」（如果有的話）？
- 你是被鼓勵還是被阻止問問題？到哪種程度？用哪種方法？
- 你從何時開始（如果有的話）不問，或是減少發問？你有沒有任何線索指向是哪些因素鼓勵你或阻礙你發問？
- 你生活中有哪些出色的提問高手角色典範（如果有的話）？多常有人問你問題？是誰問？

10B 現在，在你生活周遭挑一名年輕人，可能是你的孩子、侄孫輩、你教導或教練指導的對象，或是鄰居、朋友的孩子。

- 請他們分享一些他們真的很好奇或是想要多了解一點的事物。你要如何點燃他們的好奇心火焰？你能幫忙把他們介紹給某個他們可以請教、以便多學一點的人嗎？
- 試著在你和他們的互動中親自示範「問法」：抱持好奇心、營造心理安全感、提出高品質問題、傾聽、反思與重新連結。你從他們身上學到什麼？之後，你要如何和他們講述你使用的實作方法？
- 從本書中挑一樣你認為他們學到之後格外有好處的實作方法，然後教他們。提示：要盡量簡單，請從第 5 章的問題建議或第 6 章的傾聽策略中挑一項。

後　記

用提問帶動學習循環

　　出身丹麥哥本哈根的青年羅尼・艾柏格（Ronni Abergel），因親眼目睹朋友在一次種族糾紛中遇刺重傷，看著愈來愈分歧對立的世界，使得他與四位朋友開始思考種族衝突議題，問道：「如果我們都沒機會和彼此對話，要怎麼互相理解？」[1] 這個問題激發他創辦「真人圖書館」（Human Library™；丹麥文是 Menneskebiblioteket），這個圖書館裡放的不是書，而是人，是經歷過偏見或遭受社會排斥的真正血肉之軀，他們自願分享自身的體驗，供想要理解的人「閱讀」。我第一次聽到這個概念時，覺得這太棒了，但我也在想，會有多少地方真的出現這樣的圖書館。

　　後來我發現，現在全球六大洲、八十五國都舉辦過真人圖書館的活動，而且一年比一年多。這些活動呈現的故事很動人，感動「讀者」與把自己的人生變成「打開的書頁」供讀者學習的自願者（volunteer，編按：圖書館界稱「真人」，不說志工或義工）。我們來看其中一場活動：在印第安納州蒙夕這個傳統美國小鎮裡，有一位女性查莉・潔米森（Charlize

Jamieson）自願代表《跨性別》這本真人圖書。她接受《蒙夕日報》(Muncie Journal)訪談時，反思一開始她對於自己要被當成一本「書」供人閱讀時的忐忑。當保守的基督教女性和她一起坐下來但拒絕和她握手時，她的顧慮顯然其來有自。但當他們對談了一小時，期間那位女性問了潔米森一些問題，也專心聽她的回答，之後兩人都不想離開對方的陪伴。他們最後告別時真心地擁抱，並且更深入理解彼此這個「人」。²

在真人圖書館裡，人們可以認識他們過去僅能從遠距離理解的個人，比方說刻板印象。黛安娜‧伯頓莉（Diane Bottomly）是蒙夕真人圖書館裡的一位圖書館員，她對《蒙夕日報》說：「這幫助我理解來自不同背景的人們，這些可能是我以前永遠也不會接觸到的人。還有，我以前之所以⋯⋯不理解，只是因為我從來沒有像這樣和任何人互動過。」³

無論你有沒有機會進到真人圖書館，沒有任何事能阻止你用開放的精神跨入這個世界。我在本書關注的是，當我們用真正的好奇心對待同事、朋友與家人時，會產生什麼轉化結果，現在，我希望你想一想，如果你把「問法」帶進生活的每個面向，特別是那些你和另一個人或另一群人意見大不相同的領域，運用提問、傾聽和反思來接觸身邊各式各樣不同的人，那會發生什麼事。

就算只是一個簡單、自主的「選擇抱持好奇心」，也會造成很大的影響。我就經歷過這樣的時刻，對方是一位優步（Uber）司機。我叫了車載我去機場，當車子停下來時我感到一陣畏縮，因為我看到很顯眼的保險桿貼紙：一幅黑白色的美國國旗，中間有一條細藍線（譯注：在美國這代表警察）。我

心想，天啊，一邊緊張地鑽進後座。不久之前的夏天，有一名警察殺了黑人喬治‧佛洛伊德（George Floyd），全美各地的憤怒人民走上街頭，抗議警察粗暴、種族歧視而且不公不義。在我看來，細藍線的保險桿貼紙代表了這位司機是支持警方的反抗爭人士。

司機年紀跟我差不多，有一雙棕色的眼睛，深色的頭髮從棒球帽底下冒出來。他轉過頭來自我介紹說他叫拉斐爾，我看到他的帽子上別著「警察的命也是命」（Blue Lives Matter）的旗幟，就跟他的保險桿貼紙上的一樣。他開動車子前進，大量的批判湧進我的腦子裡。是什麼樣的人會揮舞著旗子，宣稱他們毫不同情警察施暴所造成的毀滅性後果？我感受到一股凜然正氣、義憤填膺。在此同時，身為猶太人的我也覺得很不安，因為這面旗子和反猶太白人至上群體也有牽連。

我嘆了一口氣，準備躲進筆記型電腦裡擺脫這種心情。一如以往，我的收件匣多到滿出來，我急著動手刪信。現在最好就是安安靜靜，完成一些工作；這是我心裡的預設。然而，此時，我考慮一種不同的可能性。如果我真的相信提問可以緩和分歧與搭建橋梁，或許應該鼓起勇氣與拿出好奇心，問一些問題。我很緊張，他將會怎麼回答？我會冒犯他嗎？他會生氣嗎？我們接下來四十五分鐘的車程要花在爭論上、還是古怪的沉默上？

我深呼吸一口氣，匯聚心中所有真誠的好奇心，我問他：「我注意到你的帽子上和保險桿上都有細藍線，你是警方這邊的人嗎？」

拉斐爾想了一下我的問題，然後用讓人非常意外的輕柔溫

和聲音回答。他對我說,對,他以前是警察,但後來決定來開優步計程車。事實上,他還有好幾個家人都還在警局任職。之後他跟我分享,他是因為幫派暴力問題(對於我這個家在紐約郊區的人來說,這不是一個很觸動我心的議題)才進入執法單位。他的表親於他在警校的最後一天被幫派份子殺害,他的前妻(她也是警務人員)與他的小女兒都曾被幫派份子威脅。他有一個朋友(以前也是警察)之前在監獄任職,遭到過去被他逮捕的囚犯殘忍殺害。拉菲爾離開警界之後本來打算在矯正機構工作,但後來碰到他親自逮捕的犯人威脅他,說他們會以激烈的手段報復他,之後他就決定要重新考慮生涯規劃了。他本人、他的朋友、家人和同事遭受的暴力與個人悲劇讓我相當震驚,我可以聽出他的痛苦和悲哀,以及他想要保護他過去服務的社群的那份真誠渴望。

他用坦白與慷慨接納了我,現在我的問題也能更輕鬆問出口。我問他,當人民說警方是種族歧視的機構或者批評他們濫用武力時,他有什麼感覺。我問他,對於主張要完全刪除警力預算的人,他有什麼感覺。他想了一下,然後回答說他相信每個人都有權表達意見,但他希望理解他們實際上想要刪除的是哪些警方預算,如果他們的住家或店面遭人闖入的話,他們認為還可以向哪些替代對象求救。

他自己對於這些議題的觀點,比多數人更微妙。他相信警方是很重要的社會服務,但也支持要有優質的反偏見訓練與改革,讓警察可以在服務導向、互敬互重的精神下完成工作,那也是一開始讓他從事警察工作的理由。他對我說起他自己對於社區巡邏的投入,在這方面,警察可以和他們工作地區的街坊

鄰居建立起個人關係。

等我們抵達機場，我已經越過一座橋，從恐懼的這一邊來到建立連結與感恩的這邊。拉菲爾願意成為一本打開的書，這讓我得以用過去從沒試過的方式發展與琢磨對這個議題的想法，如果我不問、他不講，就不會有進一步的認識。我沒有坐在汽車後座一邊回覆電子郵件、一邊自覺是正義之士，反而是對一個我本來已經準備在心裡畫叉的「有問題」人物產生了同理心，並與之建立連結。現在我懂了拉斐爾的觀點，我明白我對這個議題理解並不深，不是我自以為的那樣。我之前強硬的立場，已經被想要從更多管道來源多了解一點的渴望取而代之，我不確定我們的對話對拉斐爾有什麼影響，但他接納了我的問題代表他很高興有人願意聽他的故事。

這些對話對我來說很寶貴，但這樣的互動倒也不是沒有代價，比方說情緒上很耗費精神，也可能發生實質的人身風險。一個猶太人去探索拉斐爾的象徵旗幟，感覺上並不會全無風險，但身為一個坐在計程車後座身手靈活的白人男性，問問題的成本相對較低，很值得冒點險。如果是其他人，比方說會因為種族歧視無可避免承擔社會與人生風險的有色人種，在某些情況下，分析結果就很不一樣。在每個時候，我們都需要權衡互動的風險與提問會帶來的潛在收穫。每個人的選擇都是獨一無二，視乎對當時環境、身分認同和安全感的判斷。

提問是化解時代分歧的解藥

我們很容易就會覺得，分歧是定義現代社會特徵的最主

要因素,影響力超過其他,而且不只在美國如此,全世界都一樣。隨著貧富不均、政治更極端化、宗教與文化分歧更加嚴重,以及仇恨團體和身分認同導向的暴力不斷興起,感覺上,每天都有幾十件新事件發生,這更加確認了我們無能因應什麼是事實、什麼是虛構,也無法達成共識。我們通常以不屑、無感或不信任的態度,面對觀點與我們相反或身分認同不同於自己的人。就像美國跨信仰組織的創辦人埃布・派特爾對我說的,人太常接受一種很危險的想法:「如果我們在一件事上有歧見,就代表在其他事情上也無法合作。」

我們處在人類史上一個罕見而危險的時刻,風險與機會可能從未如此之高。人類這種物種,面對前所未有的挑戰,我們必須齊心協力。氣候變遷危機、全球各地的戰爭、疫情的後續影響以及其他近在眼前的威脅等等,在在要求我們設想不同的處事方法,找到一套合作辦法,開啟我們集體才能裡的強大力量。**提問就是解鎖的關鍵作為。**

在此同時,有好幾股分化的力量也正在強力運作:操弄恐懼與仇恨效應從中受益的人、發現激化演算法對業績比較好的社交媒體公司、物質主義加超個人主義加自私自利組成的文化。就在這樣的時候,制度與文化看來大倒退,最會讓人想用憤怒與絕望處世。在這個數位化、地緣政治各自為政的世界,我們很容易就陷在自己的憤憤不平與自以為是裡(我剛開始坐進拉斐爾的車裡時也是這樣),這些都是可以理解的感受,但我們還有其他選項,而且是從金恩博士到聖雄甘地等最偉大的道德領袖都支持的選項 —— 我們可以成為改變的力量,實現想要看見的願景。在一個壓迫我們把其他人視為對手

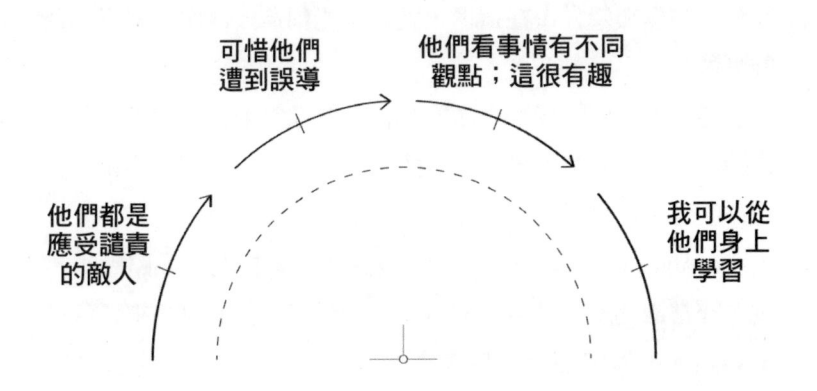

```
        可惜他們      他們看事情有不同
        遭到誤導      觀點；這很有趣

他們都是                              我可以從
應受譴責                              他們身上
的敵人                                學習
```

的社會裡，我們可以反問：我可以從此人身上學到什麼？

想像一下，有一個世界裡預設的行事方式是不批評和我們不一樣的人，用問的就好。如果我們可以培養出對他人的好奇心，如果我們想要理解他們的感受、想法與經歷，而不只是批評我們表面上看到的而已，我們會如何相待彼此？如果我們多花點時間傾聽、少花點時間訴說，那會如何？如果我們真正花費時間精神反思我們聽到的，讓自己可以從別人身上學習、甚至改變我們的想法和感受，那又會怎麼樣？

勇敢天使組織（Braver Angels）投身於消弭政治上的極化對立，描繪探問可以開拓出理解與連結之路，打通我們認知的連續構面，我將之調整為上圖。[4]

如果我們不問，就很容易都杵在這道弧的左方[5]。這一邊醞釀的是分歧和衝突，合作以找出創意解決方案來化解共同問題的可能性，基本上是零。反之，如果我們探問：「我可以從對方身上學到什麼？」就開始邁出腳步，走向弧的右方，步入

理解、同理與學習,在這裡,就有可能創造出合作、創意與社群團體。

還好,這個世界不是僅能存在於想像當中,已經有很多人帶頭前進了,就連世界上某些毀滅力道最強、持續時間相當長的分崩離析之地都可以看見他們的身影,阿齊茲・阿布・薩拉（Aziz Abu Sarah）便是其中一人。阿布・薩拉在東耶路薩冷長大,經常遭遇反巴勒斯坦的暴力。十歲時,他的兄弟被以色列士兵殺死,他整個青春期都在憤怒與痛恨中度過,夢想著有一天要報復「另一邊」的人,就是他們讓他的家人和社群遭受這麼多無謂的苦難。他後來去了西耶路撒冷研讀希伯來文,此地離他小時候的住家不過幾條街,卻和他知道的世界完全不同,他心裡也開始出現了一些變化。忽然之間,「另一邊」不再是抽象的「他們」,而是和他坐在同一間教室裡有血有肉的學生。隨著他們和彼此交談,分享他們在城市這兩頭成長遭遇不同經歷的故事,阿布・薩拉明白,他一直認為是分歧的地方,實際上可能是連結。他後來反思:「當你開始和對方分享故事與談話,並聽到他們背後的理由（哪些東西讓他們感動?哪些事件改變他們?哪些因素鼓舞了他們?）,你就會從人的角度來看待另一邊。」[6]

這份體悟導引阿布・薩拉投身和平工作,試著在以巴衝突最分歧的地方搭起橋梁。他的父親因為衝突引發的暴力失去了兒子和幾個親人,不太樂見這樣的事。有一天,阿布・薩拉終於說服父親出席一場由他籌辦的追求和平活動,以安慰兩方因為衝突而失去家人的人。他的父親安安靜靜參與整場活動,傾聽講者說話,之後,他做了讓阿布・薩拉心頭一凜的舉動,

舉起手問了一個非常敏感的問題：真的有納粹大屠殺這件事嗎？整個屋子靜了下來。阿布・薩拉做好了迎接不可避免引眾怒的準備。

但隨後，活動中的一位以方領袖（他的父親過去是奧斯威辛集中營的囚犯）決定把自己的憤怒放在一邊，真切地回答這個問題。「我不預期你會知道你從沒學過的事。」他說，他提出要請自己的父親、同時也是奧斯威辛集中營的倖存者親自帶阿布・薩拉的父親去納粹大屠殺紀念館，並和他分享自己的親身經歷。就在這時，神奇的事發生了。另外七十個巴勒斯坦人（請容我提醒，他們全都有家人遭到以色列士兵殺害）舉起手，問他們能不能也聽一聽這些故事。他們承認，他們對於納粹大屠殺也一無所知。

當兩邊都選擇保持好奇而不是口出惡言，並用提問和傾聽取代批判，這時創造出了過去從不存在的學習契機。在這一群巴勒斯坦人去過納粹大屠殺紀念館之後，以色列人也開始表示有興趣理解巴勒斯坦的歷史。接受勇敢天使組織訪談時，阿布・薩拉講到，在這場互動之後，十五年來，以色列和巴勒斯坦人仍每年聚會，傾聽對方的故事與學習彼此的文化和歷史。

當我們的人生以「我可以從此人身上學到什麼」為核心時，就開始看到每個人都有豐富的知識、經驗和想法，就算是那些我們之前斥為執迷不悟、無知蒙昧，或是讓我們無法理解的人，他們身上也有。這開啟了可能性，讓我們可以尊重和欣賞去對待遇見的每個人，把他們看成是我們的老師，而不是敵人。

我不知道你怎麼想，但我已經準備好離開，不要活在花太

多時間固守弧形中「他們都是敵人」這一頭的社會。我想生活的地方,是一個充滿人際好奇心與理解的世界,一個人們會向對方提問並好好傾聽彼此的世界。勇敢天使組織公共實務資深研究員、《我從沒這麼想過》的作者莫妮卡・古絲曼寫道:「這是最適合嘗試新傾聽方法的時代,請從每個人都是可理解的個體這個根本概念為起點,看看這可以揭露哪些訊息。」[7]

詩人萊納・瑪利亞・里爾克(Rainer Maria Rilke)曾經敦促一位年輕的門生「活在問題中」(live the questions),讓問題溫柔地帶領我們用不同的角度來解讀自己、對方以及身邊的世界。[8] 請問自己,如果你在日常所有的互動中,一次又一次地提問「我可以從此人身上學到什麼?」,那情況會是如何?

只有時間和你的用意才能回答你這個問題。我可以保證的是,持續追尋它將會為你和所有一起參與冒險互動的人,打開過去想像不到的可能性之門。

致謝

我告訴過一位朋友我正在寫這本書,他說:「書似乎是一種每個人都想創作、但後來才認識到真要寫出來卻非常困難的東西。」對我來說,在我下定決心要寫書之後,我才發現這件事有多困難。

寫書,是專業上最讓我謙卑的體驗之一,然而,就像我生活中其他可怕但轉化力道十足的經驗(比如生兒育女和重新把事業重心放在推動社會系統性變革)一樣,寫這本書的收穫遠遠高過挑戰。然而,就是因為我有一群導師、朋友、協作者、團隊成員、夥伴和摯愛的人齊心支持這件事,本書才有可能誕生。

我永遠感激多位形塑我的想法、在書中處處留下身影的教師與導師。黛安娜・史密斯冒了風險,同意收我加入她緊湊、實用的組織人力動態與變革(Human Dynamics and Change in Organizations,簡稱 HDCO)博士班學程。史密斯是典型的學者、實踐者,也是我認識的人當中最有反思能力的一個。她忍受我持續不斷的發問、不成熟又自大的批評,以及永遠都想要更多的貪婪渴望,並以優雅、幽默,還有最重要的,發展的觀點回應我。我在黛安娜指導下苦讀的那三年,與之後和她締結的多年師生關係與友誼,深刻形塑我的技能,以及更重要的,我的人生方向。我也很感謝組織人力動態與變革學程的同事們,包括艾瑪・巴恩思・布朗(Emma Barnes Brown)、凱

薩琳・佛林（Kathryn Flynn）、艾瑞卡・艾莉兒・福克斯（Erica Ariel Fox）和尼爾・皮爾斯（Neil Pearse），是各位的友誼和耐性砥礪了我的思維並助我成長；也要感謝許多出色的老師們，包括艾蕊絲・巴格葳（Iris Bagwell）、艾美・艾德蒙森、比爾・托伯特（Bill Torbert）、麥可・簡森（Michael Jensen）以及其他各位。還有，如果沒有馬克・富勒、喬・富勒（Joe Fuller）、艾倫・肯綽（Alan Kantrow）以及摩立特集團其他領導者的創意願景與慷慨大方，就不會有組織人力動態與變革學程。

我剛進摩立特時，當時招募人才的標語是「讓樂觀主義者改變世界之地」，對我來說，這裡正是那塊跳板。我職涯的頭十年，都花在摩立特發展我的專業。當時，我不知道我能在這樣一個慎思、有創意、好奇又堅定的環境下工作，有多麼幸運。我就在摩立特遇見阿吉里斯，他開創性的學術研究，正是這整本書的核心。我永遠都會珍惜我們在他辦公室會談時，他耐心且慷慨地和我分享他的見解、他的書和他的故事。

黛安娜・史密斯和她的同事、也是行動設計顧問公司的合夥人菲爾・麥克阿瑟和羅伯特・普特南巧妙地承襲了阿吉里斯。這家公司讓全世界的領導者更能獲得與運用阿吉里斯最出色的概念，包括推論之梯、倡導與探問（Advocacy and Inquiry）、單環與雙環學習、模式一與模式二操作系統（Model I versus Model II operating systems）。從學習路徑、認知模式、推論之梯到優質主張與探問，以及他們用來與學習者互動和培養能力的技術方法，他們這些核心架構與取向都深深烙印在我的腦海裡，浸入本書的每一章。我很珍惜我和麥克阿瑟、普特南這些年來的協作、交誼與從他們身上學到的東西。**任**

何人如果想要更進一步探索本書提出的概念,我非常建議與行動設計顧問公司合作,並去上行動設計研究院(Action Design Institute),你可以從他們的網站上獲得更多資訊,網址為 www.actiondesign.com。行動設計顧問公司出版許多書,也有很多資源,包括《行動科學》和黛安娜‧史密斯的《房間裡的大象》(The Elephant in the Room)、《分化或征服》(Divide or Conquer,暫譯)與《再創我們之間的空間》(Remaking the Space Between Us,暫譯),都是行動設計領域的基本教科書。

彷彿專業上有了一棟予取予求的糖果屋供我成長還不夠似的,我也很感恩在摩立特工作這幾年可以從大衛‧肯特身上學到很多並能與他合作,他可以說是家庭系統治療領域的傑出人物。即使他只有一眼功能正常,但仍能看到當下發生了什麼事,而且幾乎比任何人都透徹;他能看到並明確講出人際動態,同時深深看進每個人的靈魂。肯特把他深刻的家庭研究應用到組織裡的團隊和領導者,他創立的方案除了深深影響了參與學員,也影響到我的實務操作。他的溝通面向(意義、影響與力量)理論,是本書討論傾聽那一章的基本架構,我有很多專業工作也仰賴他為我和這個世界奠下的知識基礎。特別要感謝夏妮‧哈蒙(Shani Harmon)和尼爾‧皮爾斯,感謝兩位以極具吸引力又實用的方式翻譯與應用肯特的研究。

摩立特大舉投資,把阿吉里斯、肯特和行動設計顧問公司的出色成果介紹給遍布全球的顧問與客戶。帶領這項工作的領頭人是傑美‧希金斯和吉姆‧卡特勒,兩位都把我收在他們門下,直到今日仍是我十分珍惜的導師與益友。

希金斯擔任我的主管很多年,我們一起發展並領導一項

全球性的「提供與接受回饋」（Giving and Receiving Feedback）方案。希金斯手把手教我、教練並指正我，同時給我很大的操作、打造、創造與教導他人的空間。她慷慨又充滿智慧的指導，在多次轉折時刻塑造我的職涯發展。她對本書中每個字給我寶貴的回饋意見，包含熱切的鼓勵、坦承的批評、從業人員的視角與主修英文者如鷹眼般犀利的編輯之筆。她這一路提供大大小小的意見和建議，讓本書的力道也強大好幾倍。她做這些事的同時，還兼顧緊張的全職工作和充實而忙碌的生活。

吉姆・卡特勒邀請我加入摩立特的人力資產事業部（Human Assets Business Unit；後來改名萊迪思夥伴〔Lattice Partners〕），此後他成為我最可靠的導師。他和馬克・富勒支持我，甚至在科技發展的腳步還趕不上我們的願景時，就幫助我打造能將本書中許多部分轉化成支援績效的數位工具軟體。他也忍受我對一切事物提出的不成熟建議，如果這是由他打造與領導的新業務，他會做得更好。在我們的關係中，我最喜歡的時刻（他也一樣），是幾年後我領導大型團隊弄得自己一身傷後，我打電話給他，為我過去狂妄自大批評他的領導向他道歉。每次我遭遇重大的領導困境或面臨事業轉捩點時，我都會打電話給卡特勒，他從來不讓我失望，他的建議總是慷慨大度又深富洞見。卡特勒讀了本書草稿的每一章每一字，不僅如此，他還把自己當成範例讓我在書中分享，連那些在專業上不是他最自豪的時刻，都不吝拿出來講。他這樣做，也親身示範本書大力主張的學習導向、敢於示弱的領導力。

摩立特還為我帶來許多良師益友，這是一份大禮，但我若要一一列名，受限於篇幅恐怕列不完，所以我只能挑幾位來

說。喬‧巴比克（Joe Babiec）多年來監督管理我的經濟發展專案，讓我生出滿滿的道德使命感並讓我的學習曲線變得很陡峭。巴比克對於智性嚴謹度的要求很高，無人能及，是分析與打造架構的新人訓練營營主。這些年來，巴比克對我的信心以及給我的友誼，對我來說意義深重，他對本書前幾個版本提出的批評指教建議，讓這本書又更強大了。創立新利潤公司（New Profit Inc.）的凡妮莎‧克許（Vanessa Kirsch）和凱莉‧費茲西蒙絲（Kelly Fitzsimmons）給我很多成長機會，在我的職涯發展過程中也留下很多影響，包括讓我有機會入大衛‧李維門下，他也成為我終身的良師益友。李維的專業範疇廣，他對我有信心，還慷慨撥時間給我，把我引介到他的人際網絡，並願意挑戰與敦促我，多年來給予我極大的支持。

我和李維、克許、費茲西蒙絲共事五年，支援 TFA，之後這個組織的創辦人暨當時的執行長溫蒂‧柯普請我過去領導 TFA 的其中一部分。雖然我一開始的打算是向摩立特請兩年假，但我很快就愛上這個產業，在 TFA 待了十年。我很感謝柯普在我身上賭了一把，在我不敢當之下賦予我更多的職責，也給我豐沛的資源完成任務。多年來，我從 TFA 直接共事的同事身上學到很多，這些人包括蘇珊‧阿希顏比（Susan Asiyanbi）、蒙妮克‧阿優特－何茲爾（Monique Ayotte-Hoeltzel）、拉翠西亞‧巴克斯戴爾（Latricia Barksdale）、珍米娜‧伯納德（Jemina Bernard）、凱蒂‧鮑溫（Katie Bowen）、崔希－伊莉莎白‧克蕾（Tracy-Elizabeth Clay）、莎拉‧克特納（Sara Cotner）、蘿拉‧卡佛（Lora Cover）、蜜雪兒‧庫爾佛（Michelle Culver）、艾蜜‧尤班克絲‧戴維斯（Aimee Eubanks Davis）、史

蒂芬‧法爾（Steven Farr）、查瑞莎‧佛南德茲（Charissa Fernandez）、道格‧佛瑞德蘭德（Doug Friedlander）、夸米‧格瑞菲斯（Kwame Griffith）、賈許‧葛瑞格斯（Josh Griggs）、艾琳‧甘斯（Erin Gums）、珍妮‧亨利‧伍德、瑪雅‧海克－馬林（Maia Heyck-Merlin）、凱文‧霍夫曼（Kevin Huffman）、保羅‧基斯（Paul Keys）、愛麗莎‧金（Elisa Kim）、敏恩‧金（Min Kim）、莎拉‧科格勒（Sarah Koegler）、安德魯‧曼德爾（Andrew Mandel）、 法蓮西絲‧梅珊諾（Frances Messano）、麥克‧梅斯格（Mike Metzger）、庫妮安‧娜瑞查妮亞（Kunjan Narechania）、安妮‧歐唐納（Annie O'Donnell）、麥特‧彼得森（Matt Petersen）、安卓雅‧珀思莉（Andrea Pursley）、泰德‧昆恩（Ted Quinn）、瑞秋‧軒庫拉（Rachel Schankula）、班恩‧舒馬赫（Ben Schumacher）、艾瑞克‧史克洛金斯（Eric Scroggins）、柔伊‧史坦－卡德羅恩（Zoe Stemm-Calderon）、凱蒂‧田納森‧胡頓（Katie Tennessen Hooten）、莎拉‧克比‧坦佩拉（Sarah Kirby Tepera）、得福且讓人銘記的奧馬利‧陶德（Omari Todd）以及其他各位。我在 TFA 任職期間，幾乎這段時間的主管都是麥特‧克拉馬（Matt Kramer），他教我許多關於賦權管理、帶著樂觀主義領導與嚴謹思考的相關知識。愛麗莎‧維拉紐瓦‧畢爾德（Elisa Villaneuva Beard）是現任 TFA 的執行長，讓我看到何謂全心投入，大力堅守正義、勇敢之心、愛、堅毅、團隊合作與希望。我從 TFA 這些慷慨大方的友人與同事身上學到的，滲入整本書裡，也將永遠指引我的領導。

艾隆‧薩摩哈是我在 TFA 最喜歡的同事之一，我和他一起領導團隊好幾年。我們的共同領導妙趣橫生，於是決定要一

起再把團隊找回來，在2015年創辦了 Transcend。很多人說我們瘋了，雙執行長的模式絕對行不通。有些人一開始拒絕投資 Transcend，因為他們不相信這種領導模式可行。但我跟薩摩哈一起甘冒險阻，而且真心享受。我很確定，如果沒有薩摩哈做我的夥伴，我絕對不會也不能創辦與領導像 Transcend 這樣的組織。最近我接受訪問暢談共同領導的祕訣，訪談人問我兩人之間是否有衝突，我說：「那是當然的。如果我們每件事都有共識，那要兩個人又有什麼意義？我們的優勢就是各自帶進了不同的觀點。」我和薩摩哈有歧見時，我們奉行的原則是自己很可能還沒有得出最好的答案，但是，透過對話，我們要麼說服彼此，要麼找到更好的新方法向前邁進。薩摩哈大力支持我寫這本書，他自己就為了本書接受過多次訪談，很多時候，當我無法身體力行我宣達的理念時，他也細心周到地成為我的鏡子。

最重要的，或許是薩摩哈和我搭檔集結出一個神奇的工作團隊，我很榮幸能認識與領導這些同事，其中包括我們一開始的領導群，當時我們很厭惡任何代表傳統組織架構的事物，於是把這群人稱為「野貓」（Wildcats），當中包括艾蜜莉・魯默（Emily Rummo），她是我們請來的第一位營運長，基本上，也是她以愛和承諾打造起這個地方，後來變得耀眼出色。珍妮・亨利・伍德用她特有的深度、智慧、嚴謹和最寬容的心，把 Transcend 打造成學習型組織。拉凡達・伯格（Lavada Berger）幾乎一手包辦組織裡的大小事，在每次轉思都揮灑出她結合深刻人性、大膽夢想與無可挑剔的正直誠實的神奇魔法。珍恩・查洛特（Jenn Charlot）把她對於出色、願意講出實

話、能帶來力量的示弱以及承諾的超高標準帶進來，根本就是這本書的超級代言人。他們每一個人都教了我很多，每一位都對本書有獨特且寶貴的貢獻。

共同領導 Transcend，是我到目前為止在專業上對我影響最大、最讓我覺得充實的經驗，相關的故事以及我從中領悟的心得，都寫在這本書裡了。我可以用一整本書拿來感謝實現這一切的每個人，但礙於篇幅，我只能限於感謝所有相信我們的金主與投資人、無償奉獻幾百個小時來支持我們使命的董事與顧問、我們有幸與其結盟的學校社群和體系以及其他組織，還有，最重要的，是投入他們的生命以扭轉教育與給予每個人進一步學習機會的 Transcend 卓越的團隊。珍妮・亨利・伍德、拉凡達・伯格、沒有他們，就不會有這本書裡講到的故事和見解。特別要感謝四位：珍妮・亨利・伍德、拉凡達・伯格、艾瑞拉・瑞特芙・金德（Arielle Ritvo Kinder）和艾斯特芬妮・羅佩茲（Estefany Lopez），他們不僅特地審閱了本書的草稿，還在日常中分享他們的回饋、經驗和想法，教了我很多。

我就讀布朗大學時蒙受兩位教授的教導指引，讓我在 1990 年代中期就開始在心裡埋下這本書關鍵概念的種子，這兩位便是社會心理學家卡麗・愛德華茲（Kari Edwards）和約阿希姆・克魯格（Joachim Krueger）。我是個自討苦吃的人，在摩立特與 TFA 任職期間，我花了十年念夜間部，在哥倫比亞師範學院（Columbia University Teachers College）讀完成人教育與領導發展的博士學位。我在就讀期間學到的很多概念不僅為我的領導提供參考，也影響本書的思維。我永遠都會感謝博士班的導師維多莉亞・瑪希克（Victoria Marsick）與萊爾・約克斯（Lyle

Yorks）兩位教授，謝謝他們敦促我思考、讓我接觸到力道強大的概念，並給我空間讓我負起責任自主學習。

這本書在我心裡萌芽超過二十年，直到幾年前，有一個聲音對我低語：是時候去做了，聲音大到讓我可以聽見，亞力士・強斯頓（Alex Johnston）鼓勵我傾聽內心的聲音，幫助我找到動手去做的勇氣、信心和時間。但當時不是寫書的好時機，我要領導一個快速成長的組織，同時間還要養育兩個青春期的孩子並處理一些個人的健康問題，還碰上已經造成嚴重死傷的全球性疫情。還好，我找到幾位聰明能幹的協作者，沒有他們的配合，絕對不可能寫出這本書。

我第一次是在懷俄明阿布薩羅卡嶺（Absaroka Range）的山麓見到騎在馬背上的艾蜜莉・歐雯（Emily Irving）。那時我去齒莧牧場（Bitterroot Ranch）度假，和我兒子雅各體驗牛仔趕牛，歐雯就在那裡當牛仔。我和歐雯攀談，互問了很多問題。我得到的資訊是，她來到懷俄明這處養馬養牛的偏遠牧場工作之前，在哈佛研讀組織行為與社會學博士班，我們對於人類行為和溝通的共同興趣讓我們和彼此搭上線。她是一個深度思考者，也是極為好奇的人，讓我大開眼界。那個週末，我走到畜欄，她忙著為了下午的騎乘在整理馬匹，而我給了她名片。

牛仔季即將結束時，歐雯同意和我一起合作，把這本書寫出來。她一開始提供研究方面的支援，但後來變成了關係緊密的協作者，從發現概念到寫作，什麼都幫忙。她挖出我深埋在過去的故事與看法，她教我何謂寫出有創意的非文學作品，並指導我聽見自己最真確的心聲。她幫助我找到坦蕩蕩講出個人故事的信心，她把提問的重要性拉高到事關人類之間的連

結，這遠遠超過我們從中得到的資訊的價值。她幫助我徹底面對棘手的問題，讓我知道白人男性寫出一本人際動態的書代表什麼意義，又要怎樣才叫負責任地把事情做好。

歐雯幫助我賦予本書的概念生命力，她很快地成為我信賴的思考夥伴與朋友。我們一起走過任何密切合作關係都會碰到的百轉千折，這代表我們也實際演練過這本書：充滿好奇地提問並深入傾聽對方的經歷。我們所學到的不僅為自身提供寶貴的看法，而且驗證和完善本書的概念。無疑地，因為有歐雯的密切配合，本書有著更深刻、更豐富、更公正、更以人心為本的故事。

我和歐雯發展出來的東西，後來交給莎拉・葛瑞絲（Sara Grace）接手，進入下一階段。葛瑞絲是全方位的專業人士：她是才華洋溢的作家、編輯和協作者，也是很有鑑別力的思考者和真正敢於批評的朋友。她看到草稿中的潛力，但也體認到需要大刀闊斧修改。她找出並修正當中的邏輯錯誤，並補上故事中需要填補的漏洞。她密切配合我把幾個章節拆開來，然後幫助我拼回去，更清楚地傳達出原始的意圖。當我的想法沒那麼好時，她從來不懼於告訴我，她也歡迎我反詰，我們之間的討論把我們帶到了一個更好的所在。雕塑大師會把石頭鑿掉好讓裡面藏著的天使露出來，葛瑞絲也一樣，她會找到我們寫出來的內容中最有趣、最有吸引力的部分，然後特別強調這些地方。她讓這本書的文字更簡練、推進的步調更舒適而且對讀者更友善。對各位親愛的讀者來說，最重要的可能是她把好幾章刪到絕不囉嗦的程度。

感謝肯達爾・杜立（Kendal Dooley），他正是本書所有插

畫背後的出色平面設計師。人說一張好的畫勝過千言萬語，杜立的藝術天分幫忙闡述複雜的概念，讓大家更容易理解。和杜立合作真是一大樂事。

感謝摩立特集團創辦人馬克・富勒和喬・富勒；我開始工作之後在這裡待了近十年。馬克很多時候都在我身上賭了一把，鼓勵我從大局思考，每當我請他提供意見與支持時，他總是馬上就站到了我身邊。我們經常通電話和電子郵件，他針對本書的內容給了我鼓勵與深入的參考意見，也讓我知道要如何做宣傳。同樣感謝喬一直是讓我信賴的顧問與出色的角色典範，也要謝謝他永遠都給我支持。馬克和喬打造出來的組織在很多方面都非常特別，跟他們在領導與做人處事上的表現一模一樣。

感謝艾美・艾德蒙森教授，在我事業發展過程中很多時候都回應我的呼喚並為我挺身，肯定我也挑戰我，給我無上的鼓勵與支持。感謝亞當・格蘭特教授，謝謝你針對本書的核心概念給我回饋、讓我備受激勵，同時也指出哪裡出現重大的落差，並給我一些想法和資源，告訴我如何消弭這些落差。艾德蒙森和格蘭特兩位教授所做的研究與思想上的引導，為本書的概念提供重要的智性基礎。

感謝金・史考特，謝謝她針對本書的概念和我互動交流，特別要感謝她敦促並提點我去蕪存菁的重要性。我也要感謝史考特和 Transcend 的同事分享她的想法，大家都沉醉其中，也受到很大影響。

感謝帕克・巴默爾在我為本書做相關研究時和我聊，並針對傾聽、學習與人性分享極為有用的見解。

感謝妮歐布・韋伊教授,感謝她在出於好奇心、連結、人性發展等相關問題和我深入交流,也謝謝她邀請我加入她的研究團體進行很棒的討論。

感謝華倫・伯格,感謝這位全世界最經典的「問題學專家」竟然回應我的呼喚,親自與我見面,並在問題、寫書以及如何在問題這個主題上培養出一群思想家這些面向慷慨分享他的經驗與祕訣。

感謝提供故事、幫忙闡述本書重點的每一位(無論以真名或化名示人)。我從各位身上學到的,讓我對於「問法」的理解更加豐盈。

此外,我要感謝我生命中以大大小小各種方法針對本書的內容與宣傳撥出時間與分享想法、回饋的大家。除了之前已經提過的人之外,還有很多人對本書的提案或底稿的許多部分都有貢獻,我希望一併向以下對本書大有幫助的各位致謝:

妮可・艾比・埃絲珀、珍妮・安德森、蘇珊・阿希顏比、喬・巴比克、史考特・柏尼(Scott Berney)、珍恩・博得(Jen Bird)、朗妲・布魯莎德、墨西特・查卓(Mohit Chandra)、喬爾・切爾諾夫(Joel Chasnoff)、詹姆・柯林斯、哈娜・柯林斯、莎拉・克特納、大衛・丹尼爾斯(David Daniels)、史蒂芬・都伯納(Stephen Dubner)、梅蘭妮・杜克斯(Melanie Dukes)、艾美莉亞・鄧洛普(Amelia Dunlop)、雪倫・埃爾・瑪拉、蘇珊・恩格爾、卡林・法拉(Kareem Farah)、班哲明・芬濟(Benjamin Finzi)、凱薩琳・佛林、奧利・傅利曼、傅崇豪、比爾・喬治、塔利斯・吉曼(Thaly Germain)、史帝夫・哥德巴赫(Steve Goldbach)、瑪雅・海克-馬林、黛比・爾

文、芭芭拉・科圖佛（Barbara Koltuv）、菲爾・麥克阿瑟、麥克斯・科圖佛、大衛・李維、迪芙雅・瑪尼（Divya Mani）、傑美・麥姬、麥克・梅斯格、佛瑞德・穆希、亞當・紐曼（Adam Neaman）、理查・尼安克瑞（Richard Nyankori）、達娜・歐唐納文（Dana O'Donavan）、麥可・帕賽羅（Michael Passero）、埃布・派特爾、布魯斯・派頓、亞曼達・瑞普立、愛琳・羅森菲爾德、珍恩・羅森伯格（Jenn Rothberg）、艾蜜莉・魯默、強・史瓦茲（Jon Schwartz）、米吉兒・賽璐亞（Mijail Serruya）、亞當・西蒙（Adam Simon）、湯姆・聖希萊爾、夏伊・史都華－包蕾、田村豐（Yutaka Tamura）、泰勒・席格潘、阿里・瓦拉赫（Ari Wallach）、安迪・偉特斯勒（Andy Wetzler）、蘿倫・偉特斯勒（Lauren Wetzler）。

他們的貢獻讓本書更強大，但所有的錯誤、疏漏和缺點全都由我負責。

也要感謝所有在我告知要去做這個瘋狂的寫書計畫時大力對我抱以支持的朋友與同事們（你們都知道我說的是誰）。當你們告訴我「你就該寫這樣一本書」時，給了我莫大的鼓勵、力量與勇氣。

我永遠都感激我的經紀人：奮進公司（WME Agency）的豪爾・尹（Howard Yoon）。回顧過去，豪爾會和我一起接下這份使命，也太神奇了。我去找他時僅帶著雜亂的兩頁手記，聽起來就像是一個管理顧問會寫的東西，很難讓人愛到手不釋卷，更遑論拿到一份豐厚的合約了。但豪爾看到了這個概念的潛力，和我一起堅持到底。他幫助我重新建構原始概念，給了我一頁又一頁的回饋意見，並指導我大幅增進寫作功力。到

頭來，當我們完成他稱之為「合力造穀倉」（barn-raising）的工作，彙整提案變成一份單一文件，他幫助我完成的作品讓我大為驚異。

同樣的，非常感謝我的編輯：樺榭圖書集團（Hachette Book Group）的丹恩・阿布羅西歐（Dan Ambrosio），是他看出本書的價值何在、又可以影響哪些群眾。從一開始，阿布羅西歐便抱持著堅定的肯定與熱情。我和他一同完成出版流程的每個面向，他也在給我創作空間與提出非常精準建議以強化本書的可讀性和為讀者帶來的實用好處之間達成有益的平衡。

最後但也同樣重要的是，我要感謝我的家人。我的父母約翰與派特・偉特斯勒（John and Pat Wetzler）是最早滋養我對學習之愛的人。他們接納了我很多問題，做出了數不清的犧牲，支持我接受優質教育。我的妻子珍妮佛・戈德曼－偉特斯勒（Jennifer Goldman-Wetzler）從第一天就開始支持我寫這本書。她自己也寫過書，知道這是件大工程，犧牲很多，但她鼓勵我順從熱情去做，就像她在生活中向來會做的那樣。她是我琢磨想法、強而有力的思考夥伴，也是字斟句酌的敏銳編輯之筆。我兩個孩子雅各和伊登是好奇心加上歡愉快活所構成的不可思議組合，他們的問題和熱情每天都啟發著我，兩人都為本書的內容和插圖提供回饋意見，雅各還打造提問評估的科技工具，你可以參閱 www.AskApproach.com。最後要感謝我們的小狗微風，牠以自己的方式展現好奇心，還有，更重要的是，當我大清早與深夜寫作時在沙發的另一頭陪伴我好幾個鐘頭。我愛你們。

注釋

前言

1. 這是馬利斯特意見調查機構（MaristPoll）2011年時做的一項調查。很有趣的是，對很多群體來說（包括非白人、女性、X世代），顯然都很偏好能讀心。
2. Glen Levy, "Forget Flying: Americans Want to Read Minds and Travel Through Time," *Time*, February 10, 2011, https://maristpoll.marist.edu/wp-content/misc/usapolls/US101115/Super%20Powers/Super%20Power%20Preference.htm.
3. Nicholas Epley, *Mindwise: How We Understand What Others Think, Believe, Feel, and Want* (New York: Knopf, 2014).
4. Epley, *Mindwise*.
5. Epley, *Mindwise*。艾普利指出，有一項證據可證明我們嚴重高估自己判讀肢體語言的能力，那就是美國運輸安全管理局（TSA）的觀測技術篩檢旅客方案（SPOT program）的成功率極低（不到1%）。參見 "Michael S. Schmidt and Eric Lichtblau, "Racial Profiling Rife at Airport, U.S. Officers Say," *New York Times*, August 12, 2012, https://www.nytimes.com/2012/08/12/us/racial-profiling-at-boston-airport-officials-say.html.
6. Tal Eyal, Mary Steffel, and Nicholas Epley, "Perspective Mistaking: Accurately Understanding the Mind of Another Requires Getting Perspective, Not Taking Perspective," *Journal of Personality and Social Psychology* 114 (2018): 547–571, https://doi.org/10.1037/pspa0000115.
7. 這句話出自於艾普利接受蜜雪兒‧麥奎德（Michelle McQuaid）訪談時，參見 "Can You Mind Read? With Nick Epley," *Making Positive Psychology Work*, podcast, 2018.
8. Elaine D. Eaker and Margaret Kelly-Hayes, "Self-Silencing and the Risk of Heart Disease and Death in Women: The Framingham Offspring Study," in *Silencing the Self Across Cultures: Depression and Gender in the Social World*, ed. Dana C. Jack and Alisha Ali (New York: Oxford University Press, 2010), 399–414, https://doi.org/10.1093/acprof:oso/9780195398090.003.0020.
9. 範例如Denise M. Sloan, "Self-Disclosure and Psychological Well-Being," in *Social Psychological Foundations of Clinical Psychology*, ed. James E. Maddux and June Price (New York: Guilford Press, 2010), 212–225. See also Dorota Weziak-Bialowolska, Piotr Bialowolski, and Ryan M. Niemiec, "Being Good, Doing Good: The Role of Honesty and Integrity for Health," *Social Science & Medicine* 291 (December 2021): 114494, https://doi.org/10.1016/j.socscimed.2021.114494.
10. 摩里森在1981年俄亥俄州藝術委員會（Ohio Arts Council）年會上發表演說時講了這段話。

第1章

1. 如果你對這套方法感興趣,而且想更深入了解本書提到的概念,我鼓勵你去查詢以下網站:www.actiondesign.com。行動設計顧問公司(Action Design)把克里斯・阿吉里斯的概念轉化成強而有力的方法,可用於人際間學習與反思,他們的創辦人也是我在學習這個面向時最重要的幾位導師。

2. Frances J. Milliken, Elizabeth W. Morrison, and Patricia F. Hewlin, "An Exploratory Study of Employee Silence: Issues That Employees Don't Communicate Upward and Why*," *Journal of Management Studies* 40, no. (2003): 1453–1476, https://onlinelibrary.wiley.com/doi/abs/10.1111/1467-6486.00387.

3. Milliken, Morrison, and Hewlin, "An Exploratory Study of Employee Silence."

第2章

1. Nicole Abi-Esber et al., "'Just Letting You Know . . .' Underestimating Others' Desire for Constructive Feedback," *Journal of Personality and Social Psychology* 123, no. 6 (2022): 1362–1385, https://doi.org/10.1037/pspi0000393.

2. Abi-Esber et al., "'Just Letting You Know.'"

3. 當我從事教練工作時,如果對方在思考要不要跟某個人講某件事,我對他們說的第一件事是:「如果角色互換,他們有話想跟你說但又擔心會傷害你讓你不好受,你會希望他們說出來嗎?」即便事實上他們傾向於「保護」別人、不讓對方知道這項資訊,但他們通常都會說:「我當然希望。」

4. Lauren Vogel, "Why Do Patients Often Lie to Their Doctors?," *Canadian Medical Association Journal* 191, no. 4 (2019): E115, https://doi.org/10.1503/cmaj.109-5705.

5. 夏伊・史都華-包蕾和黛比・爾文共同主持一個對談系列《告訴我實話:探索跨種族對話核心》(Tell Me the Truth: Exploring the Heart of Cross-Racial Conversation),透過現場、舞台演出與虛擬環境針對各項主題模擬難以開口的對話。夏伊・史都華-包蕾是一位反種族主義黑人演說家暨教育家,也是社群變革公司(Community Change Inc.)的執行董事以及《緬因媒體上的黑女孩》(Black Girl in Maine Media)網站的顛覆型創辦人。黛比・爾文是一個反種族主義白人教育家暨《喚醒白人並在種族故事中找到自我》(Waking Up White, and Finding Myself in the Story of Race;Cambridge, MA: Elephant Room Press, 2014)的作者。本段的概念,出自於一場對史都華-包蕾和爾文兩人所做的訪談。

6. David A. Thomas, "Race Matters," *Harvard Business Review*, April 1, 2001, https://hbr.org/2001/04/race-matters.

7. Shelley J. Correll and Caroline Simard, "Research: Vague Feedback Is Holding Women Back," *Harvard Business Review*, April 29, 2016, https://hbr.org/2016/04/research-vague-feedback-is-holding-women-back.

8. Thomas, "Race Matters."
9. Ned T. Sahin et al., "Sequential Processing of Lexical, Grammatical, and Phonological Information Within Broca's Area," *Science* 326, no. 5951 (2009): 445–449, https://doi.org/10.1126/science.1174481。本研究中的數據指出大腦的處理速度以毫秒計。我找到另一項研究把本數據換成每分鐘處理的詞彙數以及相關的解讀，參見Oscar Trimboli, *How to Listen: Discover the Hidden Key to Better Communication* (Vancouver, BC: Page Two Books, 2022), 35.
10. Daphna Motro et al., "The 'Angry Black Woman' Stereotype at Work," *Harvard Business Review*, January 31, 2022, https://hbr.org/2022/01/the-angry-black-woman-stereotype-at-work.
11. Maura Cheeks, "How Black Women Describe Navigating Race and Gender in the Workplace," *Harvard Business Review*, March 26, 2018, https://hbr.org/2018/03/how-black-women-describe-navigating-race-and-gender-in-the-workplace.
12. 瓊‧蒂蒂安在她的書《讓我告訴你我是什麼意思》（Let Me Tell You What I Mean；New York: Knopf, 2021）一書裡寫道：「我寫作完全是為了想知道我在想什麼、我在看什麼、我看到什麼以及這有什麼意義。」此外，據說芙蘭納莉‧歐康納講過「我寫作是為了發掘我所知」，一般也認為「我寫作是為了知道我在想什麼」是史蒂芬‧金的名言。
13. 講述這件事的是一位機密消息來源人士，季辛吉講此話時他人在現場。
14. Susan Cain, *Quiet: The Power of Introverts in a World That Can't Stop Talking* (New York: Broadway Paperbacks, 2013), 22 (digital version).
15. "Workplace Burnout Survey | Deloitte US," Deloitte United States, n.d., accessed March 9, 2023, https://www2.deloitte.com/us/en/pages/about-deloitte/articles/burnout-survey.html.
16. "The Impact of Discrimination," Apa.org, 2015, accessed April 21, 2023, https://www.apa.org/news/press/releases/stress/2015/impact.
17. Marissa Shandell and Michael Parke, "The Paradoxical Relationship Between Employee Burnout and Voice on Well-Being," *Academy of Management Proceedings* 2022, no. 1 (2022): 16933, https://doi.org/10.5465/AMBPP.2022.16933abstract.
18. 心理學家寶琳‧蘿絲‧克蘭絲（Pauline Rose Clance）和蘇珊娜‧茵莫絲（Suzanne Imes）於1978年第一次提出「冒牌貨症候群」一詞，來描述他們研究中高成就女性的經驗。自此之後詞意更廣，用來描述「即便證據指出當事人一直很成功，但本人仍持續質疑自己的能力或成就，同時擔心被人揭發自己是騙子」（參見《韋氏辭典》〔*Merriam-Webster*〕）的心理經驗。
19. Victoria L. Brescoll, "Who Takes the Floor and Why," *Administrative Science Quarterly*, February 2012, https://doi.org/10.1177/0001839212439994.

第3章

1. 塔拉・布萊克提到這句不知出處的名言,請參見"The Power of Deep Listening: Part I," *The Power of Deep Listening*, Tara Brach.com, 2021, podcast, https://www.tarabrach.com/deep-listening-pt-1/?cn-reloaded=1.

2. George Loewenstein, "The Psychology of Curiosity: A Review and Reinterpretation," *Psychological Bulletin* 116 (1994): 75–98, https://doi.org/10.1037/0033-2909.116.1.75.

3. Matthias J. Gruber, Bernard D. Gelman, and Charan Ranganath, "States of Curiosity Modulate Hippocampus-Dependent Learning via the Dopaminergic Circuit," *Neuron* 84, no. 2 (2014): 486–496, https://doi.org/10.1016/j.neuron.2014.08.060.

4. 社會科學中常使用一個相關的概念叫人際性好奇心(interpersonal curiosity),喬丹・利特曼(Jordan Litman)和馬克・沛佐(Mark Pezzo)定義為「欲知和人有關之新資訊的渴望。」參見Jordan A. Litman and Mark V. Pezzo, "Dimensionality of Interpersonal Curiosity," *Personality and Individual Differences* 43 (2007): 1448–1459, https://doi.org/10.1016/j.paid.2007.04.021.

5. 「不定性好奇心」和「知識性好奇心」的定義出於Ian Leslie, *Curious: The Desire to Know and Why Your Future Depends on It* (New York: Basic Books, 2015), 17–20 (digital version).

6. Hanne K. Collins et al., "Underestimating Counterparts' Learning Goals Impairs Conflictual Conversations," *Psychological Science* 33, no. 10 (2022): 1732–1752, https://doi.org/10.1177/09567976221085494.

7. Celeste Kidd and Benjamin Y. Hayden, "The Psychology and Neuroscience of Curiosity," Neuron 88, no. 3 (2015): 449–460, https://doi.org/10.1016/j.neuron.2015.09.010.

8. 想獲得更多關於選擇抱持好奇心的訊息,我強烈建議收聽由琳恩・伯頓(Lynn Borton)主持的廣播與Podcast節目《選擇抱持好奇心》(Choose to Be Curious),網址為https://lynnborton.com。

9. 這段話是弗蘭克(1905–1997)說的,參見《活出意義來:從集中營說到存在主義》(Man's Search for Meaning: An Introduction to Logotherapy; Boston: Beacon Press, 1962)。感謝有梅若李・亞當斯(Marilee Adams)的經典精采之作《改變提問,改變人生:12個改善生活與工作的有力工具》(Change Your Questions, Change Your Life; New York: MJF Books, 2009),感謝她強調了選擇學習與提問而不是批判的路線很重要,以及指出了弗蘭克在這個主題上的說法。

10. 我最初是從行動設計顧問公司的菲爾・麥克阿瑟(Phil McArthur)口中聽到「概念要強,抓握要鬆」這句話。另一種相類似的說法「概念要強,抓握要弱」(strong ideas, weakly held)源出於未來學預測家保羅・沙佛(Paul Saffo),他在部落格中做了解釋,參見 https://saffo.com/02008/07/26/strong-opinions-weakly-held/。

11. 克里斯・阿吉里斯最早開發出「推論之梯」（Ladder of Inference），作為他稱之為「雙環學習」（Double Loop Learning）的工具（本書第 8 章會討論），這種學習不但可以帶來行為上的變化，也可以深入改變學習者的信念與價值觀。在阿吉里斯與羅伯特・普特南（Robert Putnam）、黛安娜・史密斯合寫的《行動科學：研究與干預的概念、方法和技巧》（Action Science: Concepts, Methods, and Skills for Research and Intervention；San Francisco: Jossey-Bass, 1985）書裡詳細談到推論之梯，亦可參見網路文章（https://hbr.org/1977/09/double-loop-learning-in-organizations）。麻省理工學院教授彼得・聖吉（Peter Senge）的《第五項修練》（The Fifth Discipline；New York, Doubleday Business, 1990）進一步傳揚這個概念。如欲瞭解更多資訊，請上 https://actiondesign.com/resources/readings/ladder-of-inference。

12. 丹尼爾・康納曼，《快思慢想》（Thinking, Fast and Slow；New York: Farrar, Straus and Giroux, 2013）。

13. R. S. Nickerson, "Confirmation Bias: A Ubiquitous Phenomenon in Many Guises," *Review of General Psychology* 2, no. 2 (1998): 175–220, https://doi.org/10.1037/1089-2680.2.2.175.

14. 我改造了行動設計顧問公司的「學習路徑」（Learning Pathways）架構，原本的架構把「我們的包袱」稱為我們的「模式」（Model）。

15. Edward Jones and Richard Nisbett, *The Actor and the Observer: Divergent Perceptions of the Causes of Behavior* (New York: General Learning Press, 1971).

16. L. Ross, "The Intuitive Psychologist and His Shortcomings: Distortions in the Attribution Process," in *Advances in Experimental Social Psychology*, vol. 10, ed. L. Berkowitz (New York: Academic Press, 1997), 173–220.

17. *Empathy: The Human Connection to Patient Care*, Cleveland Clinic, 2013, https://www.youtube.com/watch?v=cDDWvj_q-o8.

18. Shankar Vedantam, "How to Really Know Another Person," *Hidden Brain*, 2022, podcast, https://hiddenbrain.org/podcast/how-to-really-know-another-person/.

19. 註：整套架構名為「認知模式（Patterns of Awareness）」，架構裡也明確現出鏡像：我們看到了別人看不到的（例如，我們面對的處境、我們的意圖、我們如何解讀別人、別人對我們的衝擊）。覺察到別人看不到的很重要，但同樣重要的是，我們常會忘記這也是一個盲點，並用錯誤的故事和假設填進來。

20. 丹尼爾・高曼（Daniel Goleman）在《EQ：決定一生幸福與成就的永恆力量》（Emotional Intelligence: Why It Can Matter More Than IQ；10th ann. trade pbk. ed. (New York: Bantam Books, 2005）中首度提到「杏仁核綁架」一詞，用來描述立即、過度且激烈到與身邊實際發生之事不成比例的情緒反應。

21. 2018 年 7 月時，麥肯錫（McKinsey）資深研究人員賈桂琳・布拉西（Jacqueline Brassey）在歐洲工商管理學院 TED（TEDxINSEAD）中的演

講討論到這種惡性循環,參見https://www.ted.com/talks/jacqueline_brassey_authentic_confidence_through_emotional_flexibility。

22. Tricia Hersey, *Rest Is Resistance: A Manifesto* (New York: Little, Brown Spark, 2022), 14.
23. Holly MacCormick, "How Stress Affects Your Brain and How to Reverse It," *Scope* (blog), October 7, 2020, https://scopeblog.stanford.edu/2020/10/07/how-stress-affects-your-brain-and-how-to-reverse-it/.

第4章

1. NeuroLeadership Institute, *Asked for Vs. Unasked for Feedback*, 2018, https://vimeo.com/291804051.
2. Amy C. Edmondson, "Learning from Mistakes Is Easier Said Than Done: Group and Organizational Influences on the Detection and Correction of Human Error," *Journal of Applied Behavioral Science* 32, no. 1 (1996): 5–28, https://doi.org/10.1177/0021886396321001.
3. 社會應該要感謝布芮尼・布朗不但沒有把出自於脆弱的力量和價值等閒視之,反而是大力強調。
4. Leslie Perlow, *When You Say Yes but Mean No: How Silencing Conflict Wrecks Relationships and Companies* (New York: Crown Business, 2003).
5. 感謝華頓學院(Wharton)的教授亞當・格蘭特指出這項重點。
6. J. Lee Cunningham et al., "Seeing Oneself as a Valued Contributor: Social Worth Affirmation Improves Team Information Sharing," *Academy of Management Journal* (2020), ISSN 0001-4273.
7. NeuroLeadership Institute, *Asked for Vs. Unasked for Feedback*.
8. Scott Barry Kauffman, "Adam Grant: Think Again," *Psychology Podcast*, 2021, https://podcasts.apple.com/us/podcast/adam-grant-think-again/id942777522?i=1000507702458.

第5章

1. 這是一項由美優管理顧問(Mu Sigma)針對其諮商客戶所做的調查。Tom Pohlmann and Neethi Mary Thomas, "Relearning the Art of Asking Questions," *Harvard Business Review*, March 27, 2015, https://hbr.org/2015/03/relearning-the-art-of-asking-questions.
2. 舉例來說,伊麗莎・巴斯比・達菲(Eliza Bisbee Duffey)所寫的「紳士淑女禮儀」(The Ladies' and Gentlemen's Etiquette)第四十六頁(Philadelphia: Porter and Coates, 1877)就寫道:「別提不恰當的問題;在這項之下,幾乎囊括所有問題。有些禮儀權威甚至會說禁問所有問題。因此,如果你想要知道朋友兄弟的健康狀況,你應該說:『希望你的兄弟安好』,而不是『你的兄弟身體好嗎?』」

3. Einav Hart, Eric M. VanEpps, and Maurice E. Schweitzer, "The Better Than Expected Consequences of Asking Sensitive Questions," *Organizational Behavior and Human Decision Processes* 162 (January 2021): 136–154, https://doi.org/10.1016/j.obhdp.2020.10.014.

4. Margaret J. Wheatley, *Turning to One Another: Simple Conversations to Restore Hope to the Future*, expanded 2nd ed. (Oakland, CA: Berrett-Koehler Publishers, 2009).

5. 羅傑・費雪（Roger Fisher）、威廉・尤瑞（William L. Ury）、布魯斯・派頓（Bruce Patton），《哈佛這樣教談判力》（New York: Penguin, 2011；58–59）。

6. 在羅傑・費雪、威廉・尤瑞、布魯斯・派頓的《哈佛這樣教談判力》書中把這些統稱為「立場」，有別於基本的利益或考量。

7. Jerome Bruner, "Life as Narrative," *Social Research* 54, no. 1 (1987): 11–32.

第6章

1. Atul Gawande, "Curiosity and What Equality Really Means," *New Yorker*, n.d., accessed March 24, 2023, https://www.newyorker.com/news/news-desk/curiosity-and-the-prisoner.

2. Gawande, "Curiosity and What Equality Really Means."

3. "Accenture Research Finds Listening More Difficult in Today's Digital Workplace," Accenture, n.d., accessed March 24, 2023, https://newsroom.accenture.com/news/accenture-research-finds-listening-more-difficult-in-todays-digital-workplace.htm.

4. Bob Thompson and Hugh Sullivan, "Now Hear This! Most People Stink at Listening [excerpt]," *Scientific American*, May 3, 2013, accessed March 24, 2023, https://www.scientificamerican.com/article/plateau-effect-digital-gadget-distraction-attention/.

5. Kenneth Savitsky et al., "The Closeness-Communication Bias: Increased Egocentrism Among Friends Versus Strangers," *Journal of Experimental Social Psychology* 47, no. 1 (2011): 269–273, https://doi.org/10.1016/j.jesp.2010.09.005.

6. 蘇珊・坎恩，《安靜，就是力量：內向者如何發揮積極的力量》（New York: Crown Publishers, 2012）。

7. "Listening as a Spiritual Practice," *Friends Journal,* September 13, 2020, https://www.friendsjournal.org/listening-as-a-spiritual-practice/.

8. 「邵霍拉」是東阿爾根金語（Eastern Algonquin），語意為「和平之地」，這是倫尼萊納佩族（Lenni Lenape）使用的語言，他們是居住在邵霍拉營區現址土地上的美國原住民。

9. 原引文請參見 M. M. Owen, "The Psychologist Carl Rogers and the Art of Active Listening," Aeon, n.d., accessed April 22, 2023, https://aeon.co/essays/the-psychologist-carl-rogers-and-the-art-of-active-listening.

10. 凱特・墨菲，《你都沒在聽：科技讓交談愈來愈容易，人卻愈來愈不

會聆聽。聆聽不但給別人慰藉，也給自己出路》（You're Not Listening）（New York: Celadon Books, 2020），1。

11. 肯特把這三種管道稱之為「意義」、「影響」和「權力」，我改了名稱，以便於記憶。他所做的研究，是以卡爾‧羅傑斯在傾聽領域所做的先驅研究為基礎，羅傑斯強調真正的傾聽（或者，用他的說法叫「主動傾聽」），要注意的不僅是用詞本身，也要注意情緒和藏在用詞之下的意義，需要同理心和集中精神才能做到這種深度關注。欲了解本主題以及更多肯特的研究，我推薦他的書：*Reading the Room: Group Dynamics for Coaches and Leaders* (San Francisco: Jossey-Bass, 2012)。

12. Adrian F. Ward et al., "Brain Drain: The Mere Presence of One's Own Smartphone Reduces Available Cognitive Capacity," *Journal of the Association for Consumer Research* 2, no. 2 (2017): 140–154, https://doi.org/10.1086/691462.

13. Oscar Trimboli, *How to Listen: Discover the Hidden Key to Better Communication* (Vancouver, BC: Page Two Books, 2022), 164–165, Kindle version.

14. Tara Brach, *The Power of Deep Listening I*, Tara Brach.com (podcast), 2021, https://www.tarabrach.com/deep-listening-pt-1/?cn-reloaded=1.

15. 此話出於接受Podcast節目專訪時，原引文請參見 Ezra Klein, "The Tao of Rick Rubin," The Ezra Klein Show, 2023, https://podcasts.apple.com/us/podcast/the-tao-of-rick-rubin/id1548604447?i=1000599009150.

16. 「等待時間」最早是1972年時瑪莉‧芭德‧羅薇提出來描述老師提問與學生回答之間的時間差。羅薇在研究中發現，如果老師提問之後靜待至少三秒鐘，學生表現出來的創意和學習都更高。後來，1985年時羅伯‧史塔爾（Robert Stahl）再擴大這個概念，納入師生在這段暫停期間的思考與處理。亦請參見Mary Budd Rowe, "Wait Time: Slowing Down May Be a Way of Speeding Up!," *Journal of Teacher Education* 37 no. 1 (1986): 43–50, https://doi.org/10.1177/002248718603700110.

17. Richard Davis, "Tactics for Asking Good Follow-Up Questions," *Harvard Business Review*, November 7, 2014, https://hbr.org/2014/11/tactics-for-asking-good-follow-up-questions.

18. Hanne K. Collins, "When Listening Is Spoken," *Current Opinion in Psychology* 47 (October 2022): 101402, https://doi.org/10.1016/j.copsyc.2022.101402.

19. Dotan R. Castro et al., "Mere Listening Effect on Creativity and the Mediating Role of Psychological Safety," *Psychology of Aesthetics, Creativity, and the Arts* 12, no. 4 (2018): 489–502, https://doi.org/10.1037/aca0000177.

20. 麥可‧邦吉‧史戴尼爾，《你是來帶人，不是幫部屬做事：少給建議，問對問題，運用教練式領導打造高績效團隊》(Box of Crayons Press, 2016), 57–58, Kindle ed.

21. 黛比和她的先生布魯斯（Bruce）一起發想出這個概念，但布魯斯說這叫「BTM」傾聽法，是「Back to Me」的縮寫，意為回到我身上。我利用他們的概念稍作改造。

第7章

1. 摘自Pirkei Avot 5:22.
2. 附註：這套反思流程改編自由克里斯・阿吉里斯和唐納・舍恩（Donald Schön）發展出來的「單環」（single-loop）和「雙環」（double-loop）學習法，以及由黛安娜・史密斯和行動設計顧問公司發展出來的學習路徑架構。雙環學習程序不僅能改變行為，也能深入改變個人或組織的信念和價值觀，從而改變未來想要得到的成果。最早採用單環與雙環學習概念的是控制論學家阿許比（W.R.Ashby），他把單環學習比擬成自動溫控器，來到設定點上下盤旋時會開啟或關閉溫度，雙環學習則是連設定點都會改變。阿吉里斯和舍恩把這套模式套用到組織裡，把雙環學習定義成「是一種行為上的學習，會改變個體的使用理論（theory-in-use）中的主要變數（價值觀、慣例、目標）；所謂使用理論，也就是從個體的行為上推導其行動所依憑的道理。https://actiondesign.com/resources/readings/double-loop-learning. See also C. Argyris and D. A. Schön, *Theory in Practice: Increasing Professional Effectiveness* (San Francisco: Jossey-Bass, 1974).
3. Jon Kabat-Zinn, *Wherever You Go, There You Are: Mindfulness Meditation in Everyday Life* (New York: Hyperion, 2005).
4. 布芮尼・布朗最早在她的書《我已經夠好了》(I Thought It Was Just Me (but It Isn't): Making the Journey from "What Will People Think?" to "I Am Enough"; (New York: Avery, 2008), Kindle location: 3668.)裡提出「示弱性宿醉」一詞。
5. "Gratitude Definition | What Is Gratitude," Greater Good, n.d., accessed March 28, 2023, https://greatergood.berkeley.edu/topic/gratitude/definition.
6. 範例如Sara B. Algoe, Laura E. Kurtz, and Nicole M. Hilaire, "Putting the 'You' in 'Thank You': Examining Other-Praising Behavior as the Active Relational Ingredient in Expressed Gratitude," *Social Psychological and Personality Science* 7, no. 7 (2016): 658–666, https://doi.org/10.1177/1948550616651681.

第8章

1. 精熟螺旋一詞，改編於1960年代的教科書《管理訓練方案》（Management of Training Programs）裡的一個版本，並參考保羅・柯帝斯（Paul R. Curtiss）和菲利浦・華倫（Phillip W. Warren）在《生活技能教練動態》（The Dynamics of Life Skills Coaching）裡講到的內容（Prince Albert, Saskatchewan: Training Research and Development Station, 1973）。戈登國際訓練公司（Gordon Training International）也使用這個概念。唐・艾德華・貝克（Don Edward Beck）和克里斯多福・柯萬（Christopher Cowan）以克萊爾・格雷夫斯（Clare Graves）的研究為基礎，得出演進發展動態模型，也是這個概念的靈感來源。欲進一步了解，請參見Don Edward Beck and Christopher C. Cowan, *Spiral Dynamics: Mastering Values, Leadership, and Change* (Oxford, England: Blackwell Publishing, 1996)。

2. Adam Gopnik, *The Real Work: On the Mystery of Mastery* (New York: Liveright, 2023), 8.

第9章

1. Alexander Newman, Ross Donohue, and Nathan Eva, "Psychological Safety: A Systematic Review of the Literature," *Human Resource Management Review* 27, no. 3 (2017): 521–535, https://doi.org/10.1016/j.hrmr.2017.01.001.
2. Filip Lievens et al., "Killing the Cat? A Review of Curiosity at Work," *Academy of Management Annals* 16, no. 1 (2022): 179–216, https://doi.org/10.5465/annals.2020.0203.
3. Daniel Jiménez-Jiménez and Raquel Sanz-Valle, "Innovation, Organizational Learning, and Performance," *Journal of Business Research* 64, no. 4 (2011): 408–417, https://doi.org/10.1016/j.jbusres.2010.09.010.
4. 最先提出「集體才能」一詞並大力推廣這個概念的，是哈佛商學院的教授琳達・希爾（Linda Hill）以及她的同事格雷格・白蘭度（Greg Brandeau）、愛蜜麗・楚拉芙（Emily Truelove）和坎特・林內貝克（Kent Lineback），參見他們的書：*Collective Genius: The Art and Practice of Leading Innovation* (Boston: Harvard Business Review Press, 2014)。本書以稍微不同的定義使用這個詞，但基本上都出於同樣的概念。
5. "Glossier and Customer Centricity in the Digital Age—Consumer Products, Marketing & Strategy, Weekly Column Executive Search," MBS Group, February 17, 2023, https://www.thembsgroup.co.uk/internal/glossier-beautiful-on-the-inside-too/.
6. 很重要的是，在後面這一群人中，63%說會強烈推薦自家的組織是好職場，前面那一群人裡只有6%這樣說。參見Mark Murphy, "This Study Shows the Huge Benefits When Leaders Are Vulnerable," *Forbes*, April 4, 2021, accessed April 21, 2023, https://www.forbes.com/sites/markmurphy/2019/04/21/this-study-shows-the-huge-benefits-when-leaders-are-vulnerable/.
7. Lievens et al., "Killing the Cat?"
8. 改編自英國作家艾倫・狄波頓（Alain de Botton）的話，他原來講的是：「去年沒有因為自己的表現而感到尷尬的人，可能學得不夠快。」

第10章

1. Barbara Tizard and Martin Hughes, *Young Children Learning* (Oxford, England: Blackwell Publishing, 2008).
2. "Mums Asked Nearly 300 Questions a Day by Kids," *Business Standard*, March 29, 2013, https://www.business-standard.com/article/pti-stories/mums-asked-nearly-300-questions-a-day-by-kids-113032900197_1.html.

3. 哈佛發展心理學家保羅・哈里斯（Paul Harris）說：「如果你更貼近檢視他們問的問題，約有70%是在找資訊，而不是其他諸如徵求許可等等。當你再看這些問題，會發現其中的20%到25%不只是單純尋求事實，比方說『我的襪子在哪裡？』小孩要的是解釋，例如『為什麼弟弟在哭？』如果一個孩子從兩歲到五歲每天花一小時和會跟他們講話、與他們互動的照護者相處，他們提出的尋求解釋問題總是會達到40,000個。這是很大量的問題。」"Why Won't You Answer Me?'" Salon.com, May 20, 2012, accessed April 21, 2023, https://www.salon.com/2012/05/20/why_wont_you_answer_me/.
4. Susan L. Engel, *The Hungry Mind: The Origins of Curiosity in Childhood* (Cambridge, MA: Harvard University Press, 2015), 132.
5. Po Bronson and Ashley Merryman, "The Creativity Crisis," *Newsweek*, July 10, 2010, https://www.newsweek.com/creativity-crisis-74665。然而，近期研究指出，跨人際的好奇心在青春期的社會與情緒發展中仍扮演重要角色。參見Jinjoo Han et al., "Interpersonal Curiosity and Its Association with Social and Emotional Skills and Well-Being During Adolescence," *Journal of Adolescent Research*, April 2023, https://doi.org/10.1177/0743558423 1162572.
6. Tizard and Hughes, *Young Children Learning.*
7. Mónica Guzmán, *I Never Thought of It That Way: How to Have Fearlessly Curious Conversations in Dangerously Divided Times* (Dallas: BenBella Books, Inc., 2022).
8. James Baldwin, *Nobody Knows My Name: More Notes of a Native Son* (New York: Vintage Books, 1993).
9. 這段話與研究參考2011年時恩格爾在威廉斯學院發表的演說，她在演說中討論的很多概念與研究都收錄在她的書裡，參見*The Hungry Mind: The Origins of Curiosity*, https://www.youtube.com/watch?v=Wh4WAdw-oq8.
10. "Teaching Teens the Art of Interpersonal Curiosity" (blog post), Rooted Ministry, January 19, 2021, https://rootedministry.com/teaching-teens-the-art-of-interpersonal-curiosity/.
11. Niobe Way and Joseph D. Nelson, "The Listening Project: Fostering Curiosity and Connection in Middle Schools," in *The Crisis of Connection: Roots, Consequences, and Solutions* (New York: New York University Press, 2018), 274–298.
12. 比方說教育與學習理論中的自我決定論（self-determination theory）的相關研究，請參見 Edward Deci et al., "Motivation and Education: The Self-Determination Perspective," *Educational Psychologist* 26, nos. 3–4 (1991): 325–346, https://doi.org/10.1080/00461520.1991.9653139。審視內部與外部獎勵對學習結果造成相對效果，請參見Edward L. Deci, Richard Koestner, and Richard M. Ryan, "Extrinsic Rewards and Intrinsic Motivation in Education: Reconsidered Once Again," *Review of Educational Research* 71, no. 1 (2001): 1–27, https://doi.org/10.3102/00346543071001001.

13. "Askable Adult Campaign—Vermont Network," n.d., accessed April 21,2023, https://www.vtnetwork.org/askableadult/.
14. 麻省理工學院的教授海爾‧葛瑞格森（Hal Gregersen）說，這種策略叫「注意到得出答案的問題」。《創意提問力：麻省理工領導力中心前執行長教你如何說出好問題》（Questions Are the Answer: A Breakthrough Approach to Your Most Vexing Problems at Work and in Life；New York: HarperBusiness, 2018, 164–165，Kindle 版）

後記

1. "Ronni Abergel, Inventor of the Human LibraryTM," Human Library Organization, March 30, 2023, https://humanlibrary.org/dt_testimonials/ronni-abergel-inventor-of-the-human-library/.
2. Mike Rhodes, "Human Library Aims to Erase Prejudices" (blog post), *Muncie Journal*, July 10, 2021, https://www.munciejournal.com/2021/07/human-library-aims-to-erase-prejudices/.
3. Rhodes, "Human Library Aims to Erase Prejudices."
4. 本圖改編自勇敢天使組織的「消除極化對立的感性與理性轉化」（The Emotional and Intellectual Transformation of De-Polarization）架構，請參見 https://braverangels.org/our-story/。
5. 請注意：這個連續面無涉政治上的「左派」與「右派」。
6. 引用的話與相關的故事摘自阿齊茲‧阿布‧薩拉接受藍迪‧利歐茲（Randy Lioz）採訪時的內容，參見"Want to Fight Polarization? Take a Vacation!" *The Braver Angels Podcast*, 2023, https://podcasts.apple.com/us/podcast/what-curiosity-can-teach-us-monica-guzman-with-ciaran/id1457136401?i=1000584016020.
7. Mónica Guzmán, *I Never Thought of It That Way: How to Have Fearlessly Curious Conversations in Dangerously Divided Times* (Dallas: BenBella Books, Inc., 2022), 234
8. Rainer Maria Rilke and Mary D. Herter Norton, *Letters to a Young Poet*, rev.ed. (New York: W. W. Norton, 1993).

國家圖書館出版品預行編目（CIP）資料

心理安全感提問的技術：5 步驟深掘對話，建立安心溝通循環，理解沒明說的想法，收穫隱藏的智慧 / 傑夫・偉特斯勒（Jeff Wetzler）著，吳書榆譯 . -- 第一版 . -- 臺北市：天下雜誌, 2025.01
320 面 ; 14.8×21 公分 . --（天下財經 ; 561）
譯自：Ask : tap into the hidden wisdom of people around you for unexpected breakthroughs in leadership and life
ISBN　978-626-7468-66-1（平裝）
1. CST: 溝通技巧　2.CST: 人際傳播　3.CST: 人際關係
177.1　　　　　　　　　　　　　　　　　　113016694

天下財經 561

心理安全感提問的技術

5 步驟深掘對話，建立安心溝通循環，理解沒明說的想法，收穫隱藏的智慧

ASK: Tap Into the Hidden Wisdom of People Around You for Unexpected Breakthroughs In Leadership and Life

作　　者／傑夫・偉特斯勒（Jeff Wetzler）
譯　　者／吳書榆
封面設計／FE 設計
內頁排版／林婕瀅
責任編輯／吳瑞淑

天下雜誌群創辦人／殷允芃
天下雜誌董事長／吳迎春
出版部總編輯／吳韻儀
出　版　者／天下雜誌股份有限公司
地　　址／台北市 104 南京東路二段 139 號 11 樓
讀者服務／（02）2662-0332　傳真／（02）2662-6048
天下雜誌 GROUP 網址／ http://www.cw.com.tw
劃撥帳號／ 01895001 天下雜誌股份有限公司
法律顧問／台英國際商務法律事務所・羅明通律師
製版印刷／中原造像股份有限公司
總　經　銷／大和圖書有限公司　電話／（02）8990-2588
出版日期／ 2025 年 1 月 3 日第一版第一次印行
定　　價／ 480 元

Copyright © 2024 by Jeffrey R. Wetzler
Interior illustrations by Kendal Dooley
This edition published by arrangement with Hachette Go, an imprint of Perseus Books, LLC, a subsidiary of Hachette Book Group, Inc., New York, New York, USA.
Complex Chinese Translation copyright © 2025 by CommonWealth Magazine Co., Ltd.
All rights reserved.

書號：BCCF0561P
ISBN：978-626-7468-66-1（平裝）

直營門市書香花園　地址／台北市建國北路二段 6 巷 11 號　電話／ 02-2506-1635
天下網路書店 shop.cwbook.com.tw　電話／ 02-2662-0332　傳真／ 02-2662-6048

本書如有缺頁、破損、裝訂錯誤，請寄回本公司調換